Historia sangrienta de la Iglesia

Grupo ROBIN BOOK
Barcelona - México
Buenos Aires

D. S. Chambers

Historia sangrienta de la Iglesia

Traducción de Carme Gironès y Carles Urritz

HISTORIA enigmas

Título original: Popes, Cardinals and War:
The Military Church in Renaissance and Early Modern Europe

Published by arrangement with I.B. Tauris & Co Ltd., London

Diseño de cubierta: Regina Richling
Imagen de cubierta: iStockphoto© livio landi (para la estatua)
iStockphoto© Duncan Walker (para el fondo ensangrientado)
Diseño interior: Carola Moreno
ISBN: 978-84-9917-091-6
Depósito legal: B-47.462-2010

Impreso por Gràfiques JOU, Zorrilla 28, Nave 5, 08930 Sant Adria del Besòs (Barcelona).

Impreso en España - *Printed in Spain*

Agradecimientos

En primer lugar debo dar las gracias a Lester Crook por sugerirme que convirtiera en libro una conferencia que di en julio de 2000 en la Anglo-American Historians' Conference de Londres (el tema de la disertación aquel año era «La guerra y la paz»), así como por sus amables comentarios, y los de sus colegas en la editorial, además de los de un anónimo lector externo. Quisiera expresar mi más profundo agradecimiento a mis amigos del Warburg Institute, en especial a Elizabeth McGrath y a Magnus Ryan por leer la primera versión del texto y por sus inapreciables sugerencias y correcciones, a Hill Kraye, por su asesoramiento bibliográfico, a Ian Jones, por sus útiles comentarios y su gran ayuda con las ilustraciones, y a Jenny Boyle, por su ilimitado y paciente apoyo, así como por su alentador impulso en la solución de los problemas surgidos al procesar el texto, reales o fruto de la aprensión. En el campo de las fuentes de información y por su amistoso interés debo dar las gracias a Stefan Bauer, John Law, Letizia Panizza, Marco Pellegrini, Guido Rebecchini, Rodolfo Signorini y Marcello Simonetta. Me apena no haber podido comentar el proceso del libro con John Hale, a cuya memoria dediqué la conferencia original, ni con Nicolai Rubinstein, a pesar de que me lo pidió poco antes de morir. Por último, doy las gracias a mi esposa Tatiana, quien me señaló una serie de errores sintácticos y de puntuación; y también a Serunchik y Gruñía, por su «aguante».

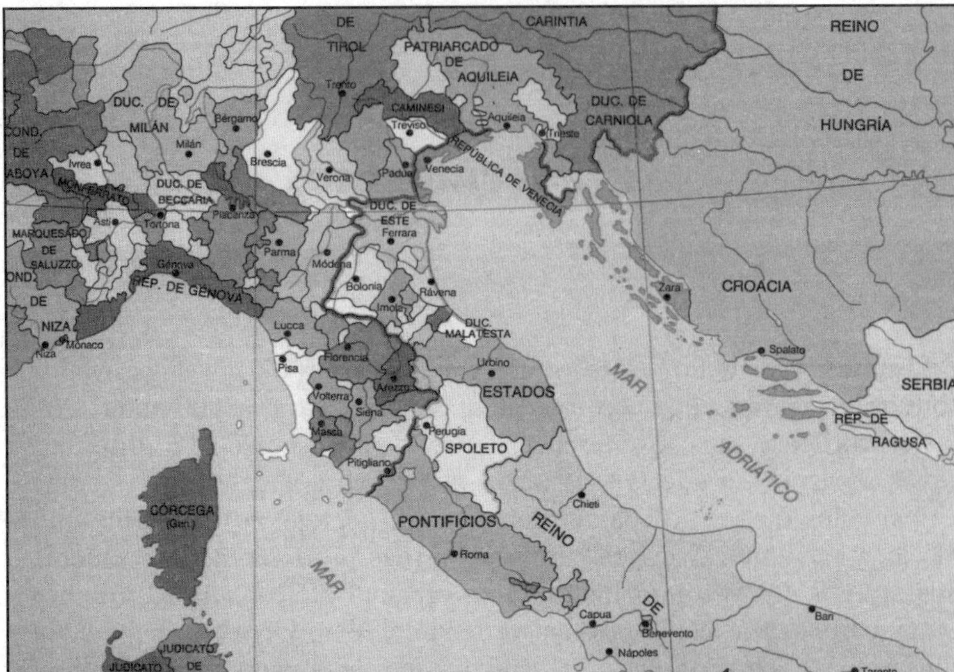

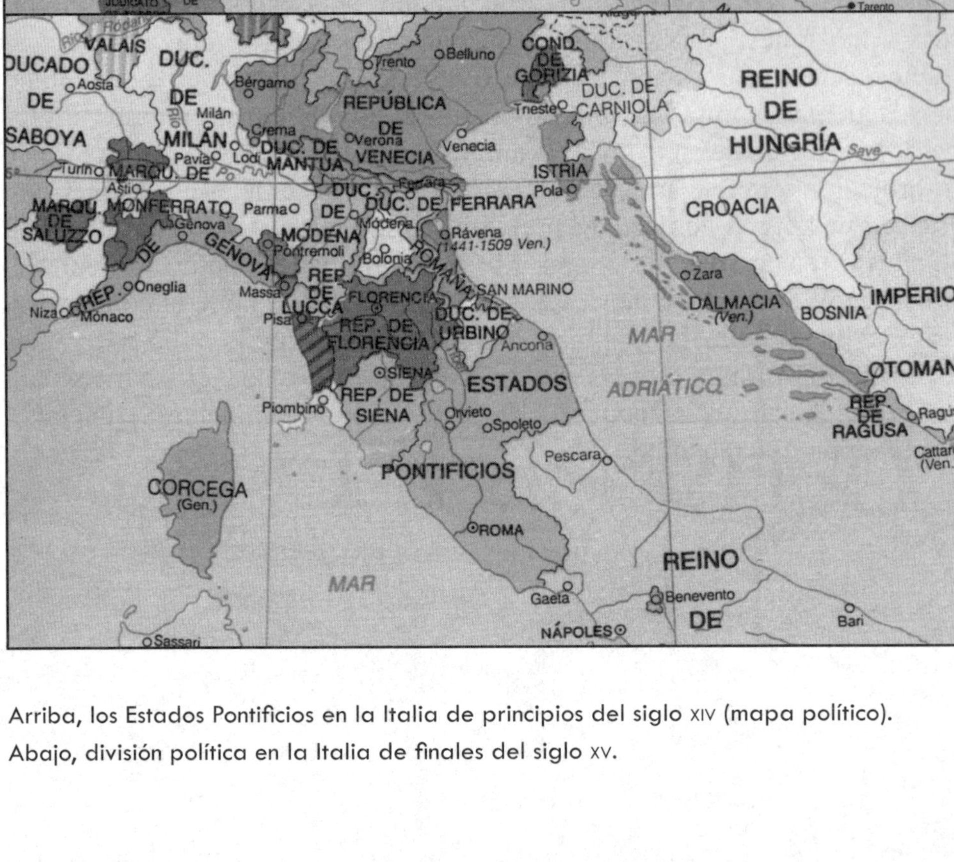

Arriba, los Estados Pontificios en la Italia de principios del siglo XIV (mapa político).
Abajo, división política en la Italia de finales del siglo XV.

Prefacio

Italia y la historia

Este libro no se centra en la historia de Italia, ni muchísimo menos, pero dado que los compromisos del papado en la guerra –y la participación personal en ésta de papas y cardenales– se produjeron en buena medida en este país, pueden resultar de ayuda unas pautas introductorias sobre los siglos que va a cubrir esta obra, en especial sobre el periodo central de los siglos XV y XVI. Aun así, el lector deberá soportar las múltiples alusiones que encontrará en el texto a personajes, lugares y acontecimientos que pueden resultarle desconocidos y parecerle faltos de detalles, incluso puede sentirse desconcertado ante la complejidad de la historia medieval y los inicios de la era moderna en Italia. Por desgracia, no parecen haber tenido éxito los intentos de presentar una historia de Italia; esas obras de múltiples volúmenes escritas por un gran número de autores acaban desalentando irremediablemente al lector por la disparidad de planteamientos y la escasa precisión en los detalles.[1]

Un punto de partida sería la presentación del tema del papado beligerante en sus antecedentes italianos como una lucha por la supervivencia física. El obispado de Roma, con su primacía sobre la Iglesia, o sobre el mundo, como reclamaban algunos defensores, así como sus sagradas asociaciones con san Pedro y los innumerables mártires, tuvo su base en el centro de la península itálica. Un emplazamiento muy vulnerable. Durante los siglos de la era cristiana, Italia se vio sometida a una serie de invasiones, desde todas las direcciones, y el problema de las relaciones con los agresivos invasores tuvo un enorme peso a la hora de consolidar la perspectiva a menudo bélica del papado. Lo exponemos brevemente en el capítulo 1, desde el período inicial hasta el siglo XII, pero es importante hacer hincapié de entrada en dos puntos importantes.

En primer lugar, el hecho de que el obispo de Roma, al igual que otros obispos medievales, poseía desde tiempos inmemoriales propiedades y castillos, pero además reivindicaba posesiones temporales más extensas, gracias a las «donaciones» políticas y a sus sucesivas confirmaciones. La primera y más famosa de éstas fue la donación que supuestamente hizo el emperador Constantino I poco después de su conversión al cristianismo y la decisión de trasladar la capital del imperio de Roma a Bizancio (en adelante, Constantinopla) en 326-330. Al parecer, el acto concedió al papa derechos y posesiones imperiales en Italia, así como el señorío de todas las islas, aunque sin duda esto tuvo como base una falsificación del siglo VIII, y las donaciones posteriores, más modestas y no siempre compatibles con las realidades políticas, tuvieron más autenticidad.

Entre los legados más significativos está el de Pipino el Breve, rey de los francos, hechas en el año 751 y confirmadas posteriormente por su hijo Carlos I (Carlomagno). El hecho destaca el estrecho vínculo existente entre el papado y la nueva dinastía de los reyes francos, antiguos *Major Domus* de los merovingios. Carlomagno, único rey de los francos desde 770 y soberano de aproximadamente la mitad de la zona oriental de la Francia moderna y de determinadas partes de Alemania occidental, amplió su dominio a gran escala. Sus innumerables guerras, contra los árabes en España (siguiendo las campañas iniciadas por su padre y su abuelo), contra los paganos sajones, ávaros, eslavos y otros en el centro de Europa, y contra los lombardos de Italia, coincidieron del todo con los intereses del papado. Estaba (como afirma Einhard, su biógrafo contemporáneo) desmesuradamente entregado al trono episcopal y al templo de san Pedro y confesaba ser el protector militar del papa contra todo enemigo seglar, entre los que se incluía el violento pueblo de Roma, y así dejaba libertad al papa para que pudiera dedicarse tan sólo a la oración y al servicio de la fe. Carlomagno fue recompensado a cambio con el título de Augusto Emperador (sin reparos por lo de Constantinopla) y coronado en Roma por León III el día de Navidad del año 800.

En la práctica, este condominio en la autoridad mundial, así como la separación entre las funciones papales y las imperiales, provocó problemas hasta la muerte de Carlomagno (814). Se subdividió su legado y los títulos de «rey de los romanos» y «emperador» (una vez coronado), aunque no rigieran durante largos periodos, iban a pasar a otras dinastías germánicas; algunos de los que los ostentaron, en especial Enrique IV, de la línea de Franconia a finales del siglo XI, reivindicaron una autoridad divina superior y desafiaron al papado por importantes nombramientos de la Iglesia y en otras cuestiones. Aun así, más o menos desde la época de Carlomagno, era de dominio público, si bien no siempre aceptado, que se reivindicaban los derechos legales del papa en buena parte de Umbria, del sur de la Toscana y la Campania («desde Radicofani hasta Ceprano»), del este de los Apeninos, del antiguo exarcado griego de Rabean, una región denominada «Pentápolis» que incluía la franja adriática que va de Rímini hasta el norte de Ancona y las Marcas (zonas fronterizas), región que sigue denominándose hoy así. Las tres Marcas de Fermo, Camerino y Ancona se conocían hacia 1100 como Marca de Ancona. Las reivindicaciones papales se extendían hacia gran parte de la actual Emilia Romaña y al norte, hasta Bolonia y Ferrara. El pontificado hizo serios esfuerzos para hacer efectivos estos derechos territoriales hasta que los emperadores de la dinastía Staufen, en primer lugar Federico I Barbarroja (reinado: 1155-1189) le desafió mediante la fuerza y, con el apoyo de los ejércitos que protagonizaron la última de las grandes invasiones germánicas de la península, intentaron imponer de nuevo en Italia la autoridad imperial directa. A principios del siglo XIII, bajo el mandato del papa Inocencio III, durante un vacío en el poder imperial, empezó a surgir en el centro de Italia un «Estado pontificio» con unas fronteras reconocidas y unas instituciones de gobierno. Los mapas pretenden mostar la región que se disputaba y que tuvo su relevancia entre los siglos XIII y XIX. Cuando el emperador Rodolfo de Habsburgo reconoció por fin los derechos papales sobre Romaña, esta turbulenta provincia, además de la Marca de Ancona, próxima a ésta, se convirtió en el principal objetivo de los intentos de recuperación y consolidación por parte del papado. Sería erróneo, no obstante, suponer que estaban delimitados con precisión los derechos del pontificado en cuanto a jurisdicción seglar de impuestos, servicios, etcétera, o que se aplicaran con la misma contundencia en una amplia zona del centro de Italia, o que los caudillos de cada zona y otros admitieran con facilidad la obediencia a Roma. Aquello no era aún un estado moderno, equivalente a las fuertes monarquías de la época de Francia o Inglaterra. La fuerza de la tradición y la enérgica posesión contaban más que las escrituras de donación. En efecto, un comentario atribuido al papa Julio II en 1512 puede que exprese lo que durante siglos siguió siendo la suposición imperante del papado y sus partidarios: que los derechos legales de la Iglesia eran tan antiguos que sería vergonzoso discutirlos.[2]

En segundo lugar, aunque estrechamente relacionado con el primero, hay que tener en cuenta que desde 1059 el papado había establecido un vínculo especial de dependencia feudal con la mitad meridional de Italia, zona que en menos de un siglo pasó a la categoría de reino. Se otorgó al más reciente y triunfal de los invasores, una dinastía normanda, que se ocupó de someter a griegos y lombardos en el continente y a los árabes en Sicilia. El papado se había fijado como objetivo conseguir seguridad y una fidedigna fuente de protección militar. En la práctica estuvo siempre a su alcance; después de que los Staufen heredaran el reino meridional a través del vínculo matrimonial, y a partir de 1230 se convirtieran en acérrimos enemigos del papado, la perspectiva presentó un mal cariz. El papado, no obstante, a fin de conseguir la caída de los Staufen, concedió en 1263, el reino a una rama de la dinastía Capeta, reyes de Francia, en la persona de Carlos I, duque de Anjou. Esta dinastía angevina siguió gobernando el reino (conocido simplemente como «Il Regno») hasta principios del siglo XV, si bien Sicilia se separó en 1282 y pasó al dominio de los reyes de Aragón, por conquista pero también por derecho hereditario de la línea normanda y de los Staufen. El reino siguió teniendo una importancia clave para el papado.

Evidentemente, la realidad del poder, cuando menos del económico, en la Italia de los siglos XIII y XIV, y en realidad en toda Europa, estriba en las prósperas ciudades del norte de Italia en plena expansión, sobre todo Milán, Venecia, Génova y Florencia. Las preocupaciones temporales del papado tenían para ellas un interés relativo, a pesar de que las firmas bancarias del norte, en especial las de Florencia, iban a actuar durante mucho tiempo como acreedoras y recaudadoras de rentas del papado. Surgió así una irregular pauta que dividió Italia en la postura a favor del papa: constitucional cívica, güelfa, angevina –Florencia es un claro ejemplo de ella– y la postura a favor del imperio: gibelina, aristócrata, tiránica, como Milán, controlada por la dinastía Visconti. En muchas ciudades se crearon facciones que representaban intereses encontrados y explotaban denominaciones de partes supuestamente irreconciliables, aunque las prósperas repúblicas marítimas, Venecia y Génova, no se alinearon en ninguno de los campos. La mayoría de ciudades –exceptuando Florencia, Venecia, Génova, Siena y Lucca, que mantuvieron distintas formas de instituciones electivas y guardaron cierto respeto por el imperio de la ley– evolucionaron hacia regímenes señoriales, bajo el mando de un solo hombre o de una familia. Tales regímenes a menudo surgieron a partir de alguna forma de nombramiento cívico, que mediante voto o aclamación pasaba a «mando» permanente, algo que podría calificarse como tiranía benévola.[3] Ferrara disfrutó de uno de los más largos de estos regímenes, bajo el mando de la dinastía Este, desde 1240; Mantua, bajo el de la familia Gonzaga, desde 1328, constituye otro ejemplo. Este modelo rigió también para las ciudades relativamente pequeñas y sus territorios adyacentes dentro de las regiones del centro de Italia reclamadas por el pontificado. En el siglo XIV, cuando el papa –a pesar de tener su sede en Aviñón entre 1309 y 1377– se propuso con resolución controlar estas regiones, sus legados militares a menudo tuvieron que llegar a un acuerdo, con hombres fuertes, caudillos o dinastías locales, para el control efectivo de la zona. Se les podía reconocer como «vicarios» papales, a condición de que pagaran tributo y servicio militar; así se adaptaron clanes turbulentos y en algunos casos antiguos gibelinos, como los Montefeltro, con su señorío en Urbino, en las Marcas, los Malatesta de Rímini, los Varano de Camerino, los Baglioni de Perusa y otros. Pero al tender a convertirse en hereditarios y prácticamente independientes, prosperando como *condottieri* (capitanes militares mercenarios bajo contrato) durante el siglo XV y principios del XVI, el papado cambió su política en un intento de conseguir un control más directo, en alguna ocasión mediante alianza familiar, en otras por la fuerza de la amenaza. Un caso especial es el de Bolonia, una ciudad en una posición clave, pues controlaba una de las principales rutas a través de los Apeninos hacia la Toscana. Allí, en el siglo XV, la familia Bentivoglio se encontró ante la disyuntiva de desafiar o compartir a pesar suyo el gobierno de la ciudad con los legados pontificios; el control total de Bolonia se convirtió en una absoluta prioridad para el papado.

Nunca desapareció del norte de Italia la idea de la soberanía suprema del emperador, un personaje elegido por un número reducido de príncipes germanos y de obispos-príncipes –en 1310-1313 Enrique VII dirigió una última invasión militar–, pero el nuevo papa, Juan XXII (1316-1334) impugnó y no reconoció la posterior elección de Luis de Baviera. Se había degradado aún más la autoridad del imperio; su papel en Italia fue incluso más nominal y a la larga se convirtió en poco más que la fuente teórica del derecho civil y el derecho a ostentar títulos honoríficos. En la práctica, la vecina monarquía de Francia tuvo un impacto mayor en la península a lo largo del último periodo medieval, y sobre todo en el papado, cuando se trasladó a Provenza (1305-1377).

La situación del reino meridional siguió siendo crucial. El cisma de la Iglesia, provocado por la reñida elección en 1378 entre Urbano VI y Clemente VII, destrozó la relativa estabilidad angevina, así como buena parte de la de Europa Occidental. Se reconoció a Urbano en toda Italia, a excepción de Giovanna I en Nápoles. Urbano apoyó una rama más joven de la familia en la persona de Carlos de Durazzo, Giovanna fue asesinada, y Clemente, reconocido en Francia, apoyó para el reino a Luis, duque de Anjou y conde de Provenza. Tener a dos ramas «angevinas» distintas reclamando el reino complicaba muchísimo la situación, pero por fin se impuso la línea aragonesa que gobernaba Sicilia y aspiraba al reino peninsular desde la década de 1420; en 1442, tomó posesión del trono Alfonso V de Aragón, a quien el papado prefería frente a sus rivales angevinos.

Existía otra posible recompensa italiana que despertó un vivo interés en la monarquía de Francia, o dinastía de los Valois, que reinó a finales del siglo XIV: el ducado de Milán. Se acercó a ella a través del matrimonio de Valentina, la hija de Giangaleazzo Visconti, con Luis, duque de Orleans, si bien la reivindicación orleanista a la herencia de los Visconti permaneció latente durante más de un siglo. Milán, bajo el dominio de Giangaleazzo Visconti desde 1378, duque en 1395, se había convertido en una de las mayores potencias italianas. Sólo consiguió poner fin a las aspiraciones de Visconti, que habían amenazado tanto al papado como a Florencia durante el dominio de Giangaleazzo, la muerte súbita de éste en 1402; el interés se recuperó más tarde con su hijo Filippo (duque entre 1412 y 1447), lo que provocó entre la década de 1420 y la de 1440 una serie de guerras en las que se vieron implicados Florencia, Venecia y el papado.

Sin embargo, si uno se detiene a observar la situación de Italia hacia 1450 llega a la conclusión de que se había recuperado una cierta estabilidad; los escritores del siglo XVI consideraron los cuarenta años siguientes como una especie de edad de oro. Existía un único papado e incluso había quedado desprestigiada la idea alternativa de un Concilio General de la Iglesia, el organismo con el que como mínimo se había puesto punto final al gran cisma de 1417, ya que el Concilio de Basilea de la década de 1430 se vio como excesivamente radical. El reino de Nápoles se mantenía estable bajo el hábil dominio del aragonés Alfonso I, a quien sucedió su hijo bastardo, Ferrante, en 1458. Milán, tras un breve intervalo republicano, pasó en 1450 a manos de Francesco Sforza, el capitán militar que se había casado con la hija de Filippo Visconti, y el régimen ducal (aprobado, aunque raspando, por el emperador) siguió hasta 1499. En el noreste de Italia prosperaba Venecia como potencia continental, tras haber adquirido, además de Verona y Padua, Brescia, Bérgamo, Crema y Rávena en las guerras contra Filippo Visconti. La república de Florencia, que se había anexionado ya la Toscana, con la anexión de Arezzo y Pisa, estaba controlada a la sazón por el riquísimo banquero y principal financiero del pontificado, Cosimo de Medici, a quien sucedió su hijo Piero «el Gotoso» en 1464 y su nieto Lorenzo, conocido como «el Magnífico», en 1469. Las principales potencias italianas habían intentado crear en 1455 un sistema de arbitraje para el seguimiento de futuros conflictos y el mantenimiento de la paz. No funcionó, pero como mínimo fue un intento de anteponer la diplomacia a la fuerza. Los distintos estados menores seguían con regímenes civiles dominados por príncipes, pues los antiguos capitanes mercenarios, dirigentes municipales y terratenientes iban asumiendo un estilo principesco. Mantua, en muchos aspectos satélite de los Sforza de Milán, siguió dominada por la familia Gonzaga, entre la que destacó el culto *condottiere*. Ludovico Gonzaga (marqués, 1444-1478); Ferrara, ducado papal desde 1471, siguió dominado por los Este, al igual que Reggio y Módena, ducado imperial; Federico di Montefeltro, de Urbino, se convirtió asimismo en duque papal en 1474.

Cabe reconocer que determinadas guerras italianas internas y algunos asesinatos de gran impacto alteraron la relativa estabilidad del equilibrio político, que duró hasta 1494. El asesinato del duque Galeazzo Maria Sforza de Milán, en 1476, llevó al dominio de su hermano, Ludovico «el Moro»; el joven heredero del ducado, Giangaleazzo, murió en 1494 y obtuvo luego el título el ambicioso Ludovico. El atentado contra la vida de Lorenzo de Medici en 1478 (planeado por la familia Pazzi pero llevado a cabo con el apoyo de Girolamo Riario, sobrino del papa, y otros) y el asesinato de su hermano Giuliano provocaron una guerra entre Florencia y el papado, aliado a su incondicional de siempre, el rey de Nápoles; todo ello también consiguió intensificar el control directo de los Medici en la política de Florencia. En 1482 y en 1485-1486 estallaron otras dos guerras, en las que el papado se vio obligado a cambiar por completo su consabida postura y a declarar la guerra al reino de Nápoles, su principal satélite y supuesto protector. Poco después, el asesinato en 1488 –en parte como acto de venganza florentina– de Girolamo Riario, cuyo miniprincipado de Imola y Forlí había constituido un nuevo experimento papal para el control de la Romaña, se convirtió en otro acontecimiento desestabilizador. La propiedad de los Riario, dentro del dominio papal, se convirtió sin embargo en un precedente del principado de mucha mayor envergadura que habría de establecer recurriendo a la fuerza en 1499-1503 César Borgia, el hijo del papa Alejandro VI.

Pero fue la invasión o «ataque» (*calata*) de Carlos VIII en 1494, alentada por Ludovico Sforza por envidia o miedo a Ferrante, rey de Nápoles, la que destruyó el sistema que se había impuesto durante los cincuenta años anteriores. Una vez más, el reino meridional se había convertido en el foco de la crisis. Carlos pretendía ser el representante del derecho angevino al trono de Nápoles en su rápido avance hacia la parte occidental de Italia. Alfonso, duque de Calabria, hijo y heredero del rey Ferrante, quien había muerto a principios de 1494, demostró menos habilidad como rey que como comandante militar y abdicó ante la rebelión cuando Carlos estaba ya en camino. Cuando los franceses llegaron a Nápoles, Ferrantino, hijo de Alfonso, huyó hacia Sicilia. Ahora bien, el desmoronamiento del reino meridional y su dinastía aragonesa reinante no fueron el único trastorno que vivió Italia. Piero de Medici, el hijo de Lorenzo, que había sucedido a su padre en 1492, negoció sin resultado alguno con Carlos VIII durante el viaje de éste hacia el sur a través de la Toscana a principios de noviembre de 1494, y fue derrocado a su regreso a la ciudad. Profundamente influidos por el dominico Girolamo Savonarola, los florentinos instauraron una república más constitucional, que durante los veinte años siguientes se mantuvo con firmeza a favor de Francia, básicamente con la vana y ardua esperanza de reconquistar la rebelde ciudad que se había marcado como objetivo: Pisa.

Carlos VIII no logró estabilizar su conquista del reino meridional, aunque de todas formas tampoco había conseguido obtener autorización e investidura papal para consolidarse. En 1495 volvió a Francia perseguido por una coalición italiana en la que figuraban como miembros destacados Ludovico el Moro de Milán y Venecia. En Nápoles, la monarquía depuesta intentó un retorno con ayuda hispánica; Ferrantino recuperó Nápoles pero murió de repente en octubre de 1496; Federico, el hermano de Alfonso, le sucedió durante un breve periodo. Sin embargo, la entrada en la escena del rey de España, Fernando de Aragón, liberado tras su conquista de Granada (1492) y capaz de centrar toda su atención en el ancho mundo, resultó nefasta. Empezaba para el sur de Italia una era hispánica completamente nueva y terriblemente inquietante, incluso para el papado. Fernando pasó de proporcionar ayuda militar a su familiar a aceptar la destitución de Federico por parte de los franceses en 1501, aduciendo que había pedido ayuda a los turcos y reivindicando la corona para sí mismo. Se dedicó por un lado a luchar contra las fuerzas de Carlos VIII, sucesor de Luis XII, y por otro a establecer acuerdos secretos para repartirse con él el reino meridional. Las catastróficas derrotas francesas en combate de 1503 llevaron por fin a la renuncia a las antiguas reivindicaciones francesas y a un acuerdo según el cual Fernando, que acababa de enviudar, se casaría con la sobrina de Luis XII, obtendría una importante suma de dinero y de forma indirecta lograría del papa la investidura como rey. Como resultado surgió un nuevo régimen en Nápoles y Sicilia, dominadas por virreyes españoles. Mientras tanto, en el norte, otra invasión francesa en 1499, dirigida por Luis XII, reclamaba sus derechos sobre Milán como duque de Orleans, había resultado aún más desestabilizadora que la primera *calata*. El ejército francés, aliado con Venecia, consiguió derrotar al régimen de Ludovico Sforza. Milán se enfrentó al gobierno francés de ocupación mientras los venecianos extendían su dominio al este de Normandía con la anexión de Cremona. La ampliación del imperio continental veneciano alarmó largo tiempo al resto de Italia; cada vez parecía más justificada la sospecha de que Venecia pretendía dominar la península, puesto que dicha república se había apoderado también de los puertos meridionales de Apulia e iba a centrarse en algunas de las conquistas de César Borgia en Romaña tras su caída en 1503. En 1509 llegó el momento culminante, cuando Julio II, Luis XII y el emperador Maximiliano declararon la guerra a Venecia y después de la victoria de Agnadillo, en el río Adda, ocuparon la mayor parte de su territorio continental. No tardó, sin embargo, la república en recuperarlo casi por completo, pues la guerra posterior consiguió una alianza italiana, en la que se incluía Venecia, contra las fuerzas extranjeras. En 1512 se castigó a la República de Florencia por su apoyo a los franceses y se le impusieron por la fuerza los Medici; en lo sucesivo éstos, que se hicieron además con el papado durante el año siguiente, gobernaron Florencia siguiendo un estilo descaradamente principesco.

Si hemos iniciado el prefacio subrayando la vulnerabilidad de Italia ante las invasiones, podríamos terminarlo en la misma tónica, haciendo referencia a los turcos otomanos. La importante llamada a las armas contra los turcos de Seljuk y a favor de la liberación de Jerusalén a finales del siglo XI tuvo su importancia en la formulación de las ideas y la práctica sobre la guerra en defensa de la Iglesia contra el poder islámico, pero los turcos otomanos constituyeron un peligro más directo y terrible para Italia, Roma y las tierras pontificias. Tras convertirse durante el siglo XIV en un poder tanto naval como terrestre, la invasión de lo que quedaba del imperio bizantino avanzó con extraordinaria rapidez. Llegó al punto culminante con la toma de Constantinopla en 1453, a la que siguió, a intervalos, la conquista del resto de la Grecia continental e isleña. Cabe comprender que el papado consideró que su lugar estaba en la primera línea de defensa de la Cristiandad, sobre todo después de la invasión de la Italia continental y de la masacre de Otranto en 1480; entretanto, sus costas permanecieron en peligro mucho tiempo a causa de los piratas musulmanes. No se produjo alivio duradero para esta sensación de amenaza inminente hasta la victoria naval de Lepanto, en 1571.

En segundo lugar, hay que apuntar un comentario final sobre la eterna cuestión de las invasiones y ocupaciones de Italia por parte de Francia, así como sobre el ascendiente de este país, que el papado intentó utilizar desde finales del siglo XIII en beneficio y seguridad propios. Este estado de cosas finalizó a principios del siglo XVI. En efecto, a pesar de las nuevas ofensivas militares emprendidas en los reinados de Luis XII y Francisco I, Italia no estaba destinada a sucumbir bajo dominio francés, aunque sí bajo el español o imperial. Ésta fue la perspectiva con más posibilidades tras la elección, en 1519, del emperador Carlos V de Habsburgo, y el resultado casi inevitable después de las victorias imperiales sobre los franceses en 1521 y 1525. Los regímenes virreinales imperiales o españoles dominaron Milán y Nápoles, y Florencia –después de la caída en 1530 de la república reestablecida brevemente– fue devuelta a los Medici gracias a Carlos V. Cosme I se convirtió en duque imperial en 1537 y se casó con Leonor de Toledo, hija del vicario imperial de Nápoles. Siena cayó bajo su control en 1557, y en 1569 se le concedió el título de gran duque. Las principales potencias italianas independientes que quedaron después de la tempestad fueron Venecia y el papado, y ambas iban a sobrevivir intactas hasta la época de Napoleón.

Queda por dilucidar si el papado, que había invertido tanto en el plano militar y económico en la recuperación y consolidación de sus posesiones en Italia, contribuyó en gran medida en la desunión y en la debilidad política italiana, como sugiere el escritor florentino Nicolò Machiavelli (1464-1527) en *Discursos*, I, cap. 12. Puede que, por el contrario, dado que el imperio se había vuelto tan incompetente durante los siglos XIV y XV, el papado fuera una fuerza con poder suficiente para estabilizar Italia. Machiavelli también contempló esta posibilidad, y algunos de los papas del último periodo del Renacimiento, en concreto Julio II, fueron algunos de sus príncipes modélicos, junto con Fernando de Aragón y César Borgia, por su capacidad de engaño, su contundente determinación y su dominio de la economía. De todas formas, las teorías y las paradojas de Machiavelli no son el tema de este libro, que trata más bien de establecer por qué la Iglesia, o sus principales mandatarios, se implicaron de una forma tan incuestionable en la guerra.

Prólogo

«¿Qué monstruosa nueva moda es ésta de cubrirse con las vestiduras de clérigo mientras la ira bulle por dentro y resuena la armadura manchada de sangre?»

En el célebre saludo de san Pedro al papa Julio II cuando se presentó ante las puertas del cielo en 1513, según el diálogo satírico *Julius Exclusus*,[1] atribuido generalmente a Erasmo, Julio responde con actitud desafiante que si san Pedro no se rinde y abre la puerta, volverá con refuerzos para echarle.

Este libro pondrá de relieve que, por monstruoso que pueda parecer, no fue ni de lejos una nueva tendencia del siglo XVI la de que los papas, y menos aún los cardenales, participaran activamente en la guerra. Y nos centramos aquí en la guerra auspiciada y a veces incluso llevada a cabo por esos mismos personajes: la guerra dirigida por el gobierno central de la Iglesia católica o romana, y no la guerra declarada por un poder seglar que disfrutaba de la bendición de la Iglesia. A pesar de que los evangelios casi siempre ensalzan la paz, la causa de la defensa de la Iglesia por medio de la fuerza tiene un sinfín de ratificaciones, metafóricas o de otro tipo, en el Antiguo Testamento, y es totalmente compatible con la idea de la «guerra justa» formulada por san Agustín y desarrollada por muchos autores posteriores. El derecho canónico prohibía a los clérigos el derramamiento de sangre, pero se mostraba ambiguo en otros muchos puntos (aparte del hecho de que pueden infligirse daños que provoquen la muerte de muchas formas sin recurrir al derramamiento de sangre). No se les prohibía exhortar a la violencia o acompañarla, ni conceder y garantizar la absolución a sus autores. Una línea casi imperceptible se extendía entre esta belicosidad permisiva y la prohibición dirigida a todo el clero, a excepción de los caballeros monásticos de las órdenes religiosas militares que surgieron en el siglo XII, de empuñar las armas y matar al enemigo en combate.

Julius Exclusus: grabado en madera anónimo, *circa* 1522-1523 de una versión germánica del texto, impresa sin referencias de fecha o lugar (Beinecke Rare Book and Manuscript Library, Universidad de Yale).

Cuatro o cinco siglos de guerra contra el islam, ya se tratara de guerra santa declarada o latente, consiguieron intensificar la militarización del cristianismo occidental, si bien la «guerra santa» no sólo se libró en Oriente, en defensa de la fe o (una consigna que abarca más) en defensa de la Iglesia. También se libró en Occidente, en alguna ocasión contra una herejía, un cisma o un acto de desobediencia cometido por algún gobernante seglar, aunque más a menudo en defensa de la jurisdicción y los derechos territoriales en Italia, derechos considerados pertenecientes al papado por sanción divina, así como por prescripción legal y derecho consuetudinario. Nos ocuparemos un poco de los siglos XV y XVI, la era a la que se ha denominado «Renacimiento», pero subrayaremos que en ese periodo lo que se vivió fue el punto culminante de un proceso de guerra que se remontaba a la época de las invasiones lombardas en Italia en el siglo VI, que siguió, aunque con menor virulencia, hasta el desmoronamiento final del poder seglar en 1870. Tras la expansión del gobierno y la jurisdicción papal en Italia y Europa a partir del siglo XIII se extiende el uso de la fuerza, introducido por sucesivos papas y –desde el siglo XI– por sus estrechos colaboradores y otros altos mandos del clero en quienes se delegaba el poder. Todo ello persistió durante el declive del pontificado en el siglo XIV, en su recuperación en el XV, y tal vez alcanzó el momento álgido en el reinado de Julio II como papa, pero siguió a partir de entonces, a pesar de haberse extendido la desaprobación y el desacuerdo. En líneas generales, la clave reside en la paradoja por la cual durante una serie de siglos, los dirigentes de la Iglesia, a pesar de su vocación pacífica, participaron más en los procesos bélicos que en los pacíficos, y en algunos casos su contribución fue especialmente directa y brutal. Sin duda creían firmemente que Dios y la rectitud estaban de su lado, aunque salta a la vista que a menudo la firme creencia puede dar más realce a las acciones brutales. Podríamos contar historias paralelas sobre otras ramas de la Iglesia, pero el trabajo presente está centrado sólo en la institución con mayor organización y la más destacada de la cristiandad: la monarquía papal.

Julio II simplemente dio un paso más que la mayoría de papas, en especial en su campaña de invierno de 1510-1511 contra el duque de Ferrara y sus aliados, cuando se puso personalmente al mando de una ofensiva militar (el sitio de Mirandola). Vamos a examinar con mayor profundidad la participación directa en la guerra del papa Julio, un episodio central del libro, aunque lo contextualizaremos en el mayor espacio de tiempo posible y lo presentaremos como un episodio que forma parte de una cuestión compleja e ininterrumpida en la historia del papado.

1

Dux et Pontifex: Los siglos del Medioevo

«Bienaventurados los pacificadores.» Pero a lo largo de los siglos de dominio del cristianismo fueron también bienaventurados los guerreros. Entre los muchos aspectos de esta paradoja destaca un problema específico: ¿Hasta dónde puede llegar la autoridad pontificia y la jerarquía clerical a la hora de apoyar o incluso participar en acciones de guerra en defensa de la Iglesia? Una pregunta que nunca se ha contestado con precisión. San Ambrosio (*circa* 340-397) afirmaba –a diferencia de los dirigentes del Antiguo Testamento, como Josué o David– que los clérigos cristianos debían abstenerse de utilizar la fuerza: «No puedo entregar la Iglesia, pero tampoco debo luchar», *pugnare non debeo*; «Contra armas, soldados, godos, las lágrimas son mi recurso, ésta es la defensa de un sacerdote».[1] Tales preceptos establecen la línea canónica, pero se admite una fina distinción: no es lo mismo utilizar directamente la violencia que incitar a otros a cometer actos de violencia y derramamiento de sangre. He aquí una cuestión que preocupó seriamente durante la Edad Media y más allá de ésta: ¿Cómo había que definir y limitar la necesaria defensa de la Iglesia? ¿Podía evitar a conciencia el clero, los dirigentes de la Iglesia, la implicación en un conflicto físico sangriento, al menos como autodefensa? Este primer capítulo remontará la historia principal, concerniente a los siglos XV y XVI, hacia atrás en el tiempo y tendrá que limitarse a dibujar un esquema escueto.

En la práctica, cuando un grave peligro físico amenazó a la Iglesia, y más en concreto a su sede romana, probablemente la respuesta activa se vio como una cuestión de deber. El emplazamiento de Roma, en el centro de la «bota» de Italia, quedó terriblemente desprotegido en cuanto desaparecieron los enormes recursos, la fuerza militar y naval, así como el sistema viario del imperio, que se habían mantenido en tan buen estado. Las sucesivas hordas de invasores atacaron o pusieron en peligro los refugios del obispado romano y las propiedades dispersas, y además invadieron otras provincias de Italia. Se cuenta que en verano del año 452, el papa León I detuvo en seco a los hunos gracias al milagroso y al tiempo aterrador vuelo de san Pedro y san Pablo, pero el papa Gregorio Magno (590-604) se enfrentó a los lombardos con autoridad militar. Exhortó a sus capitanes militares a luchar por la gloria y armó y dirigió a las tropas en defensa de Roma.[2] Dos siglos más tarde, otros invasores que aparecieron con cierta frecuencia fueron los árabes musulmanes, o moros, del norte de África. León IV (papa, 847-855) acompañó al ejército romano que luchó contra los piratas musulmanes y les venció en la desembocadura del Tíber; fue además quien hizo construir las murallas para proteger el Borgo Leonino, en la zona cercana a San Pedro.[3] Juan VIII (872-882) dirigió en 877 una galera en una campaña naval conjunta con fuerzas de Amalfi y griegas contra los musulmanes. Puede que se exagerara el éxito de la victoria, pero Ferdinand Gregorovius, historiador del siglo XIX, creyó justificado afirmar: «Es la primera vez en la historia que un papa guerrea con el cargo de almirante». Citaba una carta, al parecer del propio pontífice, en la que puntualizaba: «Se capturaron dieciocho barcos, se dio muerte a muchos sarracenos y se liberaron al menos seiscientos esclavos».[4] En 915, Juan X participó en otra victoria contra los musulmanes en el río Garigliano y escribió al arzobispo de Colonia alardeando de que había luchado a pecho descubierto contra el enemigo (*se ipsum corpusque suum oponendo*); en dos ocasiones participó en la batalla.[5] Podría decirse que gracias a la resistencia pontificia se preservó en general la Italia continental de la dominación musulmana que ocupó Sicilia y buena parte de España.

Un desafío muy distinto fue el que supuso la herencia septentrional de la monarquía franca durante los siglos VIII y IX. Su presunta función era la de proteger el papado y en ello se incluían «donaciones» de territorio a gran escala en Italia por parte de Pipino el Breve (754), Carlomagno (774) y Luis I el Piadoso (817).[6] Éstas confirmaron, como mínimo, una parte de los bienes en la «donación» falsa de Constantino, según la cual, el recién converso emperador Constantino I, quien trasladó su capital a Bizancio (en lo sucesivo Constantinopla), traspasó al papa en 330 considerables derechos y posesiones en Occidente. Pero hasta el siglo IX no empezaron a precisarse las fronteras geográficas de tales concesiones, entre las que figuraban desde gran parte de Umbria y de las tierras situadas al norte de los Apeninos hasta algunas zonas de Emilia.

La función protectora y militar de los reyes francos quedó expresada gráficamente por Carlomagno en una célebre carta en la que felicitó a León III (papa, 795-816) en su toma de posesión. En ella precisaba que, mientras su tarea era la de defender a la Iglesia por medio de las armas, el papa no tenía más que elevar sus brazos hacia Dios, como hizo Moisés para garantizar la victoria contra los amalecitas (Éxodo XVII, 8-13).[7] La otra cara de la moneda en el trato establecía que el papa tenía que coronar a su protector como emperador, título restablecido que se concedió a Carlomagno en Roma el día de Navidad del año 800. Como el cargo imperial comportaba un aura de divinidad, dicha función protectora iba a acarrear problemas, un desafío por la primacía de la jurisdicción, pero mientras tanto ayudaba a preservar la dignidad del pontificado. Otra dinastía germánica rescató más tarde al papado de la escandalosa aunque vaga confusión que reinó en Roma durante la primera mitad del siglo X. Durante este periodo, la nobleza local, e incluso dos matronas sin escrúpulos, Teodora y su hija Marozia, decidieron el nombramiento e incluso tal vez la destitución de unos cuantos papas. Pero después de 960 entraron en escena para solucionar la situación tres emperadores sajones, todos llamados Otón. A principios de 962, Otón I fue coronado por el hijo de Marozia, Juan XII (papa desde 957), quien había reclamado su protección, pero en diciembre de 962 Juan fue destituido por Otón.[8] Según Liutprando, obispo de Cremona, que actuó como intérprete de Otón y por consiguiente constituye una fuente bastante fidedigna, se trataba de dar satisfacción a las denuncias colectivas hechas por el clero romano de mayor responsabilidad. Entre los delitos que se atribuían a Juan XII figuraban la fornicación, la embriaguez, el incendio provocado y jugar a los dados, pero al parecer se ponía especial énfasis en la cuestión de llevar armas en público. Finalmente se enfrentó a su protector imperial y avanzó con sus soldados contra el ejército de Otón «equipado con escudo, espada, casco y coraza». Se cuenta que Otón exclamó: «Hay tantos testigos de ello como hombres luchando en nuestro ejército».[9]

Más éxito tuvo a la hora de compartir o dominar la autoridad papal Otón III, nieto de Otón I. Se instaló en Roma en cuanto llegó a la mayoría de edad, en 996, y supervisó los nombramientos de su primo Bruno de Carintia (Gregorio V, papa, 996-999), quien le coronó como emperador, y del erudito Gerberto de Aurillac (Silvestre II, papa, 999-1003). Tanto Otón I como Otón III establecieron nuevas «donaciones» que confirmaban las concesiones francas del título papal a los territorios previamente ocupados por griegos bizantinos y lombardos. Se redefinió como posible territorio de San Pedro una importante parte del centro de Italia, que incluía Umbria, el sur de Toscana y zonas que lindaban con el Adriático, más o menos desde la región de Rávena hasta Ascoli. Y decimos «posibles» porque estas concesiones en el marco de la «donación» resultarían problemáticas a la hora de materializarse y conseguir que se respetaran; había por delante siglos de esfuerzos y muchos contratiempos. Después de una recaída en manos de las fuerzas políticas de la zona a principios del siglo XI, el papado se situó de nuevo bajo la égida de una dinastía real germánica. Entre 1046 y 1055, bajo el dominio del rey salio Enrique III se nombraron una serie de reputados papas, y a uno de ellos, Víctor II, le concedió el dominio de la Marca de Ancona, aunque al parecer como vasallo imperial.[10] Para los papas, tener que admitir la superioridad o semi-igualdad del cargo de emperador fue un precio muy alto que pagaron por la seguridad.

Durante el siglo XI, se potenciaron ideas importantes sobre la naturaleza de la autoridad papal y –como aspecto inevitable de ello– de las sanciones eclesiásticas respecto a la guerra. Evidentemente, se produjeron unos primeros dictámenes sobre la naturaleza superior del poder papal. Se cree que Gelasio I (papa, 492-496) introdujo la idea de la Iglesia como principado situado por encima de todos los príncipes terrenales y del papa como vicario, no sólo de san Pedro, sino del propio Jesucristo. Nicolás I (papa, 858-867) declaró que el papado era la mayor de las dos luces que alumbraban la Tierra, que los papas eran príncipes del mundo entero y que el emperador sólo podía utilizar la espada con su autorización; recordó incluso que san Pedro utilizó la espada real contra Malco.[11] Pero hasta los siglos XI y XII los estudiosos dedicados a instaurar la «ley canónica» de la Iglesia –declaraciones, resoluciones y precedentes que habían de regir los asuntos eclesiásticos determinados por los sucesivos papas y juristas– no crearon de forma sistemática, con el apoyo de los teólogos, la teoría «hierocrática» del poder papal superior y universal quc incluía la potestad para deponer a gobernantes indignos.[12]

Estas ideas, pese a las determinantes implicaciones que tuvieron para las futuras guerras, no nos parecen tan decisivas como dos medidas prácticas que se tomaron para garantizar una autoridad papal más efectiva, ambas logros de Nicolás II (papa, 1059-1061). Una de ellas fue el decreto que establecía un procedimiento regular para la elección del pontífice: sólo los obispos «cardenales», los sacerdotes y diáconos de Roma podían elegir a los papas. Al mismo tiempo que se estableció esta disposición constitucional dirigida a estabilizar la monarquía papal –si bien durante siglos no consiguió impedir las contraelecciones de «antipapas»– se dio un paso trascendental en el año 1059 para situar a la mitad meridional de Italia y Sicilia bajo el dominio legal del papado. Ésta fue una concesión de soberanía condicional establecida por los normandos Roberto Guiscardo y Roberto de Capua, quienes anteriormente habían sido considerados los intrusos más conflictivos y amenazadores de la región. El tratado de Melfi les convirtió en duques «por la gracia de Dios y de san Pedro», con la promesa del señorío de Sicilia, a condición de que se recuperara la isla de manos de los musulmanes. El tratado invalidaba o ignoraba toda reclamación pendiente por parte de griegos, lombardos, musulmanes u otros ocupantes de facto, y al parecer la inclusión de Sicilia dependía más de la donación de Constantino que de otras concesiones posteriores más legítimas. Esta devolución de la parte meridional de Italia al feudo papal, con la obligación de que su gobernante proporcionara apoyo militar al papa, iba a tener importantísimas consecuencias en el futuro.

En concreto, en la cuestión de la guerra, surgió en primer lugar, también una dimensión legalista que se desarrolló durante el siglo XI. Uno de los primeros especialistas en derecho canónico, Burchard de Worms (*circa* 965-1025), insistió en que «el clero no puede luchar por Dios y por el mundo», aunque los especialistas posteriores aceptaron que el problema era más complejo.[13] En segundo lugar, se planteó también una dimensión espiritual, que confirió a la guerra –en determinadas circunstancias– un valor positivo. Se trataba de un aspecto del movimiento de reforma de inspiración monástica de la Iglesia. León IX (papa, 1049-1054), de nombre Bruno, antiguo arzobispo de Toul, formó parte de un grupo de importantes reformadores de Lorena que combinaba austeros principios religiosos con una mentalidad guerrera, al igual que su colega Wazo, obispo de Lieja, a quien su biógrafo alabó llamándole «Judas Macabeo» en sus hazañas militares, y fue elogiado por su defensa de Lieja y la destrucción de los castillos de sus adversarios. Como arzobispo, Bruno mandó una expedición en apoyo al emperador Enrique III. Como papa presentó batalla contra su depuesto predecesor Benedicto IX y los partidarios de éste en 1049-1050 y se puso personalmente al mando de un ejército de suabios que luchó contra los normandos en junio de 1053, con el que sufrió una derrota en la batalla de Civitate, la catástrofe que dejó claro que la única forma de avanzar consistía en tener a los normandos como aliados y no como enemigos. Entre las declaraciones registradas por León IX encontramos esta orden: «Aquellos que no temen la sanción espiritual serán golpeados con la espada», aunque iba dirigida básicamente contra bandidos y paganos.[14]

El papado de finales del siglo XI, imbuido del celo reformador monástico e influido por los expertos en derecho canónico que defendían una autoridad pontificia definitiva, universal, por encima del emperador y de otros poderes seglares, se vio casi obligado a aceptar que podía aprobarse la fuerza, que la guerra y el derramamiento de sangre por una causa justa incluso podían considerarse sagrados. La cuestión llegó a un punto culminante durante los años setenta con los conflictos repetidos entre el rey franco Enrique IV, el emperador electo desde 1056 y el ex monje Hildebrando, Gregorio VII (papa, 1073-1085). Incluso antes de convertirse en papa, Hildebrando había ya utilizado la fuerza. Es probable que hubiera servido bajo las órdenes de León IX; con toda certeza estuvo vinculado a Alejandro II (Anselmo I de Lucca) en 1061-1063. En buena parte fue el responsable de poner a los normandos al servicio del papa y de contratar a figuras militares independientes como Godofredo de Lorena. Ayudaron a Alejandro a vencer al antipapa Cadalus, obispo de Parma (Honorio II), quien durante una época había controlado Roma.[15] Hildebrando, a diferencia de la mayoría de los papas de la Edad Media, no procedía de cuna noble ni de casta guerrera, aunque las pruebas científicas realizadas con sus huesos como mínimo han demostrado que era una persona fuerte y acostumbrada a montar a caballo.[16]

Poco después de convertirse en papa, Gregorio VII impartió órdenes directas a las fuerzas mercenarias del papado, en particular a los normandos que se encontraban bajo el mando de Roberto Guiscard. El 7 de diciembre de 1074, escribió a Enrique IV alegando que miles de voluntarios le reclamaban que conjugara las funciones de «comandante militar y pontífice» (*Si me possunt pro duce ac pontifice habere*) y se puso personalmente al mando de un ejército de apoyo a los cristianos de Oriente contra los turcos seljuk.[17]

El conflicto de Gregorio con Enrique IV en principio fue más una guerra de palabras que de armas. Fue en parte legalista, respecto a la investidura para los nombramientos de mayor rango en la Iglesia y a la necesidad de efectuar reformas clericales, pero incluso en mayor grado por los temperamentos incompatibles y reivindicaciones de mayor autoridad. El conflicto tuvo sus altibajos. En 1075, hasta otoño, Gregorio parecía estar a punto de aceptar la coronación de Enrique como emperador, pero en el año siguiente quedó excomulgado. A pesar de todo, en enero de 1077 se presentó en Canossa como arrepentido. En 1080, Gregorio excomulgó por segunda vez a Enrique IV, y a raíz de ello, los obispos que estaban a favor del imperio escogieron en el sínodo de Brixen a Guibert, arzobispo de Rávena, como antipapa. Entonces, Gregorio anunció que «con la temperatura más fresca de septiembre» organizaría una expedición militar contra Rávena a fin de vencer a Guibert. Tenía también en mente una campaña de castigo contra Alfonso II de Castilla por sus fechorías, y su amenaza no fue sólo metafórica: «Nos veremos obligados a desenfundar contra vos la espada de san Pedro».[18] Si bien costaría demostrar que Gregorio VII blandió en alguna ocasión una espada real, y teniendo en cuenta que las declaraciones en las que invocaba a los «soldados de Cristo» o a la «guerra de Cristo» podían ser más metafóricas que literales,[19] es fácil comprender que sus enemigos –los que estaban al servicio de Enrique IV y de Guibert de Rávena presentaran su carácter combativo como belicoso a un nivel casi satánico. «¿Qué cristiano provocó tantas guerras o mató a tantos hombres?», escribía Guido de Ferrara, quien insistía en que Hildebrando sentía pasión por las armas desde su niñez y que más tarde dirigió un ejército privado. Guibert, quien escribió un folleto biográfico en el que denunciaba a Hildebrando, hacía acusaciones parecidas.[20] Estas críticas tomaron el hilo donde lo había dejado el reformador militante y predicador Petrus Damiani (1007-1072); a pesar de que la perspectiva de Damiani sobre los fallos de la Iglesia, en muchos sentidos coincidía con Hildebrando, había insistido en que la guerra eclesiástica era inadmisible: Jesucristo había ordenado a san Pedro que envainara la espada «Los hombres virtuosos no deberían matar a herejes y paganos [...] Nunca deberían sacar la espada en nombre de la fe».[21]

Había que idear otras justificaciones para el recurso a la fuerza militar dirigida por los papas. Anselmo II, asesor de Gregorio y vicario de Lombardía entre 1081 y 1085, elaboró una serie de precedentes de leyes canónicas a petición de éste. En su recopilación proponía que la Iglesia pudiera ejercer legalmente la justicia punitiva o la coacción física; afirmaba en efecto que un uso de la fuerza tan apropiado constituía incluso una forma de caridad. «Valen más heridas de un amigo que los besos de un enemigo», declaraba, y –haciéndose eco de san Agustín–: «Es mejor amar con severidad que cautivar con suavidad».[22] Establecía un paralelismo con el Antiguo Testamento aduciendo que Moisés no se mostró cruel cuando, a instancias del Señor, dio muerte a algunos hombres. Tal vez se refería a la matanza punitiva autorizada después de la adoración del becerro de oro (Éxodo 33, 27-8) o a la anterior batalla de Israel contra los amalecitas, cuando la suerte de la guerra dependía del esfuerzo de Moisés por mantener los brazos elevados hacia el cielo (el episodio que citó Carlomagno a León III). Anselmo no llega a recomendar que los papas y otros clérigos impongan personalmente la violencia contra los cristianos que se aparten del camino, pero permite que la planifiquen; las normas podrían ser incluso más laxas en casos de guerras contra no cristianos, entre los que se incluyen antiguos miembros de la Iglesia Católica que han dejado de practicar y han sido excomulgados.

Pocos sucesores de Gregorio VII consiguieron emular la extraordinaria e implacable energía del papa, pero casi ninguno renunció a la coacción por medio de la fuerza. Incluso Pascual II (papa, 1099-1118), un monje anciano y enfermo que se sometió a la humillación de convertirse en prisionero del emperador Enrique V en 1111, pasó gran parte de su pontificado errando por la región de Roma. En el año en que murió, había dirigido el montaje de la «maquinaria bélica» en Castel Sant'Angelo para derrotar a los rebeldes que ocupaban San Pedro.[23] Inocencio II (1130-1043) entró en guerra con un adversario elegido poco después que él –posiblemente por un mayor número de cardenales–, quien tomó el nombre de Anacleto y durante un tiempo incluso controló Roma. Ambos encontraron poderosos aliados. Convenció al rey germano, Lotario, para que dirigiera sus fuerzas militares contra su adversario; Inocencio obtuvo el apoyo de Roger II, el rey normando de Sicilia. En julio de 1139, Inocencio se llevó la peor parte cuando tendieron una emboscada a un ejército dirigido por él en Galluccio, cerca del río Garigliano, entre Roma y Nápoles. Le hicieron prisionero y tuvo que aceptar la investidura de Roger como rey de Sicilia, que anteriormente le había ofrecido a él Anacleto. Un ascenso considerable respecto al título de «legado apostólico», concedido al padre y homónimo de Roger en 1098 como reconocimiento a la reconquista de Sicilia, en manos musulmanas. La concesión del título de realeza fue la culminación o la reafirmación de una política que tenía el objetivo de garantizar una sólida y leal defensa militar al papado en el sur. A pesar del favoritismo, tuvo sus contratiempos. Uno de sus puntos flacos fue la demora de Robert Guiscard a la hora de acudir en ayuda de Gregorio VII en 1084, cuando liberó Roma del largo sitio impuesto por Enrique IVque costó una carnicería; otro fue la guerra de la década de 1130 antes mencionada. Encontramos otra derrota papal en Benevento en 1156 a manos de las fuerzas normandas, a pesar de la concesión de la realeza a Roger II, en la que sufrió Adriano IV.[24] En todos estos conflictos militares no puede demostrarse que Pascual II, Inocencio II, Anacleto o Adrián IV participaran físicamente en la contiendo, si bien en todos los casos acompañaron a los ejércitos y al parecer dirigieron –bien o mal– las operaciones de campo.

A mediados del siglo XII se produjó un terrible desafío por parte del imperio, la auténtica autoridad que supuestamente «protegía» al papado. Durante el reinado de Federico I Barbarroja, de la familia suabia de Staufer o Staufen –denominada casi siempre aunque erróneamente Hohenstaufen–, el pleno de sus juristas presentó sus propias reivindicaciones respecto al gobierno de ciudades y territorios del norte de Italia, entre los que se incluía la ciudad de Roma, a pesar de las aspiraciones cívicas locales. El cardenal inglés Breakspear, elegido con el nombre de Adriano IV (papa, 1154-1159), coronó, como era de esperar, a Federico en 1155, pero su llegada indemne a San Pedro sólo fue posible con la protección por medio la fuerza armada de uno de sus parientes, el cardenal Octavio.[25] Los decretos imperiales hechos públicos en Roncalia, cerca de Piacenza, en 1158, dejaban patente que Federico no sentía mayor respeto por las reivindicaciones judiciales, fiscales y territoriales del pontificado que por la autonomía cívica.[26] Adriano IV, bajo cuyo mandato se avanzó algo en el control papal de los castillos y poblaciones del centro de Italia, protestó con vehemencia ante el emperador.[27] En la práctica, no obstante, en las tres invasiones de Italia, Federico mostró un mayor interés por Lombardía y sus ciudades mercantiles, en rápido crecimiento e independientes de facto, y en concreto por Milán, a la que, como castigo por su rebeldía devastó en 1162. El cardenal Rolando Bandinelli astuto jurista sienés, elegido como Alejandro III (papa, 1159-1181), aun sin buscar una confrontación militar directa, ofreció apoyo económico y moral a las ciudades lombardas. Por aquel entonces tuvo que enfrentarse a una serie de antipapas elegidos por cardenales favorables al imperio. Después de la famosa victoria de la Liga Lombarda contra Federico en Legnano en 1174, Alejandro pudo ejercer la función de mediador y de conciliador. A pesar de todo, por entonces, gran parte de la Italia central estaba sujeta a la jurisdicción y el sistema tributario imperial y no del pontífice, bajo la dirección de hombres como Christian de Mainz, cuya capital administrativa era Viterbo, y Conrad de Urslingen, quien en 1177 se convirtió en duque imperial de Spoleto. En 1164, Federico Barbarroja incluso había ordenado a Christian movilizar un ejército para apoyar la toma de posesión de su antipapa en Roma.[28] El declive en su apogeo no llegó hasta después de las muertes de Barbarroja (ahogado en una cruzada en 1190) y de su hijo Enrique VI en 1197.

En todo caso, desde finales del siglo XI se habían ido ampliando las guerras autorizadas por el papado con el objetivo de ayudar a los cristianos de Oriente y de tomar y mantener a raya en Jerusalén y Tierra Santa las fuerzas musulmanas. Las expediciones militares denominadas cruzadas, instituidas por el papa Urbano II en Clermont en 1095, ganaron buena parte de sus adeptos a raíz de la promesa de la concesión de una serie de privilegios, entre los que destacaba la garantía de la salvación eterna a los participantes a quienes se había tomado juramento. Desde el principio, el reclutamiento corrió a cargo del clero y a menudo las operaciones militares se hicieron también bajo su control. Si bien Urbano II no participó personalmente en la Primera Cruzada, delegó la autoridad en Adhémar, obispo de Le Puy, de quien se dice que fue la primera persona en hacer el juramento en Clermont. Adhémar, como legado papal, demostró durante los primeros estadios de la expedición casi más habilidad táctica y mayores dotes de mando que muchos de los guerreros legos. En el sitio de Nicea dirigió el flanco derecho del ejército de Raymond de Saint-Gilles y supervisó el derribo de una de las torres; fue responsable del desvío que llevó a la toma de Dorilea y ejerció una importante función en el combate del sitio sarraceno de Antioquia.[29] La muerte de Adhémar en Antioquia le impidió participar en la conquista de Jerusalén y también que se le hiciera responsable del terrible saqueo a que fue sometida.

La nueva guerra de cruzadas en Oriente sirvió para difundir entre la cristiandad católica el lenguaje y la justificación de la violencia consagrada, y atmbién las guerras para imponer la autoridad universal del pontífice en Occidente. La idea de que el eclesiástico estaba obligado a defender la Iglesia por la fuerza fue ratificada por el implacable monje cisterciense Bernard de Claivaux (1090-1153), incondicional partidario de Inocencio II e inspirador de Eugenio III (papa de 1145 a 1153). Bernard, abad de Claraval desde 1115, era aficionado a la imaginería de la espada. El papa, declaró él, poseía dos espadas para eliminar el mal, una espiritual y otra física o material. La primera sólo podía utilizarla él, pero para el empleo de la segunda podía delegar en un dirigente seglar para que la usara a instancias del papado. «La espada [material] es también vuestra y tiene desenfundarse siguiendo vuestras órdenes, aunque no debe ser vuestraque propia mano la que lo haga», escribía en su célebre tratado de consejos, *De Consideratione*, dirigido a Eugenio.[30]

Pero ni siquiera san Bernardo dejó del todo clara la sutil distinción entre el uso de la fuerza de forma directa e indirecta; poco antes, en 1149, reprochó a Eugenio la utilización de la espada por parte de los soldados sicilianos y las milicias papales –bajo la dudosa dirección de un cardenal conocido como Guido «la Muchacha» (*milicie prefecit cardinalem Guidonem cognomento Puellam*)– para reducir a la sediciosa comunidad romana y recuperar el control de la ciudad.[31] Se toleraba, sin embargo, que empuñaran la espada en nombre del papa los miembros de las nuevas órdenes religiosas de los Caballeros Hospitalarios de San Juan y los caballeros templarios; se supone que san Bernardo había redactado la regla de estos últimos y conseguido que se aceptara en 1128. A pesar de que en el caso de los hospitalarios la hermandad en la lucha era distinta de las numerosas hermandades sacerdotales en la orden, queda claro que la congregación estaba vinculada a la «sagrada violencia».[32]

Si bien las enérgicas enseñanzas de san Bernardo se basaban en la inspiración espiritual, quienes recopilaron la ley canónica y sus comentarios también se ocuparon del tema. El más importante de ellos, Graciano († hacia 1179), monje de Bolonia, llegó al centro de la cuestión en *Causa 23, Questio 8* de su célebre *Decretum* (*circa* 1140). Graciano discutió mucho tiempo la obligación que tenían los dirigentes eclesiásticos de defender a la Iglesia; repitió, citando a san Ambrosio, que no tenían que llevar armas, si bien podían exhortar a los demás a atacar al enemigo. Lo justificaba con ejemplos históricos y, a pesar de insistir en que el clero no tenía que derramar sangre, se mostraba más ambiguo en cuanto a la función de éste en las operaciones militares.[33] Entre los que contribuyeron al debate cabe citar a Huguccio († en 1210), quien se mostraba categórico en que el clérigo no podía tomar parte activa en las luchas, y al autor de una *Summa* anónima, quien estaba dispuesto, no obstante, a permitir una cierta participación, por ejemplo en caso de autodefensa.[34]

Pese a que por distintas razones, como la debilidad temporal de la sede papal, los reyes y otros mandatarios se pusieron al mando de la Segunda y la Tercera Cruzada, los pontífices en general se inclinaban por dejar en manos del clero con puestos de responsabilidad la dirección de las «guerras santas». En concreto, apoyaron en este sentido a los miembros del Colegio Cardenalicio, los electores y asesores papales llamados en alguna ocasión «senadores de la Iglesia» o «miembros del cuerpo pontificio», cuyos poderes formales habían ido en aumento desde mediados del siglo XI.[35] Encontramos el primer ejemplo de legado papal encargado de crear y dirigir un ejército contra los herejes en tierras cristianas en el cardenal Henri de Marcy, quien fue enviado a luchar contra los cátaros en el Languedoc en 1181 y consiguió hacerse con el castillo de Lavaur.[36] Unos años después, tras la pérdida de Jerusalén a manos de Saladino en 1187, se informó de que todos los cardenales habían jurado emprender la cruzada.[37] En realidad, ninguno lo hizo, y la dirección de la Tercera Cruzada corrió a cargo del emperador Federico Barbarroja –a quien convenció el mismo cardenal Henri de Marcy–, junto con Ricardo I de Inglaterra y Felipe II de Francia. Pero en agosto de 1198, cuando empezaba a planificarse una Cuarta Cruzada, el gran administrador, Inocencio III (papa, 1198-1216), pretendió ponerla en manos de cuatro cardenales, dos de los cuales, el cardenal Soffredo y Pietro Capuano, tenían que situarse al frente del ejército camino de Palestina.[38] No tiene relevancia el hecho de que el plan original resultara nefasto, que Pietro Capuano quedara en segundo plano tras la toma de la dirección por unos barones seglares franceses y borgoñones y sus acreedores venecianos –lo que llevó a los célebres desvíos, primero hacia Zara y luego a Constantinopla (1202-1204)–, aunque en alguna ocasión se han apuntado connivencias por parte del propio Inocencio III en estos acontecimientos.[39]

Puede que fuera a causa de la Cuarta Cruzada y de sus resultados, pero Inocencio III y su sucesor, Honorio III (papa, 1216-1227), intentaron asegurar que las siguientes «guerras santas» autorizadas por el papado se llevaran a cabo bajo la dirección de eclesiásticos. Y ello se llevó a cabo en primer lugar en la campaña contra la herejía cátara o albigense en el sudoeste de Francia, que se convirtió en una importante ampliación de la guerra de las cruzadas contra los enemigos de la Iglesia en el seno de la cristiandad católica. En un principio, Inocencio nombró a unos cuantos prelados como legados especiales del papado para intentar aplicar métodos de persuasión, pero el asesinato de uno de ellos, Pierre de Castelnau (14 de enero de 1208) –supuestamente perpetrado por un agente de Ramón VI, protector de los cátaros– hizo inevitable la represión mediante la fuerza. Inocencio confió el principal ejército de las cruzadas al cardenal Milo, pero pronto se puso al mando de él Arnaud Amaury, abad de Cîteaux. En su informe al papa, Arnaud Amaury describía con saña la conquista de Béziers (22 de julio de 1209): «Nuestros hombres no repararon en clase, sexo o edad; en una hora perecieron casi veinte mil; y después de esta exhaustiva matanza del enemigo, se saqueó e incendió la ciudad».[40] Es probable que Arnaud Amaury exagerará el recuento de muertos para explicar la hazaña como el resultado de la furia divina en venganza contra los herejes y que él mismo no participará en el derramamiento de sangre, pero su informe consigue sacarnos del equívoco de que los guerreros del clero no eran tan sanguinarios como los seglares.

De un modo parecido, Honorio organizó la Quinta Cruzada, que Inocencio llevaba planeando desde 1215 y tenía que iniciarse en 1218 bajo la dirección de dos cardenales. Su objetivo era el de recuperar Tierra Santa entrando por el delta del Nilo. Su director espiritual era el cardenal Robert de Courçon, pero las operaciones militares estaban al mando del cardenal Pelagio, un español. Dicho cardenal era persona excesivamente segura de sí misma y enérgica; su intransigencia –actuó en contra de los consejos de Juan de Brienne y otros laicos militares– arruinó la expedición. Rechazó las ventajosas condiciones de paz ofrecidas por el sultán, dispuesto a devolver Jerusalén, el centro de Palestina y Galilea a los cristianos, y a pesar de que su éxito en la conquista de Damieta habría podido justificar su política (Pelagio reivindicó el dominio directo del papado), poco se hizo por reconstruir y fortalecer la ciudad durante el año siguiente. En julio de 1221, los cruzados quedaron rodeados, en minoría, y vieron cómo se inundaba su campamento. Pelagio huyó llevándose alimentos y suministros médicos, y en agosto tuvo que aceptar por fin unos términos más desfavorables a los que se le habían ofrecido anteriormente. Es lógico que la mala práctica de Pelagio provocara críticas. «Cuando el clero se hace cargo de las funciones de dirigir a los caballeros en la batalla, actúa contra la ley», decía el autor de una polémica poesía (*circa* 1226).[41] Durante mucho tiempo los dirigentes y los mandos seglares volvieron a recuperar la iniciativa en la organización de las cruzadas, lo que tampoco significa, sin embargo, que tuvieran más éxito que los religiosos.

El fracaso de las sucesivas expediciones de cruzados hacia Oriente, en especial la humillante captura de Luis IX de Francia (san Luis) y la capitulación de Damieta en 1250, provocaron críticas, e incluso la sospecha de que tal vez esas guerras –por no hablar de la utilización ideológica de las cruzadas para atacar a los cristianos díscolos– no tuvieran la aprobación divina. Y lo peor estaba por llegar: la vuelta de Constantinopla a manos de los griegos en 1261 y la caída, en 1291, del puerto palestino de Acre, el último reducto del dominio de los cruzados establecido a principios del siglo XII. Una nueva generación de eruditos examinó la polémica cuestión del coercitivo poder papal y de la violencia militar. El más célebre entre ellos, el famoso teólogo dominico Tomás de Aquino (*circa* 1227-1274), explicó que el clero podía apoyar, pero que su participación activa constituía una violación del decoro, de lo que resultaba apropiado para su cargo.[42] Mucho más contundente fue el jurista canónico Enrique de Susa (nacido alrededor de 1200; † alrededor de 1271), obispo cardenal de Ostia (y conocido a partir de entonces como «Hostiensis»): en su *Summa Aurea* defendió claramente la guerra pontificia contra los dirigentes cristianos recalcitrantes. Hostiensis había vivido alguna experiencia militar como legado del papa en la guerra del norte de Italia contra Ezzelino da Romano en 1259.[43] En 1270 se llamó a otros para que asesoraran al nuevo papa, Gregorio X, quien se encontraba en Palestina en el momento de su elección y estaba muy motivado para el restablecimiento de las cruzadas orientales. Entre quienes comentaron las posibilidades y la moral de la cristiandad occidental se encuentra el dominico Humberto de Romans, quien se propuso rebatir todas las objeciones de los pacifistas. Se basó en que la orden dada por Jesucristo a Pedro de enfundar la espada se refería a abstenerse de usarla en aquella ocasión concreta.[44] Pedro tenía la obligación de defenderse a sí mismo, así como de defender al Señor, de lo contrario habría sido cómplice de homicidio y (al no defenderse a sí mismo) de suicidio. De ahí nació la estricta obligación de los sucesores apostólicos de Pedro de defender la Iglesia y a sí mismos recurriendo a la fuerza. Humberto tuvo que reconocer la norma canónica tradicional de que el clero no debía participar en actos de sangre, pero consideraba ambigua y flexible la ética belicista. «Dios está de acuerdo con la espada», insistía: era tarea de los prelados ocuparse de la guerra santa y del papa, dirigir una cruzada; citó el Antiguo Testamento para aprobar que los clérigos animaran a los guerreros antes de la batalla (Deuteronomio 20, 2-3).[45]

Italia, en todo caso, se convirtió en el principal escenario de operaciones de la guerra santa dirigida por el papado a partir del siglo XIII. Durante un largo periodo los papas no dudaron en santificar como cruzadas las guerras italianas territoriales, concediendo a sus participantes el privilegio de las indulgencias. Este tipo de campañas, si bien se dirigían contra otros cristianos, en teoría se libraban para defender a la Iglesia, que se encontraba en peligro.[46] Aunque tenía mucho que ver con todo ello la cuestión, ya muy reiterada, de la jurisdicción universal en la cristiandad, es decir, la imposición de la autoridad pontificia por encima del resto de mandatarios, incluyendo al emperador, en realidad buena parte del conflicto se centraba en la política más pragmática y menos ideológica de extender e imponer el señorío papal en el centro de la península, tanto al este como al oeste de los Apeninos. Aparte de determinadas propiedades episcopales en la región de Roma –el primigenio «Patrimonio de san Pedro»–, estas reivindicaciones territoriales se basaban en las sucesivas escrituras, o supuestas escrituras, de donación a san Pedro antes mencionadas, a las cuales se había añadido, aunque posteriormente impugnado y negado al papado, el vasto legado de Matilda, condesa de Toscana († 1115), que incluía tierras situadas en la región septentrional de Emilia.[47] Fue Inocencio III, el papa jurista, y Honorio III, su sucesor, quienes oficializaron e intentaron imponer los derechos, sin retroceder ante la amenaza de declaración de guerra. Al parecer, su política, que había de durar siglos, empezó con la campaña de Inocencio III en la Marca de Ancona contra Markward de Anweiler, secuaz del emperador Enrique VI, quien intentaba hacerse con el control de la región.[48]

Gregorio IX (papa, 1227-1241) e Inocencio IV (papa, 1243-1254) siguieron el ejemplo de Inocencio III al expresar su beligerancia verbalmente en lugar de tomar parte personalmente en la lucha contra los Staufen. El hijo de Enrique VI, el carismático Federico II (1194-1250), fue coronado emperador en Roma en 1220, pero no tardó en entrar en un conflicto violento con el papado. No le bastó como provocación el establecimiento de la base de su poder en Italia al heredar el reino meridional a través de la línea normanda por su madre Constanza, sino que además su corte se hizo célebre por la irreverencia y las libertades intelectuales, la tolerancia ante la herejía y el empleo de musulmanes, y se difundió su imagen como la de una figura mesiánica, la del último emperador y señor del mundo. Gregorio IX le excomulgó por desobediencia después de que iniciara, en septiembre de 1227, una cruzada que abandonó poco después, aunque más tarde –sin acto de contrición alguno ni pedir la absolución– al cabo de un año se puso de nuevo en marcha, llegó a Jerusalén y se coronó rey. El éxito de esta extraordinaria aventura duró poco y se consiguió sobre todo por sus buenas relaciones con los potentados musulmanes, pero sirvió para ridiculizar el fracaso de los esfuerzos del pontífice por recuperar Tierra Santa. En 1228-1229, en ausencia de Federico, Gregorio mandó a invadir el reino un ejército que podría haber sido «el primer ejército que luchara bajo el estandarte de san Pedro».[49] Al regreso de Federico se pactó una paz precaria y a finales de la década de 1230 estalló de nuevo, en Lombardía, la guerra abierta entre el papa y el emperador.

El sistema de gobierno papal directo y controlado centralmente de Inocencio III, con delegación de los poderes regionales a los rectores o legados, fue continuado por sus sucesores. Estos mandos, normalmente cardenales, solían emprender campañas o confrontaciones militares; en efecto, a principios del siglo XIII entramos en la importante era del cardenal guerrero, que se prolongó durante los tres siglos siguientes. Desgraciadamente, por lo general es difícil penetrar en el mundo mental de estos prelados marciales, cuyas conciencias, huelga decirlo, son para nosotros un libro cerrado. Pocas cartas personales de dichos cardenales han llegado hasta nuestra era, no llevaban diarios ni dejaron memorias. Sólo se consiguió saber algo sobre su personalidad a partir del siglo XV. Pero en las guerras papales del siglo XIII hubo muchos prototipos y predecesores. Era una época en la que la guerra se iba haciendo más compleja y costosa; el del pontífice, al igual que los demás poderes, cada vez tenía que contar con más mercenarios, a menudo de fuera de Italia, aunque incluso los que vivían en la frontera del territorio papal recibían su paga por derecho consuetudinario.[50] El nivel de inversión de la Iglesia en guerra y defensa era a la sazón descomunal e iba en constante aumento; a éste se deben muchos de los problemas sobre impuestos y recaudación de fondos con los que se enfrentaba el papado.

Inocencio IV, que abandonó Roma primero para volver a su Génova natal y pasar más tarde a Lyon, era más político y jurista que hombre de guerra, pero en sus propios comentarios sobre los *Decretos,* obra que terminó alrededor de 1245, estableció una firme norma sobre la obligación del uso de la fuerza en casos de autodefensa, en especial en la causa de recuperación de tierras perdidas a manos de infieles,[51] y a pesar de que él mismo al parecer no pisó jamás un campo de batalla, algunos de sus cardenales sí lo hicieron. Inocencio convocó un concilio general de la Iglesia en Lyon en 1245 básicamente para tratar sobre el conflicto que seguía en pie con Federico II y deponerlo. Según parece, fue en este concilio donde se propusieron y aceptaron para los cardenales los sombreros rojos con borlas que colgaban de unos cordones para recordarles que tenían que estar dispuestos a derramar su sangre, no tanto en calidad de mártires de la fe como en su función de defensores de la libertad de la Iglesia.[52] Poco después del concilio de Lyon, el emperador saltó a la palestra con un manifiesto reformador: «¿Dónde han aprendido nuestros sacerdotes a blandir armas contra los cristianos?» como respuesta a unas difamatorias invectivas contra él en las que se le llamaba «la bestia del Apocalipsis».[53] El tono de las invectivas, atribuidas al cardenal Rainiero de Viterbo, era realmente despiadado: «A ese príncipe de la tiranía, a ese destructor de la fe y el culto de la Iglesia [...] como Lucifer [...] que destruye el nombre y la fama del babilonio [...]. ¡Expulsadlo de aquí!».[54]

Al parecer no faltaron cardenales guerreros dispuestos a aceptar el cargo de rectores en las diferentes regiones, en algunas ocasiones con autoridad especial durante las campañas militares. El cardenal Rainiero de Viterbo, por ejemplo, quien organizó la matanza en la plaza imperial de Viterbo, en 1243, pasó a vicario del papa en Toscana y el centro de Italia, y fue el responsable de la invectiva contra Federico.[55] En 1249, el cardenal Pedro Capocci (*circa* 1200-1259), antiguo comandante militar seglar que había estado al mando de una fuerza contra los romanos en 1231, fue nombrado legado y rector de toda la zona central de Italia. Se encargó a Capocci la dirección de la campaña contra Federico II y la organización de una invasión en el reino meridional.[56] Tras unas victorias iniciales en la Marca de Ancona, las campañas de Capocci empezaron a fracasar; sufrió importantes pérdidas y tuvo que recurrir a las tácticas defensivas y a reagrupar su ejército con soldados procedentes de las milicias civiles. Su sobrino Giovanni recuperó Foligno, si bien tras la muerte de Federico II, el cardenal Capocci tuvo escasa participación en la rebelión y en la invasión del reino meridional. Aun así, se ganó un lugar de honor (si es que puede llamarse «honor») entre los cardenales militares comprometidos.

Más distinción en este aspecto consiguió el cardenal Gregorio de Montelungo, legado de Lombardía desde 1238, artífice de la derrota en el sitio a Federico II en Parma, en 1247. Gregorio fue ensalzado por Salimbene, el excéntrico cronista franciscano de Parma, por sus conocimientos sobre la guerra, tanto teóricos (se decía que poseía un libro sobre el tema) como prácticos: «conocía perfectamente cómo había que ordenar la línea de batalla [...] sabía cuándo tenía que permanecer tendido sin moverse y cuándo podía asaltar al enemigo». El cardenal Gregorio consiguió hacerse en 1247 con la nueva fortaleza del emperador de Victoria, e incluso se apropió de los pabellones del campamento de Federico, así como del «utillaje propio de la guerra» (*popularia que pertinebant ad bellum*).[57] En una carta dirigida al emperador griego en 1250, Federico se desahogaba:

> Esos sacerdotes nuestros llevan corazas en lugar de vestiduras litúrgicas, lanzas en vez objetos pastorales y, para la eucaristía, dardos y afiladas flechas [...] Santos cardenales y prelados [...] uno imparte órdenes a los soldados, otro organiza la caballería, el de más allá exhorta a los hombres a la guerra, algunos dirigen el ejército con los estandartes de la batalla.[58]

Otros dos prelados militarizados intervinieron –aunque con poca gloria– en el continuo conflicto entre el papado y la dinastía Staufen, representada desde la muerte de Federico, en 1250, por su hijo Manfredo. Continuaba la batalla por el reino meridional. El sobrino de Inocencio IV, el cardenal Guglielmo Fieschi, dirigió un ejército pontificio contra Manfredo en septiembre de 1254, tras el fracaso de un precario tratado de paz.[59] La victoria de Manfredo cerca de Foggia, la dispersión del ejército pontificio por la falta de la paga correspondiente y la propia huida del cardenal convirtieron la campaña en un ejemplo de deshonra en la práctica bélica militar clerical. Más irritante aún fue la fracasada expedición llevada a cabo en mayo de 1255 por el cardenal florentino Octaviano Ubaldini (cardenal desde 1244 hasta 1273), quien había dirigido un ejército de mercenarios, así como otros que habían tomado la cruz para atacar Lucera, bastión y colonia musulmanes establecidos por Federico II en Apulia.[60] Ubaldini se vio obligado a capitular. Más tarde fue inmortalizado por Dante como «Il Cardinale», caracterizado como un epicúreo eternamente sepultado en el sexto círculo del Averno (*Inferno,* X, 120).

El prelado Filippo Fontana, arzobispo de Rávena, tuvo más éxito en la guerra que Guglielmo Fischi u Octaviano Ubaldini. Tal vez sorprenda a alguien que Fontana no llegara a cardenal, pero destacó como comisario apostólico y fue enviado en 1252-1253 a pacificar la Romaña y posteriormente a combatir a Ezzelino de Romano, el tiránico protegido de los Staufen. En 1256, Fontana reunió un ejército para reconquistar Padua a manos de Ezzelino, arengando a los «soldados de Cristo, san Pedro y san Antonio». Avanzó «en nombre de Jesucristo con una cruz de plata que le precedía y blandiendo el estandarte de la cruz».[61] Según Salimbene, dos legos franciscanos prestaron un extraordinario servicio a Fontana en el ataque a Padua; uno de ellos, fingiendo ser abanderado y mando del ejército, se dedicó a lanzar gritos de guerra con citas del Antiguo Testamento, y el segundo, que había sido ingeniero militar de Ezzelino, construyó una máquina de guerra que expulsaba fuego por delante y por detrás e iba repleta de hombres armados.[62]

Por fin, en la década de 1260, la autoridad papal consiguió aplastar a los Staufen y a sus aliados en Italia. La principal estrategia fue la elección por parte de Urbano IV (papa, 1261-1264) de Carlos de Anjou, hermano de Luis IX de Francia, como vasallo suyo para administrar Nápoles y Sicilia.[63] El objetivo –como antes– era el de permitir al papado contar con una dinastía agradecida y leal en el sur que protegiera los intereses de San Pedro y luchara por ellos. Pero también como siempre, el peligro estribaba en que la citada dinastía podía resultar demasiado ambiciosa.

Carlos fue coronado rey en enero de 1256 por Clemente IV (papa, 1264-1268), Guido Foulques, sucesor provenzal de Urbano, sin perder tiempo se dirigió más hacia el sur para recuperar por la fuerza el trono que le habían usurpado, contando con un importante apoyo económico del papado. Los cardenales Ricardo Anibaldi y Octaviano Ubaldini acompañaron a las tropas angevinas y les concedieron la absolución; como legado papal, el último siguió con ellas hasta la frontera del reino, aunque al parecer ningún cardenal participó a finales de febrero en la sangrienta batalla de Benevento, donde dieron muerte a Manfredo. Probablemente el papa enviara posteriormente al obispo de Cosenza, Bartolomé Pignatelli, a recuperar el cadáver exhumado de Manfredo de las tierras (papales) de Benevento para depositarlo en un lejano río. Carlos escribió a Clemente una fría carta que rebosaba júbilo: «informo a Su Santidad sobre la gran victoria para que pueda agradecérsela al Todopoderoso, quien nos la ha concedido y quien lucha por la causa de la Iglesia con mis armas». Unos años más tarde, Dante inmortalizaba el deplorable sino del elegante libertino Manfredo: «Tenía el pelo rubio, su aspecto era bello y noble» (*biondo era e bello e di gentile aspetto*); Dante lo situó fuera del Purgatorio para retrasar su entrada (aunque sólo durante treinta años) debido a su contumaz desafío a la Iglesia (*Purgatorio* III, versos 103-145).

El fin definitivo de los Staufen llegó dos años después, con la caída de Conradino, el joven sobrino de Manfredo, quien curiosamente había suscitado un amplio apoyo en Italia, incluso en la ciudad de Roma. El cardenal Rodolfo de Albano alentó en febrero de 1268 la cruzada contra este adolescente trágicamente condenado y contra la base militar musulmana de Lucera, que resistió aún otro año,[64] si bien en agosto, el ejército de Carlos de Anjou redujo a las fuerzas de Conradino en la batalla de Tagliacozzo. Después de la victoria, Carlos de Anjou escribió de nuevo en son de triunfo al papa, para comunicarle «las felices nuevas que tanto tiempo habían deseado conocer los fieles del mundo [...] Hemos dado muerte a un número tal de enemigos que frente a tal hazaña la batalla de Benevento parece insignificante». Conradino no pudo ser apresado, pero se le capturó cerca de Roma y fue entregado por sus partidarios a las fuerzas armadas del cardenal Giordano, el legado de la Campania. Llevaron de nuevo al muchacho al reino y lo decapitaron públicamente en presencia de Carlos en Nápoles el 29 de octubre. Dante no encontró más que unas pocas palabras para expresar el supremo ultraje, incluyéndolo en la confesión de Hugo Capeto sobre la iniquidad de sus descendientes (*Purgatorio,* XX, verso 66), pero el historiador del siglo XIX Ferdinand Gregorovius, protestante y nacionalista alemán, aún más antipapista, proimperialista y antifrancés que Dante, lo representó como «la sentencia de la historia según la cual Alemania ya no tenía que dominar en Italia… si bien –añadía, más esperanzado– la lucha de los Staufen siguió con más éxito en otros procesos para la liberación de la humanidad del despotismo del clero». Clemente IV, quien murió tan sólo un mes más tarde, habría quedado horrorizado, pero probablemente se convenció a sí mismo de que la misión de Carlos de Anjou de destruir la prole de Satanás se había llevado a cabo por el bien de la Iglesia y en su defensa.

Otra disposición favorable, hecha realidad más tarde, en 1275-1278, fue la donación de Rodolfo de Habsburgo al papado de los derechos imperiales de la Romaña; el papado llevaba años reclamando en vano la Romaña en virtud de unas históricas donaciones.[65] Este avance, aparentemente beneficioso, al igual que la elección de la dinastía angevina, pronto llevó al papado a más guerras en Italia. De entrada, cambiaron todas las perspectivas del reino meridional cuando, la víspera de la Pascua de 1289 (fecha conocida como «las Vísperas sicilianas») estalló en Palermo una conspiración y la rebelión en Sicilia contra la dominación francesa. Esta sublevación, apoyada por las fuerzas de Pedro de Aragón, que reclamaba para sí el legado de los Staufen, se convirtió en una guerra que duró veinte años.

El papa, en esta época de humillación para el pontificado de corte angevino, fue Martín IV (papa, 1281-1285), el cardenal francés Simón de Brie (nombrado en 1261). El franciscano Salimbene reprochó a Martín su función de «resuelto cazador en presencia del Señor», pero a pesar de que él se obstinara en seguir la guerra para validar la concesión de Romaña, y causara con ello la pérdida de muchas vidas, poco contribuyó a la causa de Carlos I de Anjou, pues dilapidó buena parte de los considerables fondos reservados para una cruzada en Oriente.[66] El cardenal Gerardo Bianchi de

Parma fue enviado a Sicilia en junio de 1283 para conseguir la rendición incondicional, pero no logró más que detener la rebelión en Nápoles.[67] En estos últimos años del siglo, las campañas militares papales triunfaron más en el norte, donde los legados cardenalicios siguieron al frente de las operaciones militares punitivas. El cardenal Bernardo de Provenza se anexionó la ciudad de Forlí a su autoridad,[68] mientras Napoleón Orsini, como legado papal en la Marca de Ancona llevaba a cabo un cometido similar contra Gubbio en 1300.[69] No hay que olvidar tampoco el estallido de violencia en el sur de Roma entre los clanes Gaetani y Colonna en 1297-1299, una guerra por las posesiones provocada por la confiscación de un envío de dinero por los Colonna; básicamente se trató de una *vendetta* familiar entre Bonifacio VIII (Tommaso Gaetani) y los cardenales Iacopo y Pietro Colonna. El papa intentó dignificar su campaña otorgando indulgencias de cruzada y, aunque no participara personalmente en ninguna acción militar, ordenó específicamente la destrucción de Palestrina y de otros castillos habitados, por lo que mereció las injurias de Dante (*Inferno,* XXVII, 102).[70] Ahora bien, tras la victoria de los Colonna, al fin, Bonifacio –cuyo pontificado representó el cenit de las aspiraciones medievales del papado de autoridad universal– no persistió en la violencia. Cedió ante Guillermo de Nogaret, el secuaz legal de Felipe IV, rey de Francia, sin presentar batalla; su detención en Agnano en septiembre de 1303 fue una verdadera exhibición de entrega. De todas formas, representó el fin de dos siglos y medio de extraordinarias agresiones y belicosidad por parte de los sucesores de san Pedro y de sus principales agentes en el gobierno central de la Iglesia.

Tanto belicismo no puede explicarse de una forma sencilla. En cierta manera, como hemos visto ya, los papas se veían arrastrados por obligación, y por el peligro inmediato que corrían, a defender los lugares y las asociaciones sagrados de Roma, su sitial de dignidad y autoridad divina. Pero utilizaban también la espada física –y no sólo delegándola en los gobernantes y mandos seglares, sino manteniendo su administración bajo el control clerical, y a menudo personal– para cumplir objetivos más amplios de defensa de Roma y de la Iglesia. Desde finales del siglo XI hasta el XIII se empleó incluso la fuerza militar como respaldo de la exigencia papal de autoridad universal. También se aplicó contra musulmanes y herejes. Pero más habitualmente se usó para defender o recuperar el control de tierras, títulos y posesiones en Italia sobre los que la iglesia reivindicaba derechos. Este estado de cosas siguió y fue en aumento en siglos posteriores, siempre con un coste económico desorbitado, lo que podría ayudar a explicar la pérdida de impulso del papado en la organización de cruzadas en Oriente. Mientras tanto, la detención de Bonifacio VIII por parte de los agentes del rey de Francia parece el final más adecuado para este capítulo introductorio. En efecto, hacia 1300, cuando pertenecía ya al pasado la heroica etapa de las cruzadas, el prestigio y la autoridad del imperio habían quedado muy mermados. Francia siguió siendo durante unos siglos la potencia seglar extraordinaria que no sólo disputó la autoridad del papa ante la Iglesia, sino que además fue decisiva para la posición del pontificado en Italia.

2

La recaída y el Renacimiento (1305-1485)

El cautiverio de Babilonia

Tras la humillación de Bonifacio VIII pasó más de un siglo sin que resurgiera con cierta regularidad la autoridad política ni el poder militar del papado. Se vivieron sólo algunas fases de aparente recuperación –alguna sorprendente exhibición de liderazgo belicoso por parte de algún cardenal específico– y otras de desesperanzadores contratiempos. El primero fue el traslado de la sede pontificia de Italia a Provenza, periodo conocido también como el cautiverio de Babilonia, a pesar de que no fuera un exilio involuntario, que duró de 1305 a 1367 y se reanudó entre 1370 y 1377. El segundo revés lo encontramos en la división del propio papado entre 1378 y 1417, periodo en el que encontramos dos, y más tarde incluso tres, «obediencias» papales distintas en diferentes sectores de la cristiandad occidental. La corte papal del siglo XIV tuvo ya algún vínculo con lo que se dio en llamar el Renacimiento, sobre todo por la elección del modelo cultural, la búsqueda de textos literarios y otros vestigios de la antigüedad clásica. Pero hasta después de 1420, cuando el papa Martín V trasladó la curia, ligada de nuevo a Roma, no se dio una conexión clara de ese término con el papado, y no sólo por la referencia cultural, sino también por la relevancia política e institucional, que estudiaremos más adelante.

El contexto político italiano de esos ciento cincuenta años nos ofrece una impresión global sombría, caracterizada por la falta de paz y seguridad, por el vacío de autoridad, papal, imperial o de otro orden, en gran parte de la península, así como por la catastrófica situación climática y las epidemias masivas de mediados del siglo XIV. A pesar de todo, en el norte, la vida civil autónoma siguió su asombroso desarrollo. Tenemos dos ejemplos de ello en Florencia (tradicionalmente güelfa o pro papal) y Venecia (prácticamente independiente), ambas más importantes a escala internacional que cualquier otra ciudad en territorio papal. Fueron tan ricas y poderosas en distintas ocasiones –en 1309 y 1375, respectivamente– como para enfrentarse a la guerra con el pontificado; y también lo fue, a partir de la década de 1320, Milán, la metrópolis de Lombardía dominada por la aristocrática dinastía Visconti.

Bajo la presión de Felipe IV de Francia, el papa Clemente V (1305-1314), de nombre Bertrand Got, arzobispo de Burdeos, había permanecido en Francia –mejor dicho, en el enclave papal del condado de Venaissin –tras su elección y coronación en Lyon. En marzo de 1309 estableció la corte pontificia en Aviñón. Pero a pesar de la prolongada ausencia del pontífice de su sede de Roma y de las tierras de San Pedro, no cejó en su compromiso militar en Italia. Ya en 1309, Clemente declaró la guerra a Venecia, que cuestionaba el señorío supremo papal de Ferrara. El cardenal Arnaud de Pellegrue se puso al mando del ejército pontificio y en mayo de 1309 avanzó desde Asti hacia Parma, Piacenza y Bolonia, reclutando beligerantes multitudes que abrazaban la cruz para seguirle. Cuando llegó a Ferrara en agosto contaba ya con un ejército más numeroso que el veneciano; consiguió bloquear la navegación en el Po y cercar al enemigo en Castel Tebaldo. Esta fortaleza cayó en septiembre y en ella, según informes venecianos, se trató de manera atroz a los apresados, a muchos de los cuales les arrancaron los ojos.[1] Sin embargo, Clemente consiguió evitar una confrontación precipitada con el emperador, Enrique VII de Luxemburgo, quien invadió Italia en 1310-1313 acuciado por su decisión de recibir la corona imperial en Roma.[2] A pesar de que el «astuto gascón», como llamaba Dante a Clemente, al principio alentó la expedición de Enrique, más tarde respondió a la presión de Francia y apoyó la resistencia, sin enviar en ningún momento las misivas que debían garantizar la entrada sin problemas de Enrique en Roma.

No obstante, estaba a punto de estallar el conflicto violento entre los sucesores de Clemente y Enrique. La elección de Luis de Baviera como emperador en 1314 fue cuestionada por otro pretendiente y ambos fueron rechazados por Juan XXII (1316-1334), quien había sido elegido con tan sólo dos años de dilación. Juan XXII, anteriormente cardenal Jacques Duèse, jurista de Cahors y protegido de la monarquía angevina de Nápoles, demostró, a pesar de haber cumplido los setenta años, ser un papa especialmente combativo y poseer un gran talento en el campo fiscal. Su negación categórica a la hora de reconocer a Luis, y su declaración de que el imperio estaba vacante y recaía en él, encendió a toda la Italia gibelina, sobre todo cuando nombró al rey Roberto I de Nápoles «vicario imperial» del papa. Estallaron hostilidades en Lombardía y Emilia entre las fuerzas propapales o güelfas y las que exigían la hegemonía imperial, sobre todo los Visconti de Milán. Un nuevo conflicto entre el pontificado y el imperio –o su pretendiente de facto y quienes le apoyaban– se hizo inevitable por cuanto Luis declaró en 1323 que la guerra pontificia contra los Visconti era injusta. Un teólogo inflexible, Agostino da Anconam, más conocido como «Agostinus Triumphus», replanteó con más contundencia que nunca la defensa de la autoridad papal suprema, tanto temporal como espiritual, así como el recurso a la violencia contra tiranos y disidentes.[3]

Desde la posición contraria, Marsilio de Padua estableció un razonamiento radicalmente opuesto en su *Defensor Pacis* (*circa* 1324). Marsilio –eminente profesor en París, de donde tuvo que huir al cabo de poco– cuestionó con audacia toda la tesis sobre la autoridad de la sede de san Pedro y la plenitud del poder pontificio. Mantuvo que la autoridad suprema residía en todos los creyentes cristianos;[4] propuso (sin entrar en detalles) que dicha autoridad popular, expresada en un concilio, nombrara a su propio dirigente o legislador para llevar la paz al mundo. Ante la desintegración de la forma existente de autoridad eclesiástica, Marsilio habló de la provocación de la guerra, aludiendo a Juan XXII, a quien se refería como «ese hombre sanguinario y falso». Se quejaba de que el papa incluso «escoge a un sacerdote entre sus correligionarios o cómplices (a quienes denominan cardenales) y lo envía con un considerable cuerpo de caballería e infantería a la provincia de la Lombardía, con el objetivo de atacar y dar muerte a los creyentes cristianos». En esta ocasión, Marsilio se refería al cardenal Bertrand du Poujet, sobrino del papa, que había ejercido como cardenal legado en Lombardía desde 1319 y cuya principal misión fue la de derrotar a Matteo Visconti, de Milán, y a sus aliados gibelinos y proimperiales, y preparar así el retorno del papado a Roma. Años más tarde, en una carta fechada en 1357, Petrarca decía que el papa había asignado a du Poujet una «expedición militar sacerdotal senil» contra Milán, «no [...] como san Pedro, sino como Aníbal empeñado en la conquista de Italia».[5]

Con ayuda de la caballería que le proporcionó Felipe de Valois, hermano del rey Felipe VI de Francia, du Poujet cosechó al principio unos cuantos éxitos y en noviembre de 1322 logró establecer su cuartel general en Piacenza, provincia que había aceptado la autoridad de la Iglesia. En su apoyo, la actitud de Juan XXII fue claramente beligerante. En una sesión del consistorio papal de octubre de 1323 consta que dijo que demostraría a los seguidores de Luis lo que significaba la furia y que ridiculizó a los cardenales que expresaron su temor por la ferocidad germánica (*furia teutonicorum*).[6] A pesar de una serie de contrariedades, el cardenal du Poujet tomó Módena en junio de 1326, y en 1327 Bolonia, donde empezó a construir la sólida fortaleza de La Galliera, destinada a ciudadela defensiva y a residencia de Juan XXII en caso de lograrse el retorno del papado a Italia, algo bastante improbable si se tiene en cuenta que a la sazón el papa contaba ya casi noventa años. De todas formas, du Poujet fracasó en su intento de contener el avance de Luis de Baviera y las consecuencias que se derivaron de ello en 1328: su anticanónica coronación en Roma, ceremonia que ofició Guido de Tarlati, obispo de Arezzo. Tarlati era un prelado gibelino o pro imperial con una hoja de servicios militar marcada por su belicosidad en la Toscana, que se recuerda en el conocido relieve de su tumba en la catedral de Arezzo. Pero a du Poujet no le preocupaba tanto la lucha ideológica contra el emperador como la recuperación y el control de las tierras y ciudades pontificias del norte de Italia. A partir de septiembre de 1326 contó con un aliado: el cardenal Giovanni Orsini, quien ostentaba una legación paralela en el sur de Pisa, en Perusa y en la Marca de Ancona. A pesar de contar con pocos soldados, escasos fondos y de haber sido engañado por las promesas de apoyo de Juan de Bohemia, hijo del emperador Enrique VII, siguió la ofensiva. En 1333 extendió la guerra hasta Ferrara, pero en 1334 tuvo que hacer frente a una rebelión en Bolonia, donde se vio asediado en La Galliera durante diez días, tras los cuales la fortaleza fue saqueada.[7]

El papado de Aviñón hizo algún intento para resucitar las cruzadas en Oriente. Clemente V instaló en Rodas la Orden Hospitalaria de San Juan en 1307, con la intención de que sirviera –de forma más activa a como realmente fue– como primera línea de defensa de la cristiandad y, pese a que las ciudades mercantiles italianas no siempre le dieron su apoyo, consiguió llevar unas cuantas campañas conjuntas. Clemente VI (papa, 1342-1352), siguiendo las prioridades italianas de Juan XXII y la práctica del pontificado algo más pacífica de Benedicto XII (1334-1342), y a pesar de los abandonos provocados por la guerra anglofrancesa y la continua inestabilidad de Italia, estaba impaciente por emprender la ofensiva. Como cardenal Pierre Roger había ejercido como legado en Oriente; como papa, proporcionó fondos y galeras para la flota veneciana, genovesa y chipriota que tomó Esmirna, o al menos su puerto y fortaleza baja, en 1344. Fue una palpable victoria cristiana, pese a que más tarde, durante una misa de celebración, fueron asesinados el legado papal Enrique de Asti y otros oficiales, y a que el mantenimiento Esmirna como dependencia papal resultó ser una carga problemática hasta que se perdió en 1402. Por otra parte, la cruzada de Clemente contra los turcos fracasó, pero no por ello su sucesor, Inocencio VI (papa, 1352-1362) dejó de apoyar otras campañas de ultramar. El fanático legado papal y fraile carmelita san Pedro Tomás fue en gran medida el responsable en 1359 de la toma de la fortaleza turca en Dardanelos, y en 1361 también se arrebató a los turcos Satalia (Adalia).[8] Finalmente, una nueva expedición llevada a cabo en 1366 y dirigida por Pedro de Lusignan, rey de Chipre, consiguió la espectacular toma y saqueo de Alejandría. A pesar de todo, tuvo que abandonarse el mayor puerto del Egipto mameluco, que probablemente se utilizó como cabeza de puente camino de Jerusalén, por falta de efectivos para defenderlo, a pesar de las desesperadas exhortaciones de san Pedro Tomás.[9] Inocencio VI había ofrecido un apoyo limitado porque había reanudado desde Aviñón una enérgica política militar en Italia, en la que se calcula que invirtió hasta el cuarenta y cinco por ciento de los ingresos del papado.

Más o menos en la misma época (mediados del siglo XIV) en que el poeta Petrarca lamentaba el predominio universal de la guerra y de la violencia, se registró por primera vez (1357) una simbólica sanción papal de la fuerza militar que se convertiría en un gesto tradicional todos los años. Se trataba del regalo que hacía el pontífice de una espada a un gobernante seleccionado; en general, la espada iba acompañada de un gorro, que representaba la protección del Espíritu Santo.[10] Este símbolo, que expresaba la promesa del favor divino en la guerra, fue un plus, o una variante, de la antigua costumbre de presentar a un monarca seleccionado el estandarte pontificio con las llaves de san Pedro. La costumbre, que puede remontarse a eventos tan distantes en el tiempo como el del regalo de León III a Carlomagno y el de Alejandro II a Rogelio I de Sicilia, se vinculó a la concesión del título de *gonfaloniere* (portaestandarte) de la Iglesia, que a principios del siglo XIV se había convertido en un honor más bien formal o ceremonial. El cargo paralelo de capitán general de la Iglesia normalmente implicaba obligaciones más específicas de servicio militar, y a menudo se concedía a un príncipe italiano con reputación militar profesional, y más tarde incluso a un familiar del papa.[11]

La puesta en marcha de la nueva ofensiva papal de Inocencio VI en Italia se debió en gran parte a Gil de Albornoz, distinguido jurista religioso, gran canciller de Alfonso XI de Castilla y arzobispo de Toledo. Gil de Albornoz había supervisado las primeras campañas militares contra los musulmanes en el sur de España, y se distinguió como legado apostólico en la batalla de Tarifa (1340) y en el sitio de Algeciras (1344). Por su cuenta se erigió en comandante de campo, a lomos de su caballo, blandiendo una espada (aunque no la usara para derramar sangre) y rodeado de un séquito religioso.[12] Fue designado cardenal en 1350 y tres años después lo enviaron a Italia con una reducida escolta militar y plenos poderes como legado y vicario pontificio. En las cartas de Inocencio VI de su nombramiento se le describe como el «ángel de la paz» sobre cuyos fornidos hombros reposan unas pesadas cargas.[13] Se trataba de una paz que había que imponer mediante la fuerza y el ingenio a los caudillos regionales y a las compañías de mercenarios itinerantes que infestaban el centro de Italia, dándole autoridad para declarar herejes o tiranos a los enemigos de la Iglesia y la promesa de la indulgencia para sus defensores armados.

No tenemos constancia de la comparecencia o presencia física de Gil de Albornoz; no existen retratos visuales o escritos contemporáneos, pero queda claro que poseía una aguda inteligencia, una gran resistencia y perspectiva. Las cartas que dirigió a Inocencio VI expresan su meticulosa aplicación a los detalles y su estudiada planificación del futuro, así como su intransigencia ante la falta de disciplina. En julio de 1354 comentó al papa la necesidad de construir una fortaleza en Viterbo y advirtió a sus capitanes subordinados que recelaran de los pozos de Cività Castellana porque podían estar envenenados. El 23 de enero de 1359 llamó al orden al clero de Amelia (remoto lugar del sur de Umbria) advirtiéndoles de que si seguían llevando armas –cabe hacer hincapié en ello– serían detenidos y encarcelados.[14] Pero, como muchos de los grandes dirigentes militares, Gil de Albornoz se vio en muchas ocasiones desesperado por falta de fondos, de provisiones o de un apoyo consecuente por parte del gobierno al que servía. Inocencio VI le dejó sin fondos en la década de 1350, aunque lo alababa por «coser las heridas de la Iglesia, la esposa del Señor». Ejemplo: la recuperación del castillo de Bertinoro en septiembre de 1357.[15] Lo trató aún peor Urbano V (1362-1370), al sucumbir a la presión de los franceses y desviar fondos hacia un nuevo y frustrado proyecto de cruzada en Oriente en lugar de dar la máxima prioridad al Estado Pontificio y a la contención de Bernabò Visconti, de Milán.

Gil de Albornoz tuvo que depender sobre todo de capitanes profesionales y soldados mercenarios; no obtuvo grandes logros al intentar contar con fuerzas reclutadas entre el campesinado de la Romaña; pero sí resulta claro que la planificación de toda la campaña y las órdenes eran responsabilidad suya. Sus campañas italianas pasaron por dos fases, separadas por un periodo de aproximadamente un año en 1357-1358, cuando volvió a Aviñón. La primera fase se desarrolló en la región situada al norte de Roma, dirigida contra Giovanni di Vico, en Umbria y en la Marca; la segunda fase se centró más en el norte, en la Romaña. Las ofensivas empezaron con el apremio de Gil de Albornoz a Giordano Orsini para que se mostrara más enérgico y saliera de Montefiascone. Más adelante, Toscanella cayó en un asalto (abril de 1354), Orvieto se entregó a la Iglesia y la sistemática devastación de las regiones de Viterbo y Spello llevó rápidamente a la caída de estas ciudades. En la Marca de Ancona y en la Romaña, las fuerzas que resistieron al legado se individualizaron en tres «tiranos» designados: Giovanni da Mogliano, gobernante de Fermo, Galeotto Malatesta de Rímini y Francesco Ordelaffi de Forlí. Se contaba que Malatesta, al acercarse a Recanati con fuerzas superiores en número, envió un mensaje desafiante al cardenal Gil de Albornoz, quien respondió: «Ahí estoy, en el campo de batalla. ¡Deseando un encuentro cuerpo a cuerpo con él!». Galeotto quedó horrorizado ante la idea y comentó que él saldría perdedor –perdedor moral– aunque ganara, pues Gil de Albornoz era un prelado anciano que debía ceñirse a sus funciones patriarcales. Más tarde, después de que Malatesta fuera derrotado en Palermo, cerca de Ancona, en junio de 1355, y de la capitulación de la mayor parte de las ciudades de la Marca, Gil de Albornoz firmó la paz, eliminó todas las censuras eclesiásticas impuestas sobre Malatesta y, posteriormente, utilizó sus servicios como comandante militar, si bien no se mostró tan conciliador con Giovanni da Mogliano y Francesco Ordelaffi, que no cumplieron los pactos que establecidos con ellos.

La venganza del cardenal Gil de Albornoz podía ser terrible. Sus campañas contra los Ordelaffi se cuentan entre las más implacables. Entre estas operaciones cabe citar el sitio de la ciudadela de Cesena en 1357, una ocasión especialmente memorable, pues la voluntad de Gil de Albornoz topó con la de Cia degli Ubaldini, la esposa de Francesco Ordelaffi, que se había refugiado allí con su familia. La bella «Madonna Cia» figuraba entre las tradicionalmente valerosas y guerreras mujeres romañas; ceñida en su armadura, defendió la ciudad montada a caballo y luego se retiró a la ciudadela, no sin antes castigar sin piedad a cinco paisanos desleales y quemado el campanario y la catedral. Contando con centenares de arqueros húngaros, zapadores y colosales catapultas capaces de lanzar piedras y proyectiles incendiarios, Gil de Albornoz mandó bombardear y minar la ciudadela. Una de las torres se había venido abajo y otra estaba a punto de hacerlo cuando «Madonna Cia» se rindió. Gil de Albornoz la trató con cierta clemencia y la envió a Ancona escoltada, pero se mantuvo implacablemente hostil con su esposo. Francesco se entregó en Faenza en julio de 1359, pero más tarde se unió a Bernabò Visconti y se enfrentó a Gil de Albornoz desde Forlimpopoli. Gil de Albornoz arrasó la ciudad. Se trasladó su obispado a Bertinoro y en la zona abandonada se construyó un castillo al que dieron el nombre de Salvaterra. En agosto de 1360, el cardenal aplastó una nueva rebelión en la Marca de Ancona; quienes más sufrieron las consecuencias fueron los habitantes de Corinaldo, pues al parecer se dio muerte a toda la población excepto a las viudas y los niños.[17]

La posesión de Bolonia fue crucial para el éxito de la misión militar de Gil de Albornoz. Sus ciudadanos habían puesto la ciudad bajo su control en marzo de 1360, situación inaceptable para Bernabó Visconti, que llamó a Francesco Ordelaffi y a otros adversarios de Gil de Albornoz. El cardenal se desplazó desde Ancona para supervisar las operaciones contra el ejército de Visconti acampado en Casalecchio, intentó engañar al enemigo haciéndole creer que se había enemistado con su oficial húngaro (Gil de Albornoz prefería las cualidades militares de los mercenarios húngaros) y tenía intención de retirarse. Tuvo otros importantes éxitos contra Visconti, como el cosechado en el bastión de Solera, junto a Módena en mayo de 1363, aunque por aquella época el apoyo de Urbano V a Gil de Albornoz ya no era tan claro: sólo le permitía proseguir la guerra si lo consideraba «necesario», lo que no podía considerarse una orden que inspirara confianza. A pesar de que la pacificación de Italia por la fuerza llevada a cabo por Gil de Albornoz fue de corta duración, su valor se plasmó como algo perdurable en el código legal difundido en Fano en abril de 1357, en el que se mencionaban sus importantes cualidades como administrador y dirigente militar y se relacionaban las muchas fortalezas elevadas bajo sus órdenes, la primera de las cuales se levantó en Viterbo (1354), donde se dice que él mismo colocó la primera piedra. Se construyeron asimismo otros castillos en Asís, Gualdo, Termi, Narni y Montefalco. Dos de ellos se hicieron especialmente célebres y perduraron largo tiempo. Uno de ellos, el enorme Rocca di San Cataldo, en Ancona, cuya construcción se inició en 1355, se había concebido como futura residencia papal. Gil de Albornoz también quiso construir en Ancona una base naval, con una flota de guerra pontificia encargada de patrullar y controlar los puertos de la costra del Adriático a las órdenes de un tal Rafaelle Roverini. Se hizo también célebre la fortaleza de Spoleto, sobre boceto de Matteo Gattaponi da Gubbio, iniciada en 1362,[18] un emplazamiento de importancia estratégica clave para el Estado Pontificio.

Gil de Albornoz, a quien relevaron de casi todos sus cargos en 1365 y que murió en Viterbo en 1367, fue durante toda su vida el cardenal guerrero ejemplar. Su éxito en la recuperación de Bolonia en 1360 inspiró a Juan de Legnano, jurista propapal, que impartió clases allí, en sus firmes declaraciones sobre el derecho y el deber de la Iglesia de guerrear. Dedicó su libro *Tractatus de bello, de represaliis et de duello* al cardenal.[19] En su prólogo, no sólo llama hermano de Júpiter –refiriéndose al papa– a Gil de Albornoz, sino que incluso lo compara a Acab, rey de Israel, quien a regañadientes «cambió sus vestiduras y emprendió la guerra» (Reyes 22, 30). Juan de Legnano diferenciaba entre «guerra espiritual celestial» (la guerra en el cielo provocada por la rebelión de Satanás), guerra espiritual humana –la que podía declarar el papado y, por supuesto, las guerras a favor de la propiedad y las posesiones de la Iglesia eran legales– y guerra material universal. Mantenía que el mandato de Jesucristo a san Pedro de enfundar la espada se refería a una ocasión en concreto y que san Pedro no erraba al emprender una acción defensiva a favor de Jesucristo. De hecho, Juan de Legnano citaba textos de la ley canónica en los que se autorizaba al clero a actuar en defensa propia y a no mostrar pasividad (lo que equivaldría al suicidio) y justificaba que los obispos fueran a la guerra en defensa de sus derechos o alentaran a los demás a participar en las batallas. Es innecesario ahondar más en la teoría de la beligerancia activa por parte de los papas: tal como veremos, esa beligerancia se desarrollará con contundencia a la práctica en el siglo siguiente y los sucesivos.

El mando dividido

«En pie, pues, padre, no sigáis inmóvil [...] Y procurad, si valoráis vuestra vida, no llevar efectivos humanos, llegad antes bien con la cruz en la mano cual humilde cordero»; «Paz, paz [...] Ay, padre, no más guerra [...] Dejad que la guerra se libre contra los infieles, que es contra quienes debe librarse.» Así instaba santa Catalina de Siena a Gregorio XI (papa, 1370-1378) en una serie de cartas cuando estaba a punto de reestablecer el papado en Roma en 1376-1377.[20] Pero en lugar de prestar atención a su llamada más bien cándida de llegar desarmado, apareció con dos mil hombres al mando de Raymond de Turenne, y en verdad no parece probable que hubiera podido impresionar a la población de Roma con otros medios. Los últimos setenta años demostraron que el pontificado se había visto obligado a permanecer en un refugio seguro en el sur de Francia porque en Italia no tenía fuerza suficiente para imponerse sin peligro.

A pesar de los logros del cardenal Gil de Albornoz y otros legados papales, el retorno del papado a tierras italianas no garantizó, ni de lejos, su seguridad. En 1375 Florencia alimentó una importante rebelión en el Estado Pontificio conocida como Guerra de los Ocho Santos, a raíz de la postura antipapal y puritana de los ocho miembros electos de la comisión especial de la guerra en Florencia. La propaganda florentina acusó a los prelados de Aviñón de codicia y arrogancia, así como de planear la anexión de la Toscana. Como castigo a la rebelión se produjeron brutales actos de represión llevados a cabo por las fuerzas mercenarias a sueldo del papa. Cesena, pese a haber permanecido leal a la Iglesia, sufrió los más duros castigos. Los hechos se produjeron después de que Galeotto Malatesta entregara la ciudad al cardenal legado Roberto de Ginebra. Indignado por la indisciplina de los mercenarios bretones e ingleses de Roberto, dirigidos por sir John Hawkwood, el pueblo de Cesena mató a algunos de ellos; el legado concedió el perdón pero luego lo anuló. El 3 de febrero de 1377, los mercenarios entraron furtivamente por las murallas y masacraron a muchos de sus habitantes, incluso a las mujeres y niños. Semejante atrocidad inspiró un lamento retórico dirigido a los mandatarios de Italia, compuesto al parecer por un florentino a modo de invectiva antipapal. Circuló asimismo un curioso diálogo atribuido a un escribano de Fabriano que ejercía en Perusa, que expresaba la indignación y la repugnancia que sentía el pueblo llano por semejante barbarie. La traición al pueblo de Cesena por parte de su señor supremo, la Iglesia, queda subrayada en dicho diálogo, y también la crueldad del pago a su buena fe. «¿Te has enterado –pregunta uno de los argumentadores a su compañero– de las espantosas fechorías que han cometido en Romaña, del bárbaro salvajismo, con uno de los cardenales de la Iglesia romana contemplándolo y dando órdenes a los soldados para que actuaran?» (*Unum ex Romanae Ecclesiae Cardinales aspiciente et iubente ut milites agunt*).[21]

Tras la muerte de Gregorio IX en 1378, la autoridad papal quedó hecha añicos por la doble elección que provocó el Gran Cisma de la Iglesia occidental. Una serie de cardenales, básicamente los de origen francés, que se habían negado a abandonar Aviñón,[22] se negaron a aceptar como papa a Bartolomeo Prignani, arzobispo de Bari, quien fue elegido en Roma por mayoría y adoptó el nombre de Urbano VI. Los cardenales disidentes se retiraron a Fondi, al sur de Roma, y eligieron ni más ni menos que a Roberto de Ginebra, que adoptó el nombre de Clemente VII (antipapa, 1378-1394). Pronto quedó claro que los dos papas enfrentados eran personajes excepcionalmente belicosos. Clemente VII no tardó en organizar la guerra contra su competidor para intentar tomar posesión de Roma, pero en abril de 1379 sus mercenarios bretones fueron obligados a retroceder hasta Marino por Alberico da Barbiano, comandante mercenario de Urbano originario de la Romaña. Al parecer Urbano entregó a Alberico un estandarte que rezaba: «Fuera bárbaros de Italia». Clemente huyó, primero hacia Nápoles, y luego hacia Aviñón. Posteriormente pergeñó un nuevo plan guerrero que exigía también un ejército (que había de proporcionar Carlos V, rey de Francia, su principal apoyo) y también la condición de que el hermano del rey, Luis de Anjou, gobernara la mayor parte del Estado Pontificio, al que se denominaría reino de Adria. No era un plan muy realista y además se perdió mucho tiempo antes de tomar iniciativa alguna. La opinión de los juristas era cuando menos dudosa sobre la «postura adecuada» (*via rigoris*) de la actuación militar para acabar con el cisma. Tal como apuntó en 1381 el eminente teólogo francés Pierre d'Ailly, más tarde cardenal, aunque hubiera habido textos bíblicos que pudieran parecer pertinentes, existía poca base en el derecho canónico, puesto que no podía aducirse herejía contra los partidarios de uno u otro papa.[23]

Por la parte romana, el carácter irascible de Urbano garantizó la práctica violenta, a veces rayando en la psicopatía. De hecho, desde su elección se utilizó la fuerza, no sólo para defender su causa como papa legítimo, sino también como instrumento de una política cada vez más imprevisible y aventurada. Mientras su despiadado legado en el Patrimonio de San Pedro (territorio al norte de Roma), el cardenal Napoleone di Manopello Orsini, cosechó cierto éxito contra los Vico desde su base en Orvieto,[24] los partidarios de Urbano del norte de Europa recurrieron también a la fuerza en su nombre. En julio de 1383 la «cruzada» contra los partidarios de Clemente, capitaneados por Henry Despenser, obispo de Norwich, consiguió pocos resultados, aparte del saqueo de Gravelines y un fracasado

Mapa medieval alegórico que representa a Roma como una viuda que sufre la pérdida del papado (Biblioteca Nacional de París).

sitio en Ypres, ciudad en parte partidaria de Urbano. Despenser nunca se dirigió hacia el sur, el territorio de Clemente en Francia.[25] De todas formas, la acción más exaltada y espectacular se desarrolló en el sur de Italia, con repercusiones en el reino de Nápoles. Fue allí donde Urbano, procedente también del sur, se implicó más directamente. Dado que Juana I de Nápoles, descendiente por línea directa de Carlos I de Anjou, reconoció a Clemente VII como papa, Urbano la depuso en abril de 1380 y presentó en su lugar a Carlos de Durazzo, de una rama más joven de la misma familia, a cambio de una importante asignación de territorio para su propio sobrino, Francesco o Butillio Priganani. En julio de 1381, Urbano coronó a Carlos, quien se había hecho con el control del reino y al parecer había planeado el estrangulamiento de Juana para el año siguiente. Entretanto, Clemente había elegido para el reino a otro príncipe de Valois, el heredero escogido por Juana, Luis I de Anjou, conde de Provenza, quien reunió a un gran ejército invasor en 1382, pero su muerte segó toda esperanza de victoria.

Entretanto, en 1383, Urbano rompió con Carlos de Durazzo, resentido por su escasa disposición a enfrentarse a Clemente y a aceptar los favores que le pedía para su sobrino. En febrero de 1385, Urbano llegó incluso a declarar una cruzada contra su antiguo protegido. El papa partió con sus soldados, pero seis meses después se vio asediado en el castillo de Nocera por Alberico da Barbiano, oficial mercenario a la sazón al servicio de Carlos. No satisfecho con anatemizar al ejército asediante, Urbano encarceló a una serie de cardenales que se oponían a su política, los mandó torturar –potro y vinagre y cal viva introducidos por los orificios nasales fueron algunos de los tormentos que se citaron– y posteriormente, antes de huir a Génova, dispuso que los ahogaran. A raíz de la muerte de Carlos en Hungría en 1386, Urbano decidió hacer uso de la fuerza para recuperar el control directo de un reino que tal vez esperaba ofrecer a su sobrino. En 1388, con la armadura calada, salió de Perusa camino de Nápoles. En Narni, no obstante, desertaron algunos de los soldados de Urbano. Cerca de Tívoli sufrió una caída del caballo y a partir de ese momento tuvo que ser trasladado con litera. En Ferentino abandonó la empresa, pues la perspectiva parecía inalcanzable.[26] Uno de los más fieles y firmes partidarios de Urbano, Pileo da Prata (*circa* 1330-1400, cardenal en 1378), que había cosechado cierto éxito reuniendo adeptos para la causa romana en Europa septentrional e incluso había instado al papa a declarar la guerra al rey de Francia, lo abandonó, exasperado tras el fracaso napolitano. Pileo se sumó a las fuerzas de papado rival de Aviñón y se le encargó el mando de la guerra contra Urbano, aunque en el enfrentamiento de Orvieto en septiembre de 1389 tuvo que huir con los mercenarios bretones bajo su mando.[27] Pileo da Prata no fue el único cardenal guerrero que dejó a Urbano en la estacada; en mayo de 1387, el cardenal Tomasso di Napoleone Orsini abandonó su campaña, tras algunas victorias, por un enfrentamiento con Urbano, que incluso envió fuerzas contra dicho cardenal por abusar de su autoridad en Umbria.[28]

El segundo papa de «obediencia» romana, Piero Tomacelli, que adoptó el nombre de Bonifacio IX (papa, 1389-1404), fue más razonable que Urbano o cuando menos se mostró más dispuesto a recurrir a los demás con el objetivo de conseguir una cierta estabilidad. Se le concedió –aunque apenas se la había ganado– la distinción de «victorioso» del cronista de Forlí.[29] Uno de los primeros actos importantes de Bonifacio fue la coronación en 1390 de Ladislao, el hijo menor de Carlos de Durazzo, como rey de Nápoles. El cardenal Pileo da Prata volvió a la causa romana y en 1391 recibió por tercera vez el sombrero rojo (a partir de entonces iba a pasar a la historia como «el cardenal de los tres sombreros»), y como legado de Bonifacio dirigió la milicia romana contra Viterbo en mayo de 1392.[30] Pero Bonifacio tuvo que enfrentarse entre 1392 y 1395 a un nuevo reto, el resurgimiento del posible «reino de Adria», que abarcaba la mayor parte del Estado Pontificio, territorio que el antipapa Clemente VII tenía que conceder, bien a Giangaleazzo Visconti o a Luis, duque de Orleans, a cambio de su reconocimiento como auténtico papa. Había urdido el plan el incansable agente (que actuaba por cuenta propia) Niccolò Spinelli, quien, en la década de 1360 se asoció al cardenal Gil de Albornoz y afirmaba conocer por experiencia cuán costoso, derrochador y perjudicial para la reputación del papado –por la contratación de ejércitos, la preparación de guerras y la construcción y el mantenimiento de fortalezas– había resultado el poder temporal. Tal esquema no se habría podido urdir sin generar un importante conflicto, y tal vez por suerte para todos los contendientes se vino abajo a raíz de la desconfianza de los franceses.[31]

Mientras tanto, Bonifacio intentaba, con limitadísima suerte al principio, recuperar cierto control sobre el Estado Pontificio. En 1389 se valió del brutal cardenal Tomasso di Napoleone Orsini para atacar con bombardas la fortaleza de Spoleto, pero la misión fue un fracaso y tuvo que huir.[32] El papa tuvo el acierto de recurrir a su propio hermano, Andrea Tomacelli, que había sido nombrado rector o gobernador de la Marca de Ancona, y consiguió llevar adelante una política de estabilización a corto plazo mediante la concesión de vicariatos apostólicos a familias preeminentes como los Malatesta de Rímini, los Montefeltro de Urbino y los Trinci de Foligno, estrategia que a los papas posteriores les costó un gran esfuerzo destramar para conseguir un control más directo. Tomacelli seguía a veces métodos despiadados, como en el caso en que invitó al capitán mercenario Boldrino da Panicale a un banquete en Macerata en 1391 y ordenó que lo asesinaran.[33] Otro violento secuaz fue el antiguo chambelán de Bonifacio, Baldassare Cossa, nombrado cardenal en 1402, a quien enviaron a Romaña como legado el 1403 con la orden de recuperar Bolonia, en manos de los Visconti. Cossa lo logró con la ayuda de Carlo Malatesta y otros caudillos locales,[34] y en 1404 recobró también Faenza de manos de Astorre Manfredi, a quien obligó de entrada a ceder a la Iglesia el señorío que había heredado, para decapitarlo un año más tarde.[35] Según un breve relato sobre la vida de Cossa escrito por Dietrich de Niem, un germano que trabajó en la curia como secretario apostólico durante el cisma, Cossa en su juventud había sido pirata, bebedor y libertino.[36] No se sabe con certeza qué hay de cierto en ello, pero sí consta que contaba con dinero, ya fuera obtenido con la piratería, el abuso de poder en la curia o mediante acuerdos de crédito ilimitado con los banqueros florentinos. Su fuerte personalidad le ayudó a gobernar la Romaña con eficacia, aunque tal vez con cierta brutalidad, y en 1004 Inocencio VII renovó su legación. Gregorio XII (papa, 1406-1417), cuya autoridad Cossa se negó a reconocer, le relevó del cargo y fue acumulando acusaciones contra él, pero Alejandro V, elegido en junio de 1409 como papa rival por el concilio de Pisa, que había organizado el propio Cossa, le devolvió la legación.

Cossa sucedió a Alejandro como papa del concilio de Pisa en mayo de 1410 y adoptó el nombre de Juan XXIII. Prosiguió en su cargo de pontífice la contundente política que había llevado, como legado de Bolonia, contra los caudillos o *condottieri* aliados que perseguían sus propios intereses en el centro de Italia, y no digamos ya contra el papa italiano rival, Gregorio XII. De modo que la guerra fue la primera de las preocupaciones y el principal gasto de los dos supuestos papas. En el sur, Juan XXIII apoyó a Luis II de Anjou contra Ladislao de Durazzo, protegido de Gregorio XII. Ladislao no tenía intención ni de actuar como protector de un papa cismático ni de convertirse en un intimidado vasallo papal. Bien al contrario, durante su extraordinaria carrera intentó dar la vuelta a la situación e incluso someter a Roma y al Estado Pontificio a Nápoles. En 1409, no sólo se le sometió Roma, sino también Perusa y buena parte de

Umbria. Se había roto un tratado de paz negociado en junio de 1412 por el cardenal Rinaldo Brancaccio. Juan XXIII huyó a Bolonia y la defensa del Estado Pontificio se vio como una causa perdida. En 1413, Ladislao incluso atacó y saqueó Roma. Sin embargó, todo se recuperó a su muerte, en verano de 1414.[37] Se delegó en una serie de prelados, en especial en el cardenal Jacopo Isolani, como legado principal para Italia, el restablecimiento del orden y la dirección de las operaciones militares contra los caudillos, especialmente Braccio da Montone, quien a la sazón amenazaba con hacerse con amplias zonas del territorio papal. Entretanto, Juan XXIII se veía obligado a asistir al concilio general de la Iglesia, que se reunía en Constanza. Este organismo, convocado bajo los auspicios del emperador Sigismondo para acabar con el cisma, abordó la cuestión de la herejía, se planteó la reforma y finalmente depuso a Juan XXIII en mayo de 1415.[38] Pese a que Cossa fue rehabilitado posteriormente como cardenal, el nombre que había utilizado se borró de la lista de los papas legítimos, lo que permitió que en el siglo XX lo adoptara un pretendiente al título de carácter muy distinto.

El concilio de Constanza no contemplaba en el orden del día estudiar la ética de la guerra papal, a excepción de una propuesta escrita según la cual un prelado no debía, en nombre de su cargo, declarar la guerra a otro prelado, propuesta que dejaba más o menos abierta la cuestión de la declaración de guerra por parte de los papas. Dos mociones distintas en tratados sobre la reforma establecían con osadía que los papas no tenían que mostrarse beligerantes ni contratar a hombres armados con el objetivo de provocar derramamiento de sangre, y también que no se debía invertir todos los ingresos de la Iglesia en la contratación de soldados en lugar de socorrer a los pobres. Es evidente que tales ideas no prosperaron.[39] Afortunadamente, gracias al concilio se dio solución al Gran Cisma por medio de la palabra y no de la lucha, aunque sorprende que no se cuestionara más la utilización de la fuerza en defensa de la Iglesia si se tiene en cuenta el gran número de campañas militares papales y antipapales y el considerable derramamiento de sangre durante el medio siglo que duró el cisma. Al parecer hubo consenso en declarar que había que resolver escándalos de mayor envergadura. Hubo incluso algunas operaciones militares en nombre del Concilio de Constanza. El cardenal Isolani, a quien se designó de nuevo como legado en Italia en junio de 1415, sufrió dos años más tarde el asedio del *condottiere* Braccio en Roma.[40] No se establecieron limitaciones militares en el papado restaurado en 1417, cuando el concilio eligió a Martín v. De hecho, prácticamente podía utilizar la fuerza contra quienes pusieran en peligro su cargo, incluso contra los aventureros o rebeldes seglares de los territorios italianos de la Iglesia.

De todas formas, la segunda gran prioridad del concilio, que era acabar con la herejía, condujo inevitablemente a la utilización de la fuerza. Es evidente que existía un cierto pánico, cuando menos por parte de Sigismondo y de la jerarquía superior de la iglesia germánica, y de la sociedad germánica, al discurso de Jan Hus. La predicación protoprotestante en Praga de Hus y sus seguidores atacaba los privilegios clericales tradicionales, invocaba la autoridad bíblica e insistía en la comunión entre el laicado.[41] En 1412, surgió una crisis a raíz de la oposición a la indulgencia por el apoyo a la guerra papal en Italia contra Ladislao. Hus fue excomulgado, pero trasladó su misión al campo y las ciudades más pequeñas. En Constanza no se perdió el tiempo. Hus aceptó acudir al concilio para exponer su opinión, pero a pesar de poseer salvoconducto imperial, fue juzgado y condenado a la hoguera en julio de 1415, sólo dos meses después de que se hubiera resuelto con cierta facilidad el caso de Cossa. La muerte de Hus provocó en Bohemia una revuelta tanto nacional como confesional, acompañada de una resistencia militar organizada con gran destreza por nobles y aristócratas. Todo ello provocó una serie de sagradas campañas papales con el objetivo de reprimir a los seguidores de Hus que duró más de veinte años.

El Renacimiento: La primera fase (1420-1458)

Tras la solución del gran cisma y la vuelta del papado a Roma en 1420, empezó un nuevo periodo en su historia y carácter, que había de durar aproximadamente un siglo y medio. Hay que tener en cuenta el trasfondo de todo ello en la historia política de Italia a una escala más amplia, aunque no siempre es fácil prestarle la debida atención. En el prólogo del libro se ha intentado esbozar, pero habrá que dar por supuesta una cierta familiaridad con el escenario para no perder de vista las cuestiones básicas.

Respecto al papado, podríamos definir de distintas maneras el «nuevo periodo» citado en el párrafo anterior, pero hemos considerado que Renacimiento es una definición que cumple su cometido como cualquier otra. Los estudios recientes[42] han subrayado como aspecto determinante el papel más monárquico del papa, totalmente evidente a mediados del siglo XV, sobre todo a causa del gradual desmoronamiento de la alternativa conciliar de Basilea (1431-1449), y en auge en el XVI. Un síntoma de ello es, en el siglo XVI, el aumento de integrantes del Sagrado Colegio, acompañado por la decadencia y caída del «poder corporativo» de los cardenales.[43] Cierto es que para entonces el Sagrado Colegio había adquirido unas proporciones que no se habían visto antes en la historia, pero habría que preguntarse si la desaparición del poder corporativo de los cardenales era un rasgo esencial indicativo de un mayor papel del papado. ¿Había existido semejante poder en alguna ocasión, excepto quizá durante las vacantes papales? En todo caso, los papas siguieron apoyándose como siempre en grupos y personas entre los cardenales. Pero no puede negarse que uno de los principales rasgos del «papado del Renacimiento», puesto de relieve por una serie de ideólogos como el cardenal Juan de Torquemada en su *Summa Ecclesiástica* (1449),[44] y Domenico de Domenichi en su *De potestate papae* (1456), fue el restablecimiento de una autoridad pontificia más efectiva, que en alguna ocasión invocó como predecesores o prototipos papales tanto a Moisés como a Aarón, y también a san Pedro. No se puso tanto énfasis en las antiguas reivindicaciones de suprema jurisdicción universal, que habían provocado tantos problemas desde Gregorio VII hasta Bonifacio VIII, y se dio una mayor flexibilidad en las relaciones con los poderes seglares respecto a los nombramientos eclesiásticos y al sistema tributario.

Una de las preocupaciones más inmediatas era la puesta en práctica del poder temporal legal y el peso diplomático en Italia, que permitían la defensa de la piedra de San Pedro y de la cristiandad occidental contra las fuerzas formadas por infieles, herejes y elementos subversivos. Se estableció también como prioridad el culto al esplendor, basado sobre todo en la renovación de la ciudad de Roma como capital del mundo. En efecto, se ha apuntado que Roma se convirtió en este periodo en el prototipo de la primera metrópolis europea moderna, la sede de una compleja estructura burocrática y el centro de la diplomacia.[45] Sin duda todo ello no se habría alcanzado si no se hubieran priorizado al máximo los ingresos, en especial los procedentes del Estado Pontificio, pues los ingresos eclesiásticos procedentes de toda la cristiandad se veían muy reducidos a raíz de concesiones y concordatos, por no mencionar las denegaciones. A fin de sobrevivir, dominar y prosperar, para lo bueno y para lo malo, el papado se convirtió casi inevitablemente en muchos aspectos en uno de los principados de Italia. Dentro de su propia zona de control tal vez pudiera justificar incluso la utilización de la fuerza persuasiva, pues su función jurisdiccional allí era intrínsecamente distinta a la naturaleza de su autoridad en el resto de las tierras cristianas.[46] Para que se le respetara y temiera y para resultar eficaz necesitaba una fuerza armada notable y la disposición de utilizarla. En campañas contra enemigos seglares y vasallos rebeldes podía lograrse incluso sin declarar una guerra santa apoyada por las indulgencias.[47]

Los iniciadores de tal representación fueron Martín V (papa, 1417-1431) y Eugenio IV (papa, 1431-1447), quienes dominaron la Iglesia durante casi una tercera parte del siglo XV. Martín era Oddone Colonna, descendiente de una señorial familia romana. Antes de su elección había sido vicario del patrimonio en 1413 y se había creado fama de guerrero, lo que sus enemigos, en especial los partidarios de la reivindicación aragonesa del reino de Sicilia, recalcaban maliciosamente.[48] Eugenio, patricio veneciano, tenía unos orígenes familiares completamente distintos, pero en sus inicios, como cardenal Gabriele Condulmer, adquirió una experiencia casi militar en 1420-1422 durante su cargo de legado de la Marca de Ancona, y en 1423, durante su breve legación en Bolonia.[49] Al igual que Martín, demostró estar dispuesto a dedicar gran atención y no menor inversión en la recuperación de las tierras papales y las jurisdicciones temporales en Italia. Bajo Martín, se produjeron dos acontecimientos: en 1424 la derrota en Aquila y la muerte de Braccio da Montone, el principal tirano de Umbria, que se consideraron cruciales en esta larga lucha.[50] Bajo Eugenio, una de las principales figuras que quedaban aún por reducir o dominar era Francesco Sforza, el hijo de Muzio Attendolo Sforza (quien murió también en 1424), que tenía su base de poder en la Marca de Ancona.

Los dos papas se mostraron también enérgicos en el empleo de la fuerza contra los cristianos descarriados. El efecto que surtió en Bohemia la muerte de Jan Hus en Constanza, la traición que siguió a su prudente conducta, fueron la chispa del estallido de la revolución. Martín V puso en marcha una campaña contra los husitas en 1421, al mando del cardenal Branda da Castiglione (*circa* 1360-1463, cardenal desde 1411), su legado en Bohemia. Castiglione tuvo que huir cuando los husitas levantaron el sitio de Zatec.[51] En julio de 1427, el cardenal Enrique Beaufort, como legado en Germania y Hungría, puso en marcha una campaña en apoyo a las fuerzas germanas después de alcanzar Núremberg, pero también él tuvo que batirse en retirada tras el vano intento de colocar la bandera papal en una colina cercana a Tachov, que acababa de caer en manos de los husitas. Durante el año y medio siguiente planificó una nueva cruzada desde

Inglaterra y consiguió importar palos para los arcos de los caballeros teutónicos y dinero de Roma, pero cuando por fin su expedición se puso en marcha en 1429 fue desviada para luchar contra los franceses, algo que enfureció a Carlos VII.[52]

Por fin, en marzo de 1431, Giuliano Cesarini (*circa* 1360-1443), cardenal desde 1427 y posteriormente legado papal en Hungría y Bohemia, organizó otra campaña, condenada al fracaso, contra los husitas. Salió con un importante contingente de caballería, pero en julio el ejército fue vencido por una fuerza superior. Según el relato que hizo de esta batalla el teólogo Juan de Segovia († 1458), el cardenal Cesarini actuó con más furia que nadie a favor de la guerra contra los herejes (*Julianus autem, qui circa expeditionem hereticorum, ut via belli reducerentur, plus quam toto estuabat*). Contaba con que el ejército capturara sin problemas la ciudad de Tachov, pero no había conseguido más que incendios y devastación cuando llegó la noticia de que Procop, el sacerdote al mando de los taboritas, estaba en camino. El propio cardenal Cesarini vio desde la cima de una colina cómo se acercaban los temibles carromatos de guerra y otros ingenios. El ejército se desmembró. Cesarini abandonó el campo de batalla sin su parafernalia de cardenal y cabalgó sin descanso disfrazado (*Julianus, habitu mutato* [...] *nullo sumptu cibo nec de equo descendens, egressus est*). Juan de Segovia incluyó estos detalles en el primer volumen de su larga historia sobre el Concilio de Basilea,[53] en el que habría conocido a Cesarini poco después de estos catastróficos acontecimientos en Bohemia. Los dos empezaron como conciliaristas moderados, aunque por otro lado tenían muy poco en común. Cesarini se reconcilió con el papa, pero Juan, a quien había nombrado «cardenal» el antipapa conciliar Félix V, no fue de los que pudieron mantener el título. Escribió la *Historia* en su retiro en la década de 1450, cuando había caído en el olvido y trabajaba también en la primera traducción al latín del Corán. Su planteamiento pacífico, en contraste con el de Cesarini, queda demostrado en su tratado *De gladio mittendo spiritus in Sarracenos,* en el que propone la conversión de los musulmanes en lugar de la lucha contra ellos.[54]

Eugenio IV siguió asignando cardenales y otros prelados a operaciones militares. Una carta del pontífice fechada el 28 de enero de 1432 enumera una serie de puntos significativos en apoyo a esta práctica. Está dirigida al obispo de Camerino, Pandolfo Almiano, y en ella le nombra intendente papal y teniente del ejército pontificio en lucha contra los enemigos y rebeldes de la Iglesia en los dominios de San Pedro, así como en otras ciudades y lugares cercanos a Roma. El papa afirma que es especialmente adecuado y útil tener en el ejército a un prelado completamente leal y experto en las cuestiones que se tienen entre manos, que lleve a la práctica su política, le asesore, le asista y permanezca en estrecha comunicación con él. Todos los capitanes y oficiales militares están obligados a cumplir sus órdenes, y él tiene plenos poderes para dar órdenes o contraórdenes en la batalla o castigar.[55]

En ausencia de Eugenio, en la Florencia de finales de la década de 1430 y principios de la de 1440 hubo dos cardenales especialmente vinculados a la guerra pontificia. El primero de ellos fue Giovanni Vitelleschi (1396-1440), delegado especial del papa en Roma y en el centro de Italia, un experto en saqueos, matanzas y ejecuciones sumarias. En 1435-1436, Vitelleschi fue el responsable de la destrucción del bastión de los Colonna en Palestina (abril de 1437), así como de una campaña relámpago de marchas forzadas y matanzas contra Alfonso de Aragón, pretendiente al trono de Nápoles, a quien estuvo a punto de apresar.[56] No cesaron, ni mucho menos, sus conquistas (y atrocidades) en el campo militar después de ser nombrado cardenal en agosto de 1437, cuando su considerable estipendio de cuatrocientos ducados al mes en concepto de servicios militares al papado se elevó a quinientos ducados al mes.[57] Se apoderó de Bolonia, en manos de Niccolò Piccinino, el delegado al servicio de Filippo Maria Visconti de Milán; tomó y saqueó Zagarolo, otro dominio de los Colonna cerca de Roma; derrotó y decapitó a Corrardo Trinci, el señor de Foligno, en Umbria; se hizo con Spoleto y dio muerte al gobernador de la ciudadela.[58] Un amplio territorio del norte de Roma quedó bajo su control y encabezó un ejército privado que contaba con varios miles de hombres, con importantes efectivos de caballería e infantería.

Pese a sus conocidas crueldades, eran muchos –incluso los propios habitantes de Roma– los que aclamaban al cardenal Vitelleschi como a su salvador, como al «Padre de la patria» (*Pater Patriae*), como al hombre que había evitado el caos absoluto. Un cronista romano subrayaba su valor y su compromiso total con la Iglesia de Roma cuando afirmaba que la crueldad había sido un mal menor.[59] En septiembre de 1436 se llegó incluso a proyectar una estatua de bronce en su honor con inscripciones en las que se le equiparaba a Rómulo y al emperador Augusto. Este monumento a un cardenal guerrero habría sido la primera estatua de un héroe militar triunfante erigida en Roma desde la antigüedad.[60] En el Palazzo Comunale de Tarquinia, antes Corneto, la pequeña ciudad situada al noroeste de Roma y

Retrato del Cardenal Ludovico Trevisán, de Andrea Mantegna (1431-1506), témpera sobre tabla.

dominada por la familia Vitelleschi, se puede ver un mural fechado en 1629 con la versión del artista de la proyectada estatua del cardenal a caballo. Luce sus ropajes y su sombrero, además del bastón de mando y se cree que el fondo corresponde a una reunión del consejo cívico romano que encargó la escultura. En el mismo palacio se encuentra también un «retrato» sedente del cardenal Vitelleschi, poco más o menos de la misma fecha, en el que destaca también su bastón de mando y el casco. Se ha apuntado que tal vez esté inspirado en una copia del destruido retrato que, según Vasari, pintó Piero della Francesca en las estancias de Nicolás V en el Vaticano.[61] Puede parecer algo exagerado, pero como mínimo ambas obras apuntan a que durante el siglo XVII determinados ciudadanos de Corneto seguían sintiéndose orgullosos de la terrible fama del cardenal Vitelleschi. Es poco probable, sin embargo, que estos retratos guarden algún parecido con él. Tal vez lo único que puede arrojar alguna luz sobre el aspecto de Vitelleschi, aunque se aleje de su auténtico temperamento, sea la descripción de Niccolò della Tuccia, el cronista de Viterbo. Niccolò lo recordaba como un hombre alto y apuesto (*di persona grande e ben fatto*), pálido y algo enfermizo (*infirmiccio*); inteligente, brioso, presuntuoso y avaricioso; en muchas cuestiones incluso justo y razonable, aunque «en cuanto se le metía algo en la cabeza, nadie podía hacerle cambiar de parecer».[62]

«El patriarca», como se denominaba corrientemente a Vitelleschi –y no con el mismo sentido de *Pater Patriae* sino porque desde febrero de 1435 era patriarca titular de Alejandría *in partibus infidelium*–, perdió el poder en marzo de 1440. Fue a manos Antonio Rido, gobernador de Castel Sant'Angelo en Roma, cuyo retrato se exhibe en las puertas de bronce de filarete de San Pedro. Rido detuvo al «patriarca cardenal», supuestamente siguiendo órdenes del papa, y poco después ordenó que le dieran muerte.[63] Entre otros rumores circulaba la historia de que Vitelleschi planeaba apoderarse del castillo y posteriormente del pontificado, algo insólito desde los días más negros del siglo x, pero el hecho mismo de que pudiera correr una habladuría como ésa demuestra hasta qué punto la fuerza bruta o el miedo a ella dominaban la política papal. Según una fuente contemporánea, el cardenal Vitelleschi desenfundó la espada y opuso una feroz resistencia a la detención, demostrando así su total desprecio a los preceptos canónicos sobre la no violencia de los clérigos.[64]

El probable que su adversario, el chambelán apostólico Ludovico Trevisan (1401-1465) difundiera algunos rumores sobre la caída en desgracia de Vitelleschi. Trevisan, otro hombre de armas de Padua, aunque no procedía de familia militar, fue asimismo «patriarca», con el título de Aquileia, en el noreste de Italia. A pesar de que aún no había llegado a cardenal, sucedió inmediatamente a Vitelleschi y puede que incluso tramara su caída, pues su mano derecha era Antonio Rido. La primera tarea de Ludovico Trevisan fue deshacerse de los soldados que seguían siendo leales a Vitelleschi e imponer obediencia a las regiones de Viterbo y Civitavecchia.[65] Sin embargo, pronto se le encargó una operación de mayor envergadura: el 4 de junio de 1440 le fue confiado un estandarte militar especial y, con tres mil jinetes y quinientos soldados de a pie avanzó hacia la Toscana para apoyar a Sforza y a otros *condottieri* al servicio del papa y de Florencia contra Niccolò Piccinino. No le costó alcanzar la victoria sobre éste en la batalla de Anghiari el 29 de junio, lo que le valió el mando del flanco derecho.[66] Como reconocimento a su efectividad, en julio se le concedió el sombrero rojo. Cristoforo di Geremia acuñó en su honor una medalla para conmemorar el acontecimiento,[67] y un poema de la época, del que hablaremos más adelante ensalzó su valor y sus dotes de mando.[68]

A principios de la década de 1440, por consiguiente, Trevisan no sólo fue el pagador de las tropas de Eugenio IV, que recaudó enormes sumas para comprar soldados, sino también, al igual que Vitelleschi, aunque tal vez no con la misma brutalidad, fue comandante en el campo de batalla. Con un nuevo cometido en agosto de 1440 como «legado en el ejército en Romaña con el objetivo de recuperar las tierras de la Iglesia», emprendió durante unos meses operaciones militares encaminadas a tomar Bolonia. A pesar de contar con un gran ejército, tuvo que dar por finalizada la campaña en noviembre. La reanudó durante la primavera siguiente y por entonces pudo contar con un mayor presupuesto de las arcas pontificias.[68] En agosto de 1442, cuando Eugenio IV y Filippo Visconti se volvieron en contra de su protegido Francesco Sforza, Trevisan organizó la campaña de recuperación de la Marca de Ancona para el papado. Se le describía como un «ángel de la paz», el mismo apelativo aplicado un siglo antes al cardenal Gil de Albornoz.[70]

Tanto Vitelleschi como Lodovico Trevisan eran hombres con una gran resistencia física y un carácter violento, y de ello se deduce que disfrutaban con las campañas militares o al menos no se sentían extraños en ellas. Sin duda hubo en este periodo personajes más pacíficos en el Colegio Cardenalicio, o entre los aspirantes al papado, pero también es cierto que resulta difícil encontrar a un solo papa o cardenal que se manifestara como sistemáticamente contrario a la guerra. La única excepción –aunque excepción sólo en parte– la encontramos en el sucesor de Eugenio, Tommaso Parentucelli, Nicolás V (papa, 1447-1455), quien declaró al inicio de su pontificado que no deseaba entablar guerras con nadie y que su única arma sería la cruz.[71] Su biógrafo, Gianozzo Manetti, afirma que desde el principio hasta el final se mostró decidido a acabar con la larga serie de campañas militares emprendidas por Eugenio IV.[72] El humanista Platina, en su historia sobre los papas escrita alrededor de 1470, recordaba que era un sincero amante de la paz y la tranquilidad.[73] Incluso antes de convertirse en papa, el cardenal Parentucelli tuvo una experiencia como pacificador entre potencias seglares en conflicto, primero en 1422 al servicio de su mentor y patrón, el cardenal Niccolò Albergati, y más tarde por cuenta propia.[74] Probablemente quedó escandalizado cuando, mientras trabajaba en la Hacienda apostólica en 1445, descubrió las enormes sumas que tenía que autorizar en pago a los contratistas militares,[75] un dinero que a buen seguro opinaba estaría mejor invertido en libros o edificios, dos de sus pasiones. Los costes que se destinaron a defensa, y para qué hablar de los de ataque, siguieron aumentando de forma implacable. En ellos se incluían las reparaciones de fortalezas y fortificaciones así como el abastecimiento de municiones y la contratación de soldados, en general en compañías al mando de capitanes mercenarios italianos que cobraban altos emolumentos.

En efecto, durante su pontificado, Nicolás se vio alejado de su perspectiva pacífica del cargo y a tener que aceptar sus exigencias y obligaciones temporales. Probablemente destinó más dinero a las fortificaciones en el centro de Italia que a edificios de otro tipo: el restablecimiento de las murallas de las ciudades, la reconstrucción de castillos como el de Nepi, Cività Castellana y Spoleto, incluso la conversión del propio Vaticano en una fortaleza.[76] No obstante, en 1447 se aprovechó de la nueva situación creada a partir de la muerte de Filippo Maria Visconti, duque de Milán, y aprobó las aspiraciones de Francesco Sforza de suceder a Visconti, su suegro, sobre todo porque como duque de Milán no iba a necesitar ya su antigua influencia en territorios de la Iglesia. Después de un breve paréntesis republicano en Milán, Sforza consiguió lo que ambicionaba. Pero resultó que quien puso el máximo empeño en conseguir el tratado de no agresión italiano firmado en Lodi en diciembre de 1454 no fue el conciliador Nicolás V, sino el duque Francesco Sforza, la república veneciana y Cosimo de Medici de Florencia. Nicolás V, temiendo la reacción de Alfonso, rey de Nápoles, y desconfiando siempre de algún acto de sedición después de la conspiración de Porcari de principios de 1453, vaciló unos meses antes de ratificarlo (febrero de 1455), a pesar de que por fin tuvo que reunir el máximo entusiasmo y declarar, o al menos eso es lo que afirma su biógrafo Manetti, que siempre había tenido como objetivo una paz general y que, caso de alcanzarse, las fuerzas cristianas unidas por fin podrían enfrentarse a los turcos otomanos.[77] Por desgracia, después de la muerte de Nicolás, a finales de 1455, los objetivos en Italia del tratado de paz de Lodi no fueron más respetados por el pontificado que por las potencias seglares, a la búsqueda de sus intereses particulares.

Mientras tanto, las agresiones de los otomanos en la zona oriental del Mediterráneo habían tomado un nuevo ímpetu ante la llamada a la guerra santa o a la cruzada contra el Islam. Esta otra obligación marcial que pesaba sobre el papado estuvo presente, por no decir que inclinó la balanza en la guerra eclesiástica en tierra italiana, durante el periodo del Renacimiento. En ambos casos se produjo una implicación activa por parte de papas y cardenales que superó de lejos las funciones no violentas de exhortar y absolver a los combatientes cristianos. Desde el reinado del primer papa veneciano, Eugenio IV, el pontificado intentó en cierto modo resucitar la iniciativa de las cruzadas de los grandes papas medievales, de Urbano II a Inocencio III. En este contexto, el término «papado del Renacimiento» tiene una connotación especial, sobre todo a mediados del siglo XV, en 1471, desde Eugenio IV hasta el acceso al poder de Pablo II en 1471.

Una serie de cardenales se implicaron directamente en la acción militar y naval contra los turcos. Uno de ellos, Giuliano Cesarini, mencionado anteriormente porque se salvó de milagro del ejército husita en 1431, perdió por fin la vida en el campo de batalla. Su muerte se produjo durante la catastrófica cruzada de 1444, cuando el destacamento naval, acompañado por el cardenal Francesco Condulmer, sobrino del papa, no consiguió llegar al Mar Negro (si bien Condulmer volvió a Roma en enero de 1446) y la fuerza expedicionaria terrestre del cardenal Cesarini fue derrotada en Varna, en el delta del Danubio. Aeneas Silvius Piccolomini (que sería el papa Pío II), al enterarse de que Cesarini había desaparecido, escribió en 1444 que éste jamás había tenido suerte en la guerra, sin duda refiriéndose a la campaña husita de 1431, y que probablemente había muerto.[78] Aeneas afirmó más tarde poseer cierta información sobre la muerte de Cesarini en Varna y explicó que había sido herido por tres flechas y que en su retirada cayó del caballo en un pantano. Se sostuvo que había recibido su merecido por alentar a Vladislas, rey de Polonia y Hungría, a faltar a su palabra con los turcos, ratificada en un reciente tratado, y organizar un nuevo, aunque infortunado, ataque contra ellos.[79]

El desafío se hizo más urgente a la caída de Constantinopla en 1453. Dado que el alto mando de la iglesia de España se inclinaba más por la tradición de la defensa de la fe contra los infieles, no es de extrañar que el sucesor de Nicolás en 1455 fuera el arzobispo de Valencia, el cardenal Alfonso de Borgia (papa, Calixto III), a quien se atribuyó unos años más tarde como frase axiomática: «La palma de la gloria sólo crece en el campo de batalla».[80] Calixto estableció como máxima prioridad la guerra contra los turcos.

El cardenal Juan Carvajal (1400-1469, elegido para el cargo en 1446) fue enviado a Hungría a apoyar a János Hunyadi y al predicador franciscano Giovanni da Capistrano contra la esperada ofensiva terrestre turca, que culminó en julio con el sitio de Belgrado. Las fuerzas cristianas, sin embargo, triunfaron en Belgrado y repelieron a los invasores, que contaban avanzar hacia el Danubio, hasta Buda. El propio cardenal Carvajal ejerció un activo papel en esta operación y mandó sobre ella un informe detallado a Francesco Sforza, de quien reclamaba ayuda.[81] Calixto planificó también una campaña naval contra los otomanos. En ella, el cardenal Ludovico Trevisan, que seguía con el cargo de chambelán apostólico, responsable de finanzas de la Iglesia, tenía que desempeñar la función más importante. En diciembre de 1455, además de detentar la responsabilidad en la construcción de una flota pontificia, se le nombró «legado apostólico, gobernador general, capitán y *condottiere* general» al mando de ésta.[82] A finales de mayo de 1456, diez galeras estaban ya a punto y el cardenal se unió a ellas unas semanas más tarde, aunque hasta principios de agosto no partieron de Nápoles en dirección al Egeo. A finales de aquel año se habían liberado Mitilene y otras islas, entre las que cabe citar Samotracia y Naxos, y la base de la flota se estableció en Rodas. No disponemos de información concreta sobre la campaña, pero al parecer el cardenal Trevisan derrotó a los turcos en un asalto a Mitilene en agosto de 1457 y apresó a una serie de navíos turcos. Calixto expresó su total confianza en su mando y le exhortó a intentar la defensa de Chipre.[83] El retrato del cardenal realizado por Andrea Mantegna (pág. 66) nos muestra a un personaje de aire duro, mediana edad, mandíbula recia, anchos hombros y expresión decidida en sus ojos. Probablemente lo pintó poco después de su regreso a Italia, en 1459. Trevisan asistió a la nueva reunión papal o asamblea de guerra en Mantua, y el cronista Andrea Schivenoglia le describió a su llegada allí como «un hombre de sesenta años, bajito, de piel oscura, peludo y muy orgulloso» (*homo pizolo, negro, peloxo, com aìero molte superbo e schuro*).[84]

Entre los cardenales de este peligroso periodo, tal vez el más resuelto a aplicar venganza contra los turcos fue uno que había sufrido en propia carne los horrores del sitio y la toma de Constantinopla. Se trata del cardenal griego Isidoro, metropolitano de Kiev y de la Gran Rusia, uno de los clérigos superiores ortodoxos que había aceptado la unión con la Iglesia Católica en 1439. Fue enviado como legado pontificio al último emperador bizantino en 1451 y se llevó con él una compañía de doscientos arqueros reclutados con dinero de sus arcas. Isidoro fue herido en la batalla cuando se tomó la ciudad en 1453, pero sobrevivió cambiando sus ropajes por los de uno de los muertos (se dice que el cadáver quedó allí con el ropaje y el sombrero del cardenal) y por fin consiguió llegar a Venecia.[85]

¿Cuál fue la actitud de los eruditos, en especial de los humanistas y estudiosos de las lenguas clásicas antiguas ante esta belicosidad activa de la Iglesia? Costaría encontrar entre ellos una sola voz que se alzara en protesta por la guerra contra los infieles turcos, sobre todo después de la caída de Constantinopla en 1453. Muchos de ellos escribieron exhortaciones a tomar las armas y a luchar contra «esos bárbaros».[86] También acataron la guerra del pontificado contra los supuestos enemigos cristianos de la Iglesia en Italia la mayor parte de los humanistas del «Renacimiento», categoría que iba en aumento aunque fuera heterogénea. En general, la guerra era un tema que les proporcionaba infinitas posibilidades de empleo: redacción de cartas, discursos, narraciones, tratados, versos poéticos, panegíricos y epitafios. Como ejemplo de poema belicoso podemos citar la larga composición antes mencionada, *Trophaeum Anglaricum,* sobre la batalla de Anghiari y el inspirado liderazgo militar del cardenal Ludovico Trevisan. Su autor, Leonardo Dati (1401-1477), era un joven humanista florentino que necesitaba a toda costa un trabajo. Dedicó el poema al cardenal, a quien evidentemente atribuye todo el mérito de la victoria contra Niccolò Piccinnino.[87] Se loa la cautela inicial de Ludovico de la misma forma que su impetuosidad el día de la batalla, que coincidió con la festividad de san Pedro y san Pablo. Según el poema, la noche anterior, Ludovico había tenido una visión de san Pedro, quien le dijo: «Mañana tienes que luchar, y yo te ayudaré». Se compara al cardenal Ludovico con los grandes capitanes de la antigüedad, de Alejandro Magno a Aníbal, por alentar a sus oficiales, arengar a las tropas y lanzarse siempre hacia los puntos más peligrosos en el campo de batalla.[88] El historiador Biondo da Forlí (1392-1463), secretario apostólico de Eugenio IV, pero anteriormente de Vitelleschi en la Marca de Ancona, defendió a su antiguo patrón por su buen servicio como dirigente militar en el Estado Pontificio, a pesar de haber sido un pésimo clérigo. Le comparó con el papa León IX, el vencedor de Civitate.[89] Incluso Nicolaus Cusanus (cardenal desde 1448) que se mostró displicente con la donación de Constantinopla y presentó su importante trabajo, *De Concordantia Chatolica,* para el Concilio de Basilea en 1434, mantuvo que el sucesor de san Pedro era, cuando menos metafóricamente, el capitán de un ejército,[90] y apoyó indefectiblemente las guerras papales posteriores.

Sin embargo, pocos de los humanistas empleados en la curia de Eugenio IV mostraron su desacuerdo con sus aspectos más belicosos. El florentino Poggio Bracciolini (1380-1459), otro secretario apostólico del papa Eugenio, ridiculizó la autoridad militar de los cardenales guerreros en una historia que contó sobre el gran Gil de Albornoz. En su participación en una batalla en la Marca de Ancona, Poggio precisaba: «El cardenal exhortó a los soldados a luchar con innumerables palabras (*hortatur milites ad pugnam pluribus verbis*), les garantizó que quienes murieran almorzarían con Dios y con los ángeles y les prometió la remisión de todos sus pecados. Entonces Gil de Albornoz se retiró del calor del combate y uno de los soldados le preguntó: "¿Por qué no venís vos a ese almuerzo?". A lo que el cardenal replicó: "No estoy acostumbrado a comer a esta hora. Aún no tengo apetito (*tempos prandii nondum est mihi, quoniam nondum esurio*")».[91] Poggio, no obstante, adoptó un tono más serio al mencionar al cardenal Vitelleschi en su obra *De varietate fortunae*. En su primera versión declaró que no hubo en su época hombre más perverso (*Nihil iniquius hec etas conspexit*); posterormente omitió la frase, aunque siguió censurando al cardenal Vitelleschi como hombre que desdeñaba la paz y el descanso (*erat animus pacis atque otii impatiens*), señalando que la caída del cardenal constituye un ejemplo de la justa recompensa del destino.[92] De forma parecida, Lorenzo Valla († 1457), a pesar de ser católico, no compartía la admiración que sentían sus conciudadanos por Vitelleschi y lo tildó de diabólico.

A pesar de su cargo en la cancillería apostólica, Lorenzo Valla criticó duramente las guerras de Eugenio IV, así como la inclinación violenta en la política pontificia. En un célebre folleto (redactado alrededor de 1443-1444) denunciaba como falsificación, en términos filológicos, la donación de Constantino al papa Silvestre I, la primera «escritura» pontificia, aunque era un texto al que durante siglos no se le otorgó validez legal real y en cualquier caso quedó superado por «donaciones» posteriores. Valla utilizó este ejercicio teórico como pretexto para una invectiva más general.

> ¡Qué bárbaro resulta a menudo el gobierno del clero! Si antes no se tenía conciencia de ello, ahora ha quedado patente con ese monstruo, ese prodigio, el cardenal y patriarca Vitelleschi, quien empapó de sangre la espada de san Pedro que cortó la oreja a Malco, y por esta espada él mismo pereció. Los papas se sirven de la guerra, y no de la ley, contra las ciudades pacíficas, y siembran la discordia entre ciudades y príncipes; despilfarran el dinero de las personas de buena fe en hordas de caballería y de a pie.[83]

Valla fantaseó incluso sobre el hecho de que el papa Silvestre I pudiera haber renunciado a tal donación, caso de que hubiera sido real la oferta, pensando en los grandes problemas que generaría el aumento de los impuestos, la conservación de los recursos y el pago de los ejércitos. Podía haber previsto que quedaría inevitablemente atrapado en la violencia de la política del poder, del castigo a los infractores, de las declaraciones de guerra, de la destrucción de ciudades y la devastación de regiones enteras a sangre y fuego.

De manera directa o indirecta, para bien o para mal, el pontificado dio enormes pasos en el progreso del arte y la práctica de la guerra en los siglos XIV y XV. Resulta sorprendente, por no decir otra cosa, que la zona de dominio papal en Italia fuera precisamente aquella en la que se encontraban los principales capitanes militares de la época y donde podían reclutarse los mejores soldados de a pie,[94] y no menos increíble resulta que en sus dominios la arquitectura militar fuera en general tan innovadora y se situara a la cabeza de su tiempo. Se ha mencionado ya el caso de la construcción de fortalezas bajo la responsabilidad de Gil de Albornoz, pero un siglo más tarde se hizo aún más evidente. Leon Battista Alberti, el erudito intelectual florentino empleado como escriba en la cancillería apostólica de Eugenio IV, escribió en la década de 1440 que «la mayor parte de las victorias se consiguen más gracias a la habilidad de los arquitectos que al comportamiento o la fortuna de los generales.[95] Aunque es difícil demostrar que el arquitecto Alberti influyera en la defensa del pontificado con algo más que sus selectas opiniones, como la insistencia en construir bastiones oblicuos en lugar de verticales, es muy probable que Nicolás V y los papas y cardenales sucesivos siguieran sus preceptos para las importantes inversiones en construcción militar que se tratarán más a fondo a continuación, y que representaron de forma patente de cara al exterior el nuevo ímpetu del papado.

3

Pío II (1458-1464), guerrero y cronista

Aeneas Silvius Piccolomini se convirtió en el papa Pío II en septiembre de 1458, después de detentar el cargo de cardenal tan sólo dos años. Este antiguo secretario imperial, poeta, orador y diplomático encarnó muchas de las cualidades consideradas características de la educación «humanista», sobre todo la fascinación por la antigüedad, la expresión verbal y el adecuado uso del latín, así como el estudio de la historia y la redacción de obras en este campo. Un personaje de aspecto poco memorable –ninguno de sus retratos, ya se trate de medallas o bustos esculpidos, parece guardar semejanza entre sí, aunque el más convincente sería el de un personaje de aspecto irritable y prominente papada–, pero una extraordinaria figura que ocupó el trono de san Pedro. La guerra se encontraba en un lugar destacado entre sus intereses, ya fuera emprendiéndola en nombre de la Iglesia o escribiendo sobre ella y los problemas que desencadenaba. La irritante y –en vista de sus rasgos más humanos– más bien sorprendente belicosidad y sentido del deber militar como papa de Pío II, casi en el estilo de Gregorio VII como *dux et pontifex*, es lo que justifica que dediquemos todo un capítulo a su corto pontificado, que duró seis años. Además, sus objetivos y su interés intelectual le convierten en el más característico de los papas del Renacimiento en el sentido más amplio; por otra parte, gracias a su reveladora pluma, conocemos mejor sus ideas que las de cualquier otro papa de cualquier otra época.

Pío II bendice en Ancona el 15 de agosto a la flota a punto de partir para Tierra Santa. Pinturicchio (Biblioteca Piccolomini del Duomo de Siena).

Pío y el concepto de la guerra

Poco antes de su llegada al poder, Aeneas había escrito un diálogo sobre la donación de Constantinopla y sus implicaciones. En él aceptaba la opinión de Valla de que dicha donación era falsa, si bien mantenía que su aceptación durante largo tiempo le daba validez y que para el pueblo era mejor el gobierno de un buen clérigo que el de un buen seglar. Dicho de otra forma, justificaba al Estado Pontificio y el esfuerzo y la inversión que implicaban su defensa. Aeneas reconocía que el clero tenía prohibido declarar la guerra u ordenar el cumplimiento de sentencias con derramamiento de sangre, pero mantenía que éste poseía poder en estas cuestiones, a pesar de que en la práctica era mejor delegarlas en los capitanes militares profesionales y en los gobernadores o magistrados provinciales.[1] Recopiló asimismo una serie de *Vidas de famosos*, en las que incluía a unos cuantos cardenales, y entre ellos a Francesco Condulmer, sobrino de Eugenio IV, a quien elogiaba por su iniciativa naval en 1444, mencionada en el capítulo anterior. Además, Aeneas escribió también elogiosamente sobre gobernantes seglares. Destaca entre ellos Alfonso V de Aragón, el rey de Nápoles que obtuvo el beneplácito del papado y murió poco antes de la elección de Aeneas como pontífice. En la biografía de éste, Aeneas menciona al cardenal Giovanni Vitelleschi; aunque se muestra crítico en algunos aspectos, expresa su admiración por las dotes militares de Vitelleschi y por su papel en defensa del Estado Pontificio.[2]

Una vez nombrado papa, Aeneas Silvius mantuvo un excepcional control directo sobre unos cuantos proyectos bélicos que se le encomendaron: en el extranjero contra los turcos y en Italia contra los vasallos rebeldes, además de los dedicados a restablecer la integridad territorial del Estado Pontificio. «Emprendió la guerra –escribía el humanista Platina, antiguo soldado– para salvaguardar la Iglesia, para la paz de Italia, la defensa de la religión y la seguridad de toda Europa.»[3] Platina fue un biógrafo de Pío muy leal, que estaba en deuda con él por una sinecura en la cancillería apostólica, y nos proporciona un vívido retrato del papa: baja estatura, canas prematuras, manos delicadas y pies más bien pequeños.[4]

En sus *Comentarios*, Aeneas pone de manifiesto una fascinación, incluso un gran entusiasmo, por la guerra, a pesar de que en alguna ocasión pretenda negarlo. Algunas nubes de tormenta amenazaban la sucesión del reino de Nápoles en los meses anteriores a su elección como papa en 1458 a raíz de que Calixto III se negara a reconocer a Ferrante, hijo de Alfonso, heredero al trono y decidiera entregar el reino al pontificado. Aeneas estaba convencido de que el papa Calixto preparaba un ejército para hacerse con el reino por la fuerza y entregarlo a uno de sus sobrinos Borgia.[5] La muerte de Calixto puso punto final a la cuestión y unas de las primeras cosas que hizo Pío como papa fue reconocer a Ferrante. Pudo así anunciar que había iniciado su mandato como conciliador, pero en verano de 1460 Ferrante y René de Anjou, que competía por el reino y contaba con el apoyo francés, habían roto las relaciones. Ambos bandos podían contar con distintos apoyos en Italia. Ferrante confiaba sobre todo en Pío y en Francesco Sforza, duque de Milán.

En el punto de sus *Comentarios* en que Pío cita el sitio y el saqueo de un castillo en manos de Savello Savelli, un adversario proangevino del rey Ferrante y del pontificado, el autor transcribe un discurso ante los cardenales, en el que afirmaba:

> No somos amantes de la guerra ni tomamos las armas por voluntad propia, ni tampoco luchamos por causas nimias... No hemos sido los primeros en alzarnos en armas por el reino de Sicilia, que pertenece a la Iglesia. Casi todos vosotros recordaréis a Eugenio IV y a Martín V. Vuestros padres conocieron a los Clemente, Bonifacio y Nicolás. ¿Alguno de ellos rechazó la guerra? [...] Cuando nos obligan a ello la justicia y la necesidad, no sólo estamos dispuestos a luchar, sino a arriesgar nuestra vida.[6]

Meses antes, cuando reconquistaba Roma a las bandas rebeldes apoyadas por el capitán mercenario Jacopo Piccinino, afirmó que estaba dispuesto a enfrentarse a la muerte si era necesario: «Morir por Roma y en Roma, hallar la muerte en la defensa del patrimonio de san Pedro, es una gesta gloriosa».[7] Asimismo, en 1463-1464 insistió en que tenía la intención de partir hacia Oriente con la flota de los cruzados. Se trataba del *bellum necessarium* que Pío había decidido organizar desde su acceso al pontificado y que pretendió poner en marcha en el congreso o dieta que tuvo lugar en Mantua desde junio de 1459 hasta enero de 1460, pero tuvo que posponerse por problemas logísticos pero también por el estallido de la guerra en la zona central y meridional de Italia. En octubre de 1463, Pío ordenó la lectura en voz alta en la corte diocesana del texto de una bula en la que hacía patente su compromiso solemne de acompañar en junio a un destacamento especial contra los turcos, y que embarcaría en Ancona con los cardenales que no es-

Marcantonio Raimondi, grabado del perfil del papa Pío II (copia de una medalla de Andrea Giacolati, Warburg Institute).

tuvieran discapacitados.[8] Según la versión de Pío de su discurso a los cardenales anunciando la operación, afirmó que, al igual que Jesucristo:

> Nosotros también daremos la vida por nuestro rebaño… Por ancianos que seamos, a pesar de los tormentos de las enfermedades, embarcaremos y soportaremos el viaje hacia Grecia y Asia. Pero algunos dirán: «¿Y qué haréis en la guerra? [...] ¿Entraréis en combate? ¿Cómo puede guerrear un ejército vestido con sotana? ¿Qué puede reportar a un campo de batalla una formación de cardenales? (*Quid togata valebit in pugna cohors? Quid sacer ordo Cardinalium prestabit in castris?*)». Apenas resistirá los tambores y las trompetas, por no hablar de los bombardeos del enemigo.[9]

Aclaró luego que él no iba a participar en el combate, que no poseía la fuerza suficiente, pero que, en definitiva, era preciso si los prelados más jóvenes y fuertes tenían que defenderlo a él, para que pudieran defenderse a sí mismos a fin de no morir a hachazos, crucificados o empalados por los turcos. «No acudimos a la lucha en persona, pues físicamente somos débiles y pertenecemos al clero, al que no le corresponde blandir la espada. Nosotros haremos como el santo patriarca Moisés, quien, cuando Israel guerreaba contra los amalecitas, permaneció orando en la ladera de la montaña.»[10] Afortunadamente Pío no tuvo que ponerse a prueba (¿y si no hubiera habido una montaña adecuada cerca del campo de batalla donde poder retirarse, o si su debilidad física le hubiera impedido mantener los brazos elevados al cielo, un detalle que el mismo no menciona sobre la participación de Moisés?). Pío murió en Ancona, el puerto de embarque, y la expedición se anuló.

A pesar de que el pontífice diera a entender que aunque su fortaleza se lo hubiera permitido no habría luchado en persona, en los *Comentarios* hay un pasaje sobre Dietrich von Mors, obispo de Colonia, en el que se abstiene de hacer comentarios sobre los clérigos que llevan armas. Hasta los setenta años, Dietrich «fue capaz de montar su caballo sin ayuda y llevar armadura con la misma soltura que un joven». Pero luego Pío añade:

> Los obispos germanos llevan coraza, peto y casco y, en caso de necesidad de sus iglesias y en ocasiones por propio placer, organizan guerras como hacen los reyes y toman parte en las batallas (*Induunt loricas ac thoraces et galeas episcopi Germaniae... pro sua libídine tanquam reges bella gerunt intersuntque preliis*). No nos pronunciamos sobre si esto resulta o no apropiado. Las leyes que se tienen por sagradas en una provincia a menudo se condenan en otra.[11]

Así pues, Pío adoptó una postura ambigua, casi de aprobación, sobre al compromiso papal con la violencia militar. Al mismo tiempo, y a un nivel más literario y estético, expresó un gran interés por las cuestiones militares. Como erudito humanista había leído muchísimo, sobre todo obras de autores clásicos, sobre las guerras de la Antigüedad griega y romana. Incluso el título que escogió para su autobiografía remeda los *Comentarios* sobre la guerra de Julio César. En ella encontramos un importante pasaje sobre su encuentro en Tívoli en 1461 con Federico di Montefeltro, conde (más tarde duque) de Urbino. Pío disfrutaba con la belleza de las tropas en estado de formación para la batalla, «con el brillo de sus armas y el conjunto de caballos y hombres. ¿Acaso existe una imagen más bella que la de las tropas en orden de combate?».[12] Ahora bien, ese entusiasmo artístico apenas disimulaba su compromiso con la realidad. Tras una acalorada discusión sobre si en la antigüedad los capitanes militares se armaban tan efectivamente como en el presente, durante la cual el papa insistía (contra la opinión de Federico) en que la guerra de Troya había sido un conflicto serio, él exhortó fríamente al pueblo de Tívoli a que acometiera la construcción de una enorme fortaleza, que luego se supo que iba a consistir en ofrecerse a trabajar sin remuneración.[13]

Como buen historiador humanista, Pío no podía evitar escribir exhaustivamente sobre la guerra, realidad que, según la tradición clásica, constituía el acontecimiento fundamental de la historia humana, así pues, en sus *Comentarios* dedica un espacio extraordinario a la descripción de campañas militares. En efecto, en el decimotercer (inacabado) libro, iniciado en 1464, reflexiona sobre el hecho de que la obra se convierta en una narración de la inminente guerra contra los turcos y acerca de los problemas que afronta un historiador que escribe sobre acontecimientos presentes, incapaz de ver aún sus consecuencias y emitir juicios.[14] Cuando da la bienvenida al duque Francesco Sforza a la Dieta de Mantua en 1469, y alaba a Attendolo Sforza, padre de Francesco, como «segundo Áyax en la batalla y segundo Néstor en el consejo, no temía a hombre alguno pero inspiraba miedo a todo el mundo», expresa su veneración por los guerreros heroicos. Añadía que Francesco había incluso superado a su padre al comprometerse en la lucha a favor de la Iglesia.[15] Pío escribió ampliamente (en especial en los tomos IX-XII de sus *Comentarios*) sobre la guerra, antes mencionada, por la pretendida sucesión angevina sobre los reinos de Nápoles y Sicilia.

Esta guerra, que estalló a principios de 1460, de entrada se presentó mal para Ferrante, Pío y sus aliados, aunque el papa percibió que su *comndottiere* Simonetto había cometido un gran error al instar a Ferrante a organizar un atropellado asalto al castillo de Sarno, a cierta distancia al noroeste de Nápoles, donde él había confinado a las fuerzas angevinas. El ejército atacante fue acribillado a trabucazos (*schioppetti*) de los mercenarios extranjeros que previamente habían desertado del ejército de Ferrante –el propio Simonetto se contó entre los muertos–, lo que provocó que Pío divagara sobre la importancia de estas armas en las guerras en curso.[16] Aprendieron la lección y el pontificado y todos los ejércitos aragoneses salieron más airosos en las posteriores encarnizadas campañas en los Abruzzos y en la Marca de Ancona. Sus soldados se enfrentaron a Jacopo

Piccinino, al mando de las fuerzas de René de Anjou, a Jacopo Savelli y otras turbulentas figuras, y sobre todo a Sigismondo Malatesta, señor de Rímini, el recalcitrante vasallo papal, enemigo acérrimo del rey Ferrante y de Federico de Montefeltro, capitán militar favorito de Pío. Hubo también una campaña cerca de Roma contra Everso di Anguillara quien, junto con su yerno Antonello, ocupó de nuevo Viterbo en septiembre de 1460. Estas campañas italianas –designadas oficialmente como guerras en defensa de la Iglesia– tenían que ganarse, y por ello, Pío insistió en una prolongada recapitulación antes de centrar la atención en el extranjero.[17] No reconoció diferencias básicas entre los principales enemigos del papado: «Luchamos por Jesucristo al defender a Ferrante. Atacamos a los turcos al arrasar la tierra de Sigismondo».

Pío y sus cardenales en guerra en Italia

En sus campañas italianas, Pío, como Eugenio IV, recurrió a sus principales obispos y a sus cardenales más enérgicos para que actuaran como legados en el campo de batalla o como comisarios apostólicos, oficiales de enlace entre él y los capitanes al mando, a pesar de que también utilizó a un familiar seglar, Antonio Piccolomini, hijo de su hermana. Además de nombrarlo capitán general de la Iglesia con un salario de dos mil ducados al año y castellano de Sant'Angelo, dispuso con el rey Ferrante que se le concediera un principado hereditario como duque de Amalfi; un claro precedente para los posteriores sobrinos de los papas.[18] Entre los jóvenes prelados a los que Pío confió de forma manifiesta responsabilidades militares está el ferrarense Bartolomé Roverella, arzobispo de Rávena, que fue nombrado cardenal en diciembre de 1461. Pío le envió a la guerra, al sur, en 1460, con especial competencia sobre el enclave pontificio de Benevento, ciudad de gran importancia estratégica situada en una colina al noreste de Nápoles, entre dos ríos, el Calore y el Sabbato, e importante nudo de comunicaciones.

La correspondencia que ha llegado hasta nosotros confirma que Pío mantuvo un estrecho contacto con sus oficiales, tanto seglares como clérigos, y un ejemplo de ello es la orden que dio en junio de 1460 al *condottiere* Simonetto de apoyar a Roverella con caballería e infantería, así como en una serie de cartas en las que ordenaba a Roverella, en cuya prudencia, según declaró en repetidas ocasiones, confiaba, que hiciera todo lo posible por defender Benevento.[19] Más tarde, Roverella fue apartado de la campaña meridional y enviado para actuar contra Everso de Anguillara. Pío escribió en los *Comentarios* que se concentró con prontitud y «reunió enseguida un ejército».[20] Otro de los protegidos de Pío fue el protonotario Bartolomeo Vitelleschi, obispo de Corneto (el célebre sobrino del ex cardenal), a quien nombró el 23 de marzo de 1460 «gobernador e intendente de nuestro ejército y de la Iglesia Católica», utilizando unos términos que recuerdan los de la carta escrita por Eugenio IV en 1432 citada anteriormente. Probablemente pretendía reforzar y justificar unas prácticas que tenían poca base, caso de tener alguna, en el derecho canónico: «Se considera correcto y adecuado (*condignum*) que presida el ejército de la Iglesia un eclesiástico y prelado prudente y experto en las cuestiones que tenemos entre manos».[21] Bartolomeo Vitelleschi no fue el mejor nombramiento de Pío. El emplazamiento de Nidastore, donde aquél estableció el campamento del ejército pontificio a finales de junio de 1461, fue atacado de noche por Sigismondo Malatesta; éste se apoderó de armas y tiendas y entre los prisioneros se encontraba el propio obispo, aunque curiosamente su captor lo liberó. Mientras tanto, se encontró en el carruaje de Ludovico Malvezzi una carta que demostraba que Pío pretendía seguir con la ofensiva y ocupar Senigallia.[22] En su propia narración, Pío obvió buena parte de esta cuestión pero precisó que había nombrado, para el puesto de Vitelleschi, a Giacomo Feo, obispo de Ventimiglia. En cometidos militares se sirvió también de Francesco Piccolomini, que fue nombrado cardenal en marzo de 1460. A principios de ese año había sustituido como legado de la Marca de Ancona al cardenal Giovanni Castiglione, que tuvo que enfrentarse a la ciudad rebelde de Ascoli y, en palabras de Pío, «recorrer a caballo de punta a punta el país en armas», y defenderlo contra el temido ataque de Jacopo Piccinino; la tensión que implicó todo aquello, según reflexión del papa, podía haber acarreado la muerte de Castiglione. Posteriormente, Francesco sitió Sassoferrato con efectivos que había conseguido reunir en la zona y precipitó la rendición del tirano Luigi Atti.[23]

Otro joven cardenal de Pío con capacidad militar fue Francesco Gonzaga, segundo hijo del marqués de Mantua. Se le impuso el sombrero rojo en diciembre de 1461, cuando Francesco contaba sólo diecisiete años, en parte como expresión de gratitud de Pío II por la dieta celebrada en Mantua en 1459-1460, un congreso concebido a lo grande aunque con escaso apoyo en el que se pretendía lanzar esta cruzada. Las cartas de Francesco y de los miembros de su familia escritas durante el primer año de residencia en la corte pontificia dejan constancia de su gran interés por los acontecimientos de las guerras pontificias. Cuando se insinuó que debería de haberse pronunciado con más contundencia contra Sigismondo Malatesta, con quien se sospechaba que simpatizaba por ser pariente lejano, Francesco declaró que bien al contrario, y que como Sigismondo había usurpado parte de la dote a su abuela paterna (Paola Malatesta), lo que más le gustaría sería verle quemado de la misma forma que su efigie.[24] Se refería a la macabra ceremonia que se llevó a cabo en Roma a finales de abril de 1462, en la que se prendió fuego a unas rudimentarias efigies del señor de Rímini en los alrededores de San Pedro y en el Campo dei Fiori. Francesco observó la primera de las dos hogueras desde un lugar oculto en compañía del cardenal Francesco Piccolomini, lo que al pontífice le pareció muy bien. Francesco Gonzaga tenía el mismo carácter de su familia de Mantua: una mezcla de refinada inteligencia y brusquedad primitiva. Fue, en definitiva, el hijo de un soldado profesional, un joven vigoroso, amante de la caza. Por consiguiente, debía de contar con conocimientos sobre guerra más instintivos que los de la mayoría de los clérigos de alto rango que lo rodeaban, pese a que no infravaloró su entusiasmo por ella. Narraba la caída de Senigallia en agosto de 1462 y las expresiones de júbilo de la corte pontificia comentando que allí era corriente ensalzar una victoria con exagerada alegría e incluso experimentar desesperación ante una derrota secundaria, «al estilo de los sacerdotes, a decir verdad». En aquella ocasión, el propio Pío estaba eufórico y pretendía que el ejército avanzara en el acto hacia Rímini, pero luego recapacitó y dejó la decisión en manos de Federico di Montefeltro.[26]

No obstante, entre los cardenales de Pío, el más comprometido en la guerra fue su amigo Niccolò Forteguerri (1419-1473), un personaje que recordaba mucho a Gil de Albornoz: más resuelto, franco, culto, que, por ejemplo, los rudos Cossa o Vitelleschi. Pío, lejanamente emparentado con la familia Forteguerri de Pistoia, había intimado con Niccolò cuando éste estudiaba jurisprudencia en Siena, en la década de 1450, y al ser nombrado papa enseguida encontró un puesto para él en la administración militar. Le entregó el obispado de Teano en 1458 y el sombrero rojo el 5 de marzo de 1460, el mismo día que firmó el ascenso de Francesco Piccolomini. En julio de aquel año se envió a Forteguerri como delegado especial al ejército pontificio en la marca de Ancona, que había de entablar combate con las fuerzas angevinas que se encontraban en la zona al mando de Jacopo Piccinino. Tuvo como primer encargo actuar como enlace con los mandos seglares en el servicio papal, Federico di Montefeltro y Alejandro Sforza, pero al parecer pronto logró suficiente libertad de movimiento e iniciativa. En una carta fechada el 6 de agosto de 1460, el papa ordenó a su sobrino, Francesco Piccolomini, cardenal legado en la Marca, que obedeciera a Forteguerri, a pesar de que éste no poseía el título y la categoría de legado.[27] Pero Forteguerri no tardó en ser ascendido a legado en el ejército y el papa lo convirtió en su principal informador, mediador, pagador y ejecutor de su política.[28]

Pío escribía al cardenal Forteguerri en un tono claramente militar que no tenía nada de gazmoño. En una carta fechada el 22 de octubre, le advirtió sobre la fama de astuto y engañoso de Piccinino y ordenó una serie de acciones de sondeo contra bastiones de Savelli y Malatesta. El 5 de noviembre, eximió al cardenal de toda culpa por los actos de crueldad contra los habitantes de Sarno, alegando que podía haber sido peor: «Sabemos de lo que es capaz un ejército enfurecido [...] ni siquiera Alejandro, Aníbal o Julio César pudieron dominar siempre a sus tropas». El 25 de noviembre ordenó a Forteguerri iniciar la guerra contra Sigismondo Malatesta «en todos los frentes posible». El 12 de diciembre exigió la persecución de las fuerzas de Piccinino, por muy cansados y aterrorizados que estuvieran los caballos («el enemigo lo estará aún más»). Pío quiso que se causara el máximo daño, a sangre y fuego, a las tierras de Jacopo Savelli, antes de que el ejército pontificio pospusiera las operaciones y se retirara a sus cuarteles de invierno.[29]

El cardenal Forteguerri ejerció una función especialmente importante en las reanudadas campañas contra Jacopo Savelli, Sigismondo Malatesta y otros aliados proangevinos. Durante las operaciones militares de 1461-1463 pueden seguirse su actividad y movimientos a partir de una serie de fuentes, y también en los algo farragosos *Comentarios* de Pío, por ejemplo en la correspondencia que nos ha llegado de oficiales y observadores en la zona de guerra que escribían al duque de Milán, a Francesco Sforza o al marqués de Mantua, a Luis Gonzaga y a su esposa. El propio Forteguerri informó a Sforza sobre las campañas en curso. A principios de agosto de 1461 le contó que esperaba tomar Avezzano y otros castillos en un plazo breve y que Federico di Montefeltro y él mismo estaban poniendo a prueba a los habitantes de Aquila, pues se habían apoderado ya de un gran número de reses y de hombres de los alrededores (con la intención de exigir un rescate).[30] Un mes más tarde, escribió desde Albe diciendo que habían tomado esta poderosa fortaleza: «Ha quedado erradicada la perversa raza de los seguidores de Braccio».[31] Anunciaba que, en lugar de seguir a Alessandro Sforza con un destacamento del ejército hasta Apulia, él y Federico di Montefeltro iban a levantar el campamento y seguir hacia las tierras del duque de Sora. A finales de octubre informó de que habían acampado en Castellucio, junto al río Garigliano, a cierta distancia del fuego enemigo, y unas semanas después anunció que habían obligado a éste a batirse en retirada y habían tomado por asalto Castelluccio.[32]

Entretanto seguía la guerra contra Malatesta. A iniciativa de Forteguerri, en septiembre de 1462 se convenció incluso a la república de San Marino para que colaborara con las fuerzas pontificias[33] y un mes más tarde nombró a un asistente, Angelo Geraldini, obispo de Sesa, como asesor especial para organizar las tropas y las provisiones.[34] Más tarde, en noviembre, Forteguerri había pedido, como en otras ocasiones, que se comprometiera con más decisión en la guerra contra Malatesta, en la que participaba ya su hermano Alessandro.[35] La guerra llegó a su punto álgido en 1463, época en la que Forteguerri había sido nombrado cardenal legado en Romaña. Compartió con Federico di Montefeltro la responsabilidad del éxito de la campaña por tierra y mar, incluyendo el del decisivo sitio del puerto de Fano en septiembre, pese a que en la laudatoria biografía de Federico se intenta negarlo más tarde y se difama a Forteguerri.[36]

Posteriormente, en invierno de 1463-1464, Pío planificó la partida de Forteguerri, con el capitán militar seglar Napoleone Orsini y Lorenzo Roverella, obispo de Ferrara, para enfrentarse a Everso di Anguillara, su vasallo impertérritamente subversivo y destructivo del norte de Roma. Esta segunda campaña contra el clan de Anguillara, sin embargo, tuvo que posponerse porque Forteguerri señaló que era demasiado arriesgado llevarla a cabo en invierno.[37] En cualquier caso había que dar prioridad a la futura guerra contra los turcos (en la que de nuevo iba a detentar un puesto de mando). Así pues, la carrera de Forteguerri como cardenal, sobre todo en el periodo de Pío II, se centró exclusivamente en los servicios prestados en el terreno militar: éstos quedaron plasmados en una inscripción en latín sobre su tumba, obra de Mino da Fiesole, en la iglesia católica de Santa Cecilia, en el Trastevere. Platina resumió sus éxitos militares en su primera biografía de Pío II: «Fano atacó con éxito, Flaminia invadió [tal vez refiriéndose a los dominios de Malatesta en general, puesto que flanqueaban la vía Flaminia] la Sabina [probablemente las tierras de Savelli en los Abruzzos] y venció a los enemigos eversanos de la Iglesia».

Aparte del interés literario e histórico que sentía Pío II por la guerra, su compromiso político en cuanto a la necesidad de ésta y su criterio en la selección de mandos, tanto eclesiásticos como seglares profesionales, un rasgo característico del papa Piccolomini, siempre se sintió fascinado por los avances tecnológicos en armamento. En sus *Comentarios* dejó constancia de que había encargado especialmente tres bombardas, piezas de artillería pesada rudimentaria creadas por Agostino da Piacenza. Se bautizaron con su propio nombre y los de sus padres: Aeneas, Silvius y Vittoria. El estruendo atronador de la denominada Vittoria fue incluso el tema central de unos versos redactados por uno de los secretarios de Pío.[39] Evidentemente existió una fundición de armamento en el recinto del Vaticano y en los libros de cuentas de la época de Pío se registraron una serie de pagos a expertos que producían munición, entre los cuales cabe citar (mayo de 1461) no sólo al hijo de Niccolò di Piacenza, llamado Agostino y descrito como «ingeniero del palacio santo, y maestro en el arte de las bombardas», sino también a los escultores Paolo Romano e Isaia da Pisa, quienes proporcionaron balas de piedra para cañones.[40] Según el papa, los bombardas Aeneas y Silvius eran capaces de arrojar piedras de unos cien kilos, mientras que la Vittoria podía arrojar piedras de ciento cincuenta kilos e incluso hacer trizas un muro de más de seis metros de grosor. Se saben las fechas de su producción gracias a las cartas del embajador de Mantua en Roma, Bartolomeo Bonatti. Él mismo escribió el 20 de abril de 1461 que Pío estaba impaciente por probar la nueva bombarda[41] y, a pesar de que una semana más tarde anunciaba que «la segunda bombarda proyectada por el maestro Agostino había fracasado»,[42] al parecer el 1 de mayo se llevó a cabo en Roma una prueba satisfactoria «en la vigésima hora», es decir, cuatro horas antes de la puesta del sol, con la bombarda llamada Silvio (Bonatti cita también el hecho de que se bautizaron con los nombres de Silvio y Vittoria en honor de los padres del papa).

Bonatti deja constancia además de que el propio Pío se había trasladado a Castel Sant'Angelo para presenciar la prueba de fuego, acontecimiento que fue presenciado también por un grupo de cardenales y al que asistió prácticamente toda la ciudad.[43] No precisa cómo respondió Silvio a la prueba, aunque poseía información de que era capaz de lanzar un proyectil de ciento cinco kilos a una distancia de cuatro kilómetros y medio. «Creo que los Savelli van a ser los primeros en catar estas bombardas», escribió el 20 de mayo. En efecto, ambos artefactos habían sido enviados «en nombre de

Dios» a la zona de guerra el día anterior.[44] Y añadió: «Dado que el cardenal [Forteguerri] se encuentra en el campamento, intuyo que algo empezará pronto».

Es probable que las bombardas llegaran con tanta rapidez gracias a la eficacia del cardenal Forteguerri en la organización del transporte. Uno de ellos, según noticias que le llegaron a Bonatti, se había mandado a los dos mandos pontificios: Federico di Montefeltro, conde de Urbino, quien procedía al ataque de Forazo, y Alessandro Sforza, en Crotona,[45] quien tres días después empezó el bombardeo de Palombara.[46] Se informó de que el nuevo armamento había causado importantes daños, pero también de que en el desplazamiento se habían perdido partes esenciales (quedaron prácticamente inutilizables), murieron algunos artilleros en combate y gran cantidad de bolas de cañón, amontonadas a la orilla del río, fueron robadas de noche por patrullas del enemigo, y arrojadas al agua.[47] Sea como fuere, el 3 de junio llegó a Roma la noticia de que Savelli había mandado un mensaje al cardenal Forteguerri planteando condiciones de paz.[48] A pesar de todos los esfuerzos, las fuerzas de Alessandro Sforza saquearon y quemaron unos días después el castillo de Crotona.[49] En sus *Comentarios,* Pío insistió en que la bombarda había sido crucial en el ataque de Palombara.[50] «Por primera vez –escribió– vieron en territorio católico lo que puede hacerse con las bombardas». En Palombara entró también en acción otro artefacto de manufactura reciente, una especie de enorme catapulta.[51] Pío describió con satisfacción que Savelli «siguió al cardenal de Teano [Forteguerri] a través de Roma como un capitán apresado en campaña», refiriéndose a su sumisión en Roma un mes más tarde.[52] Es probable que las campañas de Pío aceleraran la tendencia general en la guerra contemporánea al uso de una mayor potencia de fuego.

La suerte sonrió básicamente a Pío en la guerra en otoño de 1462, a pesar de que no siempre fuera impecable la tecnología de las nuevas bombardas. Pío escribía: «El legado [Forteguerri] decidió llegar hasta Romaña, acampar en el territorio de Rímini y sitiar Montefiori». Hace constar, sin ambages, que «se hicieron subir los ingenios y se abatió una torre con la piedras lanzadas por las bombardas». También «se socavó parte de la montaña». Pero luego se decidió recurrir a un método más expeditivo y «la ciudadela se rindió al legado por una traición».[53] Se informó, no obstante, a Francesco Sforza de que las cosas no habían ido tan bien en Montefiore. En el primer día del ataque, la parte trasera de una de las mejores bombardas estalló en más de diez pedazos. Evidentemente, no se trataba de

Mino da Fiesole, detalle de la tumba del cardenal Niccolò Forteguerri (iglesia de Santa Cecilia, Roma).

uno de los ingenios del papa, pues pertenecía a Federico di Montefeltro, quien mandó a buscar inmediatamente material a Urbino para repararla, pero mientras tanto los defensores ganaron tiempo para reconstruir la obra que se había abatido. Hubo que pedir a Sforza, en préstamo, dos bombardas que se encontraban en Pesaro. Una semana más tarde, el ataque no avanzaba, a pesar de que las bombardas de Pesaro estaban en camino. Resultó también defectuosa otra bombarda, denominada Ferlina, y la toma de Montefiore se consideró algo difícil por su gran fortaleza.[54]

Los episodios que demostraban el poder temporal de la Iglesia atraían sobremanera a Pío. Valoraba en especial lo que se contaba de Niccolò Piccinino, que, derrotado por el ejército florentino en Anghiari (1440), al parecer declaró que había abandonado, aterrorizado, toda esperanza de victoria (*terrorem omnemque victorie spem adminisse*) al ver los estandartes de la Iglesia con las llaves de san Pedro como blasón.[55] En Aquila, donde Federico di Montefeltro y el cardenal Forteguerri asolaron la llanura y expulsaron a la guarnición de Jacopo Piccinino, los ciudadanos comprendieron lo que la Iglesia era capaz de hacer (*sensere quid posset Ecclesia*):

«Anteriormente la habían despreciado, pero entonces vieron con sus propios ojos a las fuerzas pontificias asolar los campos y saquear las zonas rurales».[56] En contadas ocasiones, Pío expresa algún deseo de clemencia o compasión por las víctimas civiles: su aprobación del saqueo y la devastación llevados a cabo en 1463 por las fuerzas de Napoleone Orsini en el territorio del duque de Sora, «largo tiempo hostil a Pío», constituyó otro ejemplo de tal actitud.[57] Él mismo narra una anécdota muy parecida sobre el ataque de Castelluccio en octubre de 1461 en la guerra napolitana. Antonio Petrucci, contratado para la defensa del castillo por el duque de Sora, gritó: «¿Veis el ejército de la Iglesia? [...] Dejémosle entrar. Vamos a luchar contra mujeres [...] ¿Qué es lo que teméis? ¿Acaso creéis que las llaves de la Iglesia son más sólidas que nuestras espadas?». Mientras pronunciaba a gritos aquellas palabras, una piedra lanzada desde una máquina de guerra de bronce destrozó parte de la muralla que tenía cerca y acalló su voz. Finalmente, entró en la ciudad, como un vendaval, Federico di Montefeltro y la saqueó.[58]

La capacidad bélica personal de Pío se expresa con más crudeza en la campaña de castigo de 1463 contra Sigismondo Malatesta, señor de Rímini desde 1432. Sigismondo se granjeó el respeto como mando militar, pero su deserción de Alfonso de Nápoles y su animadversión por los Montefeltro lo convirtió en un enemigo político del pontificado, y que se hiciera público que tenía una amante, así como otras presuntas profanaciones en su célebre templo de Rímini, en construcción entre 1447 y 1461, aunque nunca se terminara, ayudó también a enturbiar su fama. Se dictó sentencia contra él en diciembre de 1460 y en ésta se incluía la confiscación de sus tierras y títulos y su condena al infierno. Como hemos citado anteriormente, en abril de 1462 se quemaron públicamente en Roma efigies de Sigismondo. Y tal vez lo que enojara más a Pío fuera la indiferencia de Sigismondo a tan terribles amenazas, su negativa a mostrar temor ante el poder de la Iglesia cuando las dos espadas se desenfundaban contra él. Sigismondo escribió a Francesco Sforza en marzo de 1462 declarando que era capaz de luchar hasta la muerte contra el papa, quien incluso había compuesto unos versos para deshonrarle. Alegó que el solio pontificio se había mancillado mucho más a causa de esta vejación que en cualquier otra ocasión anterior.[59]

La antes mencionada victoria de Sigismondo Malatesta en Nidastore el 2 de julio de 1461 provocó una incertidumbre temporal en Pío, quien se preguntó si Dios aprobaría sus campañas y si podía haber despertado en él una cierta sospecha de que sería preferible delegar las operaciones militares en seglares profesionales. El clero, por efectivo que resultara en su función de animador o estratega, podía fallar si se le dejaba solo al cargo de todo. Eso mismo le había ocurrido al desventurado grupo del cardenal Francesco Piccolomini, quien, convencido de que les superaban en número, había ido de acá para allá animando a las tropas con la promesa de que los refuerzos estaban al llegar, mientras Jacopo Ammannanti, obispo de Pavía, que poco después se convertiría en cardenal, se dedicaba a tomar dinero prestado para pagar los salarios. Fue Jacopo, íntimo amigo y admirador del papa, quien le informó en estos términos:

> El ejército tenía fuerza suficiente para repeler los ataques enemigos pero no contaba con un general capaz de dirigirlo. La caballería despreciaba a los obispos con sotana [*armatos equites presbyteros togatos contemnere*]. Puede consultarse a los sacerdotes si se deben declarar guerras o proponer la paz, pero cuando se entra en acción y las espadas se encuentran ya en las manos de los hombres, la autoridad de aquéllos se ha terminado.[60]

Por sus *Comentarios,* es evidente que Pío no estaba del todo convencido de ello. Sin duda confiaba en su propia intuición militar a pesar de su alto escalafón en la curia, y siguió y comentó las operaciones con todo lujo de detalles. En el año que siguió, las campañas pontificias contra Sigismondo Malatesta tuvieron más éxito. En junio de 1463 cayó Senigallia, a causa de la retirada en el último momento de Sigismondo. A finales de septiembre, Federico di Montefeltro sitió la fortaleza de Mondavio durante doce días; las bombardas funcionaron con gran eficacia y se derribó la torre principal. El agente de Francesco Sforza en la plaza escribió al duque que era muy improbable que el alcaide del castillo de Mondavio hubiera podido resistir más que unos días al bombardeo porque en el interior de la edificación había muy pocos defensores y en definitiva el castillo era pequeño y de escasa altura.[61] En vista de ello, sorprende un poco que Pío se felicitara de que Francesco Sforza se equivocara al decir que Mondavio sería un lugar excesivamente difícil para ellos. Pío declaró: «Dio más importancia a la opinión de Francesco que a la suya propia en la guerra, por no existir certeza de lo que ocurrirá en los futuros acontecimientos bélicos, y por otro lado resultaba más económico y menos peligroso inclinarlos hacia el territorio de Sigismondo». Añade que se envió al cardenal Fonteguerri con una gran suma de dinero como recompensa para las tropas.[62] Ello podría sugerir que tal vez una de las ventajas de la utilización de oficiales seglares en operaciones militares radicaba en la mayor seguridad que les otorgaba su condición a la hora de transportar importantes cantidades de efectivo; además, dichos oficiales habitualmente eran los portavoces del papa en la negociación de las condiciones de la rendición.

Mientras tanto, Forteguerri empezaba a planificar un ataque por mar y por tierra contra Sigismondo Malatesta. Pretendía requisar una serie de embarcaciones (*fustarelle*) en Pesaro, ya que el obispo de Ventimiglia había informado de que las galeras disponibles en Ancona estaban en mal estado y se tardaría un mes en repararlas.[63] En la campaña terrestre, él y Federico di Montefeltro saquearon el puerto de Cesenatico y poco después, mediante una trampa, tomaron Verucchio, municipio que consideraban plaza fuerte y perfectamente equipada;[64] posteriormente, en nombre de la Iglesia bombardearon y saquearon despiadadamente Archangelo y otros lugares. El papa quería atacar la propia Rímini, la capital de Sigismondo, pero Federico di Montefeltro lo disuadió, alegando que las fuerzas pontificias eran insuficientes. A pesar de la decepción, Pío prosiguió la crónica de la campaña en su victorioso tono habitual, afirmando que «lugares que parecían inexpugnables [...] fueron tomados por nosotros en un corto periodo de tiempo [...] ¡La venganza de Dios es todopoderosa!».[65] Mientras tanto seguía la guerra de apoyo al rey Ferrante en los Abruzzos al mando de Napoleone Orsini y con Lorenzo Roverella, obispo de Ferrara, como legado papal en el campo de batalla; Pío hace constar con satisfacción el éxito de la toma de fortalezas como las de Casale, Sora, Arpino y Mondragone, así como de los saqueos permitidos.[66] Sin embargo, el acontecimiento más espectacular del verano de 1463, el final de la campaña contra Malatesta, fue el bloqueo y el sitio del puerto de Fano por parte del cardenal Forteguerri. Desde allí escribió, a mediados de junio de 1463, que el panorama de Sigismondo era muy negro. Se cortaron los suministros en el puerto y una galera y dos embarcaciones más ligeras de propiedad pontificia patrullaban por la zona; por tierra, colocaban las bombardas en posición. «Tenemos la esperanza de tomar Fano en unos días», añadía, optimista.[67] Pío dejó también constancia del éxito del contraataque cuando una serie de barcos venecianos cargados con cereales intentaron romper el bloqueo, si bien olvida mencionar que los venecianos –maldecidos por Forteguerri como «*maladetti veneziani*»– hasta entonces no habían tenido problemas en llevar provisiones hasta Fano.[68] «La flota pontificia –escribió– atacó con bombardas, jabalinas y todo tipo de ingenios. Dio la casualidad de que se encontraba allí un brioso sacerdote, más inclinado a la guerra con armamento que a la guerra santa, que lanzó de pronto una tea incendiaria a las velas de la mayor embarcación. Los hombres de la Iglesia subieron a bordo del barco con escalas de mano y vencieron en una lucha relámpago.»[69] Según un corresponsal del duque de Milán, Forteguerri hizo caso omiso de una llamada de Sigismondo a no utilizar de noche contra Fano una superbombarda, un ingenio que al parecer era capaz de lanzar piedras de doscientos cincuenta kilos o más, que, al caer, penetraban a gran profundidad en el suelo.[70] Se trataba de una máquina de guerra más temible que la que Pío II bautizó como Vittoria. Se atacó Fano durante dos días sin parar y finalmente se rindió el 25 de septiembre, tal como informaba el cardenal en una eufórica carta en la que precisaba que no había aceptado una primera oferta de rendición bajo determinadas condiciones.[71] Éste fue tal vez el cenit, si no el fin, de su servicio en la guerra pontificia.

El bajón: La cruzada de Pío

En el último año de su vida, finalmente Pío fue capaz de prestar atención al gran *bellum necessarium* contra los infieles, a lo que se había dedicado desde el primer momento y en ningún instante había perdido de vista. Quizás sea éste el medio adecuado para mencionar el curioso hecho de que incluso estableció por un breve periodo una fortaleza o colonia pontificia en la costa meridional de Grecia, que tomó Monemvasia bajo control directo como respuesta a una llamada de sus habitantes tras la huida en 1460 de su gobernante, y nombró a un gobernador militar a principios de 1461.[72] Hasta las donaciones que hizo de la espada ceremonial a los dirigentes seglares respondían a una llamada explícita a la batalla –en especial contra los turcos– y no a un símbolo de lucha contra el mal. Así, la espada consagrada en la Navidad de 1460 se entregó a Felipe, duque de Borgoña, con la expectativa de conseguir su apoyo a la cruzada que se aprobó en Mantua. Un año después, la espada que se envió a Luis XI llevaba incluso una inscripción en la que se le exhortaba a utilizarla contra los turcos para vengar el derramamiento de sangre griega. Posteriormente se entregaron espadas al *dux* de Venecia, Cristoforo Moro, y a Matías Corvinus, rey de

Hungría, quien –según informa el mismo Pío– prometió blandir el presente papal tan sólo contra los turcos.[73]

Probablemente sólo una minoría entre los cardenales compartió el entusiasmo de Pío por la guerra contra los turcos, ya fuera durante la Dieta de Mantua, en 1459-1460, o cuando por fin se reunió la flota en Ancona en 1464. En principio, las objeciones no se centraban mucho en el aspecto práctico. El cardenal francés Gillaume d'Estouteville, ya en la época de la Dieta de Mantua, la ridiculizó tildándola de «la empresa más loca que se haya visto u oído jamás».[74] Los cardenales, o los dieciséis más sanos de entre ellos que salieron a luchar, probablemente se comprometieron por vergüenza o bien por razón de obediencia, pero la falta de entusiasmo de la mayoría explica su rapidez en abandonar a la muerte de Pío. Sin duda el más dispuesto a emprender la acción fue el cardenal Isidoro, patriarca titular de Constantinopla. Un registro de aduanas de Mantua de 1459 pone de manifiesto que, mientras casi todos los demás cardenales importaban grandes cantidades de vino de Verona y Brescia para su consumo durante la estancia pontificia en Mantua, el cardenal Isidoro importaba armas y armaduras, dado que Brescia era el principal centro de producción de armas de Italia. Entre octubre y diciembre de 1459, había adquirido bombardas, catapultas militares, hachas de guerra y otros artículos,[75] y se desplazó a Ancona para equipar una reducida flotilla de su propiedad. El 31 de mayo de 1460 escribió desde allí al marqués de Mantua informándole de que retrasaba su partida el peligro de los piratas genoveses y catalanes en el mar Jónico. Intervino posteriormente su enfermedad, probablemente un ataque de apoplejía, a la que siguió una larga incapacidad y que acabó con su muerte[76] en Roma en abril de 1463, de modo que sus esperanzas quedaron frustradas. No era algo tan fuera de lo común que un cardenal reuniera un arsenal: el sobrino de Martín V, el cardenal Prospero Colonna, por ejemplo, importó en 1461 ocho cañones, veinticinco armas de fuego pequeñas y cuatro mil puntas de flecha, amén de escudos y cascos.[77] Tal vez su idea era utilizar este material en la cruzada, aunque es más probable que se destinara a la defensa rutinaria de su palacio en Roma o de la fortaleza familiar en los alrededores. De cualquier forma, Prospero, al igual que Isidoro, murió en 1463 y, por consiguiente, no existe posibilidad alguna de que estas armas se cargaran en 1464 para la campaña turca.

Forteguerri, nombrado legado pontificio el 3 de mayo, estuvo al mando de su flota de galeras bélicas, lo que significaba que iban a reunirse en Porto Pisano y desde allí, o desde Ostia, navegarían costeando hasta Ancona para la partida oficial y el encuentro con la flota veneciana. A principios de julio aún no estaban a punto y parte de la tripulación de la misma galera de Forteguerri había muerto a causa de la peste. El propio cardenal se apresuró a desplazarse por tierra a ver el papa para tranquilizarlo y garantizarle que todo saldría bien.

El cardenal Francesco Gonzaga encargó de forma excepcional su propia galera de guerra en Venecia y se desplazó desde Mantua siguiendo el Po para embarcar en ella en julio de 1464. Había demostrado ser uno de los más entusiastas partidarios de los planes pontificios, y cuando el otoño anterior dejó Roma, Pío lo animó a «partir y convertirse en un san Jorge».[79] De regreso a Mantua, en invierno de 1463-1464, le tomaron incluso medidas para una armadura, y el célebre mural de Andrea Mantenga del Castello San Giorgio podría tener algo que ver con el ardiente deseo de Francesco de servir a Pío II en la Guerra Santa.[80] En las semanas que siguieron a su regreso, sólo se le permitió ver a su padre en el campo, pues se aplicaba la normativa de la cuarentena a causa de la peste. Cuando se encontraron en diciembre, su padre le obsequió con unos caballos de batalla, y en el fresco se ve un caballo con el emblema de la familia de Pío II en los arreos. Todo aquello debía de permanecer fresco en su memoria cuando Mantegna empezó a trabajar en el mural en 1465, mucho más fresco que el regreso de Francesco a Mantua desde Pavía en enero de 1462 al enterarse de que le habían nombrado cardenal, acontecimiento con el que se relaciona más dicha escena. A pesar de los esfuerzos hechos por el cardenal Francesco para prepararse para la guerra, una carta de finales de julio de 1464 nos aclara que por descuido había dejado su casco en Mantua y que el encargado de sus caballerías paralizó el plan de mandar los caballos por tierra para encontrarse con él en Ancona.[81]

Si bien tan sólo una minoría de entre los cardenales (básicamente los más jóvenes y vigorosos) se comprometió activamente o con entusiasmo en los planes de guerra de Pío II, no parece que ninguno de ellos pretendiera distanciarse de la política del empleo de la fuerza contra los enemigos declarados de la Iglesia en Italia o en el extranjero. El hecho es que había guerras y los rumores sobre éstas se aceptaba de forma más o menos inevitable. Nadie podía respaldar en serio un proceso de paz a largo plazo que significara conciliación o contemporización. Se consideraba como una traición a Jesucristo. La supuesta carta mandada por Pío II a Mehmed el Conquistador, en la que le sugería que si el sultán se convertía al cristianismo se le aceptaría como emperador en Occidente,[82] tenía tan poca relación con el mundo real como las especulaciones del cardenal Nicolaus Cusanus sobre la compatibilidad intelectual del Islam con el cristianismo, de las cuales Pío sacó algunas ideas. Ni siquiera los cardenales contemplativos y doctos parecían mostrarse inhibidos sobre el apoyo a la guerra en defensa de la cristiandad.

La secuela: Pablo II y la guerra (1464-1471)

Hay que añadir una acotación sobre el inmediato sucesor de Pío II, el cardenal veneciano Pietro Barbo, elegido como Pablo II (papa, 1464-1471). Como escribió el embajador de Ferrara, Jacopo Trotto, el nuevo papa no era belicoso por naturaleza (*non è di natura bellicosa*).[83] El carácter ceremonioso, reservado y cauto de Pablo no debío de interferir en el contexto histórico porque se dio una cierta continuidad a la política de Pío y los cardenales que gozaban de experiencia en el campo de batalla siguieron ejerciendo una importante influencia en la corte pontificia, a pesar de que el cardenal Ludovico Trevisan –paladín militar y naval, que no amigo de Pietro Barbo– muriera durante el primer año del nuevo pontificado. Últimamente se ha mantenido que Pablo era un personaje tan decidido como sus predecesores, o incluso más, a recuperar el control de los territorios y ciudades de la Iglesia, y que valoraba en especial su «plan de la Romaña», pues comprendía la importancia crucial de aquella región y su vulnerabilidad, no sólo frente a la penetración de los intereses milaneses y florentinos, sino también ante las ambiciones de Venecia, su propia tierra natal.[84]

En verano de 1465, Pablo lanzó una campaña punitiva contra el clan de Anguillara, plan que Pío había tenido que posponer. Se reclamó de nuevo la presencia del cardenal Forteguerri, viejo amigo de Pío, y en junio fue nombrado legado para acompañar al ejército. Desde su base, establecida en Viterbo, reclutó tropas e hizo pública una proclama en la que se prometía a los primeros ocupantes de la propiedad del enemigo documentos legales de posesión; rechazó con rabia una carta conciliadora de Everso y exigió su total e inmediata sumisión; de lo contrario, dijo, emprendería un ataque con sus soldados con el apoyo de las temibles bombardas y otras maquinarias bélicas.[85] Forteguerri se unió a los *condottieri* Napoleone Orsini y Federico di Montefeltro en una campaña relámpago que duró tan sólo doce días.[86] El poeta humanista Lodrisio Crivelli escribió un largo poema dedicado a Pablo titulado «El reino de la Iglesia» (*Regnum Ecclesiae*) en el que aclamaba la victoria sobre los Anguillara y saludaba el pontificado de Pablo como un reino de paz.[87] El protegido de Pío en el campo literario, el cardenal Ammannati, se explayó sobre la satisfacción que sintió el papa al triunfar donde sus predecesores habían fracasado; en una serie de cartas reconoció que Pablo había demostrado habilidad en la política militar al recurrir al engaño en los movimientos de las tropas ordenados por él,[88] y redactó dos versiones distintas de su relato triunfal sobre la campaña como forma de elogiar a Pablo II por ocuparse de la lucha contra los Anguillara, que Pío II había dejado pendiente.[89] En sus escritos, Ammannati no sólo pone de manifiesto, al igual que Pío, su fascinación por los detalles de las campañas militares, sino la consabida ambigüedad. En una larga carta escrita en 1465 al cardenal Francesco Gonzaga, dejaba a un lado sus deberes y obligaciones como cardenal y afirmaba que: «nada es tan digno como ocuparse de la guerra», pero tras la muerte de Forteguerri en 1474, escribió un largo reconocimiento en el que subrayaba la destreza de éste como alto mando militar en una serie de guerras de la Iglesia.[90]

Pablo, no obstante, iba a asumir otras operaciones militares. Seguían existiendo problemas –heredados de la época de Pío– en las zonas fronterizas de Nápoles y Romaña. El rey Ferrante amenazaba con recuperar Sora por la fuerza, disputa que solucionó por fin el cardenal Roverella, pero el desafío llevó a Pablo a reunir, en otoño de 1468, un importante contingente de infantería para defender la región.[91] Luego tuvo que retirarse para atender el conflicto armado creado a raíz del territorio de Malatesta. Consiguió recuperar Cesena mediante la negociación legal tras la muerte de Malatesta Novello en diciembre de 1465,[92] aunque estalló la guerra por la posesión de Rímini tras la muerte de Sigismondo Malatesta. En 1469, Roberto, hijo de Sigismondo, intentó volver a los puntos de sumisión establecidos en 1463 y mantener el control de la ciudad.[93] En junio de 1469, esta ciudad fue sitiada por un ejército pontificio, una importante operación que Pío ni siquiera había intentado poner en marcha, aunque a buen seguro hubiera aprobado el nuevo equipo militar de la Iglesia con armas ligeras y pesadas y una compañía de setenta y siete arcabuceros dirigidos por un comandante alemán.[94] A pesar de que en este caso Venecia había prometido colaboración (en la vecina Romaña, la república se oponía al gran «plan» de Pablo), los refuerzos no aparecieron y finalmente hubo que abandonar la campaña.

Por cierto que el tratado sobre la milicia, muy en la onda de Pío II, redactado por Vicentine Chieregino Chiericati, *revisore generale*, o inspector general, sobre el ejército pontificio, demostró la decadencia de las armas desde la Antigüedad. Chiericati dedicó dicho tratado al cardenal Latino Orsini, sucesor de Trevisan como chambelán apostólico por proceder de una familia de arraigada tradición militar y porque, según él mismo declaró, había comprobado en el curso de largas conversaciones la excelente y sabia comprensión del cardenal en el oficio de las armas.[95]

Es posible que Pablo, como Nicolás V, pretendiera realmente la paz, pero las obligaciones lo llevaron inevitablemente a la guerra. Entre su campaña contra los Anguillara y la reanudación de la guerra contra los Malatesta, transcurrió un periodo, en 1467-1468, en el que hizo un esfuerzo sostenido por evitar que los exiliados florentinos, apoyados por Venecia y por las fuerzas al mando de Bartolomeo Colleoni, explotaran la situación tras la muerte de Piero de Medici, hijo y sucesor de Cosimo de Medici, gestor informal de la república florentina y banquero papal. Estos enemigos del sistema de gestión política de los Medici pretendían conseguir un cambio de régimen en Florencia y poner así en peligro la estabilidad de Italia. Los planes de pacificación general de Pablo –la llamada Pax Paulina, proclamada oficialmente el día de la Ascensión, el 26 de mayo de 1468– eran al parecer lo que tenía en mente Bartolomeo Platina al escribir, en la cárcel, una loa humanista a la paz con la esperanza de obtener el favor y el perdón de Pablo y conseguir la libertad. Puede que sea más interesante el escrito que iba a acompañar a éste –estaban pensados para leerse conjuntamente como si se tratara de dos puntos de vista en un debate–, redactado por su carcelero Rodrigo Sánchez de Arévalo. Éste, antiguo protegido de Calixto III, otro avezado defensor de la contundente autoridad papal y de las iniciativas militares, había acompañado a Pío II a Ancona antes de convertirse en castellano de Sant'Angelo en 1464.[96] Refutó a Platina en un tratado escolástico alegando la necesidad o inevitabilidad de la guerra, un texto con claras reminiscencias de Giovanni di Legnano en sus análisis sobre la naturaleza del conflicto humano y los distintos niveles de la guerra, y en el cuarto capítulo subrayaba que la Iglesia santificaba la guerra, si bien citaba básicamente precedentes del Antiguo Testamento.[97]

Por fin, a pesar de que la muerte de Pío puso punto final al extraordinario plan de guerra contra los turcos dirigido por el papa y los cardenales en persona, los acontecimientos pronto situaron en un lugar de máxima prioridad la política de la cruzada.[98] Durante el último año del pontificado de Pablo, tras la caída de la isla veneciana de Negroponte en julio de 1470, la guerra contra los turcos dominó de nuevo la política pontificia. Pablo se tomó muy a pecho la pérdida de Negroponte y pese a que no expresó ningún deseo de imitar a Pío y de mandar un destacamento de venganza cristiana a la batalla, incluso se planteó la posibilidad de tener que huir de Italia y establecer de nuevo el papado en Aviñón.[99]

4

¿Tarea de Dios o del diablo? Las guerras pontificias entre 1471 y 1503

Introducción: La madurez del Renacimiento del papado

No será ninguna sorpresa, tras leer el precedente capítulo sobre las hazañas y los escritos de Pío II relativos a la guerra, descubrir que otro humanista de la curia pontificia, Sigismondo de Conti (1432-1512), iniciaba con la palabra «*Bellum*» su *Historia de su tiempo*, una obra de envergadura que empieza catorce años después de la muerte de Pío. Para Sigismondo, como para Pío, la guerra es el nervio de la historia; incluso la guerra pontificia e incluso cuando (como escribía él) es el diablo quien la siembra.[1] Sigismondo se convirtió en escritor apostólico en 1476 y en secretario papal en 1481, pero a pesar de ello mantuvo una relación especial con Giuliano della Rovere, sobrino de Sixto IV, nombrado cardenal en diciembre de 1471 cuando contaba veintisiete años. Sigismondo lo acompañó en su legación a la Flandes borgoñesa en 1481, y pasó a ser su secretario particular en 1504, un año después de que Giuliano se convirtiera en Julio II, la figura más descollante por su beligerancia pontificia. En la obra de Melozzo da Forlí sobre el nombramiento de Platina como bibliotecario del Vaticano en 1475 (Pinacoteca Vaticana), Giuliano es el personaje imponente y decidido, de pelo oscuro, que vemos de pie junto a la butaca en la que está sentado su anciano tío, Sixto IV. En retratos posteriores, ya sean grabados en medallas o pinturas, se ve esa misma mandíbula firme y las pobladas cejas. En crónicas y cartas se habla de su agresividad personal, su gran impaciencia y, en la última época, su desfachatez a la hora de emitir juramentos y utilizar un lenguaje ordinario.

Sigismondo de Conti empezó su obra como un relato de la guerra pontificia de 1478-1480 contra la Florencia de Lorenzo de Medici, el Magnífico. Entraremos más a fondo en esta guerra más adelante, pero de momento hay que precisar algo sobre Lorenzo. Desde los diecinueve años dominó la república de Florencia, como hicieran su padre y su abuelo, sin título que lo avalara, pero con una inteligente gestión política. Dominó asimismo la diplomacia italiana durante más de veinte años (1469-1492). Algunos afirmarían que hizo todo lo posible para garantizar que en este periodo los distintos estados independientes y al tiempo interdependientes de Italia prosperaran en libertad sin interferencias extranjeras. Hay quien además afirma que fue también un modelo, la carismática figura que mejor representa los valores culturales del Renacimiento italiano. No obstante, Sigismondo de Conti, originario de Foligno, en Umbria, no tenía como preocupación básica las cuestiones florentinas ni la cultura florentina, y en cualquier caso le pareció justificada la guerra contra el régimen de Lorenzo. Gran parte de su narrativa se basa en la sucesión de guerras promocionadas por el pontificado, que siguieron casi hasta la fecha de su muerte. A pesar de su énfasis en la guerra, Sigismondo aseguraba al lector que de los tres papas que precedieron a Julio II, a los que él conoció directamente, hubo dos de carácter no beligerante,[2] algo paradójico teniendo en cuenta sus políticas. Sixto IV (papa, 1471-1484), anteriormente Francesco della Rovere, distinguido teólogo y superior de la orden franciscana, «no dominaba ni de lejos nada relacionado con las armas [...] era de lo más afable». Inocencio VIII (papa, 1484-1492), anteriormente Giambattista Cibo, genovés, fue un hombre «de carácter agradable, una buena persona». Alejandro VI (papa, 1492-1503), el catalán Rodrigo Borgia, de entrada no podría describirse utilizando frases tan anodinas, por ello Sigismondo se limita a caracterizar al hombre que, como vicecanciller de la Iglesia desde 1457 había dirigido su propia sección, como una persona muy variable (*virum versatissimum*).[3] Se diría que emite un juicio muy suave sobre ese hombre voluptuoso, de mejillas regordetas y mucha labia. El sagaz cronista de Mantua, Schivenoglia, observó a Rodrigo en la Dieta de Mantua en 1459, cuando contaba sólo veinticinco años, y lo describió diciendo que «por el aspecto, era capaz de cualquier maldad» (*uno aspetto de fare ogni malo*).[4] A pesar de las supuestas cualidades pacifistas de los tres papas, las dimensiones militares del pontificado, establecidas desde hacía mucho tiempo y fomentadas a mediados del siglo xv, quedaron más manifiestas en este periodo que duró más de treinta años, con la ayuda de los servicios de sus cardenales y otros prelados en puestos de responsabilidad. Sobre este fondo, o entre este fondo, se movió el futuro Julio II.

En la historia del pontificado, se ha impuesto una cierta unidad al periodo que estudiamos en este capítulo (1471-1503), aproximadamente la primera época de la madurez del Renacimiento, y se ha subrayado normalmente la politización del pontificado italiano, la intensificación del estilo principesco, la corrupción económica, el favoritismo familiar y el lujo. Sus propios contemporáneos fomentaron la idea de un Renacimiento papal degenerado: entre ellos, el principal de la orden de los agustinos, Egidio de Viterbo (1469-1532), quien fue nombrado cardenal en 1517. Fechó la decadencia en la época de Sixto IV, aunque profetizó una importante regeneración inminente.[5] Algunos de sus contemporáneos creyeron que la actitud bélica no era el peor de los defectos del pontificado y que, en un mundo imperfecto, había que rechazar las inclinaciones pacíficas a fin de preservar los derechos y la dignidad de la Santa Sede en Italia y proteger Italia y a la cristiandad contra la continua amenaza de la expansión otomana.

Si bien en general se impuso el primero de estos tres compromisos, la defensa de la cristiandad contra las ambiciones de Mehmed el Conquistador y de su hijo Bajazet no fue desatendida por los tres papas de finales del siglo xv. Sixto IV heredó el compromiso de Pablo II de vengar la caída de Negroponte y tuvo a su disposición la enorme suma de fondos legada por su predecesor. En mayo de 1472 bendijo una flota de galeras que descendió por el Tíber al mando del cardenal Oliviero Caraza (1430-1511, cardenal desde 1467).[6] Junto con una fuerza naval veneciana, la flota del cardenal atacó Satalia (Adalia) y Esmirna en agosto y septiembre y volvió en enero con veinticinco cautivos turcos, doce camellos y algunos eslabones de las cadenas del puerto de Natalia.[7] Estos eslabones, que al parecer se exhibieron en el umbral de la entrada principal de San Pedro,[8] aún existen, y adornan la tumba del cardenal en Santa Chiara, Nápoles, para inmortalizar sus hazañas bélicas.

En 1480 resultaba imposible para los italianos desvincular el peligro turco de la Iglesia, pues existía un temor perfectamente fundado a desembarcos turcos en Italia, lo que sucedió en agosto de 1480, cuando una fuerza expedicionaria tomó Otranto y llevó a cabo una feroz matanza. El cardenal Marco Barbo, bibliófilo sin aficiones militares, fue enviado a recorrer las defensas costeras de la región de Ancona. Envió un informe en septiembre de 1480.[9] El cardenal Giambattista Savelli reunió en Génova una flota de guerra para vengar el ataque a Otranto. Por fin se hizo a la mar bajo el mando del cardenal Paolo Fregoso, en cuyo informe se incluyen relatos de piratería, así como sobre el *dux* de Génova, lo que le convirtió en uno de los cardenales bélicos más singulares; había recibido el sombrero rojo de manos de Sixto en mayo de 1480. Después de pedir la bendición papal en la desembocadura del Tíber, la flota se unió al ejército al mando de Alfonso, duque de Calabria, que llevaba meses en el sitio de Otranto. La reconquista de Otranto por parte de ambos en septiembre de 1481 provocó frenéticas celebraciones y un gran alivio en Roma y en toda Italia, sentimientos que se plasmaron por medio de dos medallas creadas por Cristoforo di Geremia: una en honor a Sixto IV y la otra en honor a Alfonso, pero ambas con igual reverso, no muy apropiado (se diría) en el caso del papa. Se representaba en ella la figura femenina desnuda de la constancia frente a una flota naval destrozada, con la cita de Virgilio: «Para salvar a quienes han estado oprimidos y destruir a los altivos» (*Parcere subiectis et debellare superbos*).[10] No se reconoció la contribución del cardenal Fregoso en la victoria; tal vez porque volvió a Italia haciendo caso omiso de la orden del papa de seguir, cruzar el Adriático y atacar Valona, en Albania. Explicó, quizá con poca valentía, que la enfermedad, las quejas y la necesidad de reparación de la flota habían imposibilitado la segunda ofensiva, a pesar de que uno de los patronos genoveses de la flota declarara que Alfonso se había opuesto a su reavituallamiento.[11] Así pues, se perdió la oportunidad de realizar un contraataque más prolongado, aunque Inocencio VIII y Alejandro VI siguieron reuniendo fondos y promoviendo planes para llevarlo a cabo. De todas formas, al igual que Sixto y muchos de sus predecesores, constantemente tuvieron que enfrentarse a otros conflictos en Italia, a peligros reales o supuestos que amenazaban a la Iglesia y a la dignidad de la Santa Sede y acabaron con los recursos que de otro modo habrían destinado a las campañas en el exterior.

Las guerras italianas de Sixto IV

El compromiso de los propios familiares de Sixto IV en el gobierno pontificio proporcionó un rasgo característico a la función militar y casi seglar que tenía que desempeñar el papado en la política italiana. Se sentaron precedentes que habrían de seguir muchos de sus sucesores durante el siglo siguiente y en adelante. No parece que existan pruebas que demuestren que Sixto tuvo cargos de conciencia al vincular el progreso de sus familiares con los intereses de la Iglesia, tal vez empezó a hacerlo de buena fe o bien fue demasiado débil para oponerse a las fuertes presiones familiares. Uno de los primeros y más célebres ejemplos es el de Pietro Riario, hijo de su hermana, nombrado cardenal al mismo tiempo que su primo Giuliano, en diciembre de 1471. Pietro estableció nuevas pautas de evidente despilfarro; sin embargo, últimamente se ha aducido que tras la voluptuosa fachada del joven cardenal estaba la persona que intentaba imponer una política de conciliación y pacificación, como demuestran las buenas relaciones que mantuvo con el duque Galeazzo Maria Sforza de Milán y su servicio como legado en Umbria, en 1473.[12] La temprana muerte de Pietro, acaecida en 1474, llevó a la palestra a su ambicioso

El papa y el inquisidor, de Jean-Paul Laurens (1838-1931). El papa Sixto IV conversa con el inquisidor Torquemada, óleo sobre lienzo (1882).

hermano seglar, Girolamo, en beneficio del cual Pietro había negociado la compra de Imola y el matrimonio político con Caterina Sforza. Dejó también en una posición de mayor fuerza a la familia della Rovere, descendientes del hermano del papa. El cardenal Giuliano della Rovere, un convencido de que la fuerza constituía normalmente un medio más eficaz que la conciliación, era el sobrino mayor, y el que más nos ocupará, aunque también tuvo su importancia la carrera del seglar Giovanni. Éste († 1501) se educó en la corte de Federico di Montefeltro y en 1474 se casó con su hija Giovanna. Durante el año siguiente sucedió a su hermano Leonardo, recién fallecido, como prefecto de Roma, nombramiento básicamente militar. Como *condottiere* y señor (*signore*) –se le concedieron Senigallia y Mondavio, en la Marca de Ancona–, Giovanni acabó personificando la dinastía y la ambición militar de los della Rovere. Giuliano siempre lo apoyó y en ocasiones priorizó los intereses de Giovanni a los suyos propios.[13]

En verano de 1474, casi catorce años antes de sus hazañas en el sitio de Mirandola, Giuliano –el futuro Julio II– que contaba a la sazón treinta años, fue enviado para una campaña punitiva en Umbria. Ésta empezó bien –entró en la ciudad rebelde de Todi sin encontrar resistencia con sus tres mil quinientos efectivos de infantería–, pero en Spoleto perdió el control de sus hombres, que se unieron a los desterrados y otros miembros de la resistencia en el saqueo de la ciudad. Posteriormente fracasaron los sucesivos ataques a Città di Castello, plaza del desafecto *condottiere* Niccolò Vitelli.[14] Desde allí, según un escrito del cardenal Francesco Gonzaga del 9 de julio desde Roma, Giuliano pidió al papa nuevas fuerzas de infantería y bombardas, aduciendo que si dejaba la tarea sin terminar jamás podría volver a Roma, pues representaría una enorme vergüenza para él y para el pontificado; como respuesta se enviaron rápidamente hacia allí bombardas y tropas.[15] A finales del mes, Giuliano contaba ya con veintiocho escuadrones de caballería y dos mil «excelentes efectivos de infantería», además de bombardas, aunque éstas surtieron poco efecto contra los muros y la moral de Città di Castello.[16] Sin embargo, tres semanas más tarde, el cardenal Gonzaga informaba de que en el término de doce días el legado conseguiría hacerse con la ciudad. Según su escrito, dos puntos estaban claros: en primer lugar, que «las bombardas han perjudicado sobremanera las casas de la ciudad y han matado a muchas personas; en segundo lugar, que los ciudadanos no están totalmente unidos [...] Ahora, al parecer, el papa ha decidido capturar la ciudad».[17] A pesar de esta afirmación, se diría que la llegada de Federico di Montefeltro, duque de Urbino desde 1474, fue más efectiva para conseguir la capitulación de Vitelli que las bombardas del cardenal, pero a pesar de todo, Giuliano fue aclamado como héroe conquistador a su vuelta a Roma a principios de septiembre.

Girolamo Riario representó para el papa Sixto una influencia más bélica que la del cardenal Giuliano. Edificó un principado en la Romaña con capital en Imola, al que añadió Forlí en 1480. El implacable odio que sentía Girolamo por Lorenzo de Medici, quien anteriormente había intentado conseguir Imola, fue una de las causas que llevaron al fracaso la Conspiración de los Pazzi, en abril de 1468, enfrentamiento ideado para sustituir al régimen de los Medici en Florencia por un gobierno dominado por la familia rival, los Pazzi. Este turbio acontecimiento que implicó a distintas potencias extranjeras tuvo al parecer la aprobación implícita del propio Sixto IV, según confesión de uno de sus principales ejecutantes, Giovan Battista, conde de Montesecco, capitán militar, anteriormente al servicio del pontificado.[18] Según Montesecco, Sixto le había confiado en repetidas ocasiones que deseaba ver un cambio de régimen en Florencia, pero que debía efectuarse sin derramamiento de sangre, una típica afirmación de la vieja ambigüedad sobre la fuerza permisiva: una oración para conseguir lo mejor de ambos mundos y una orden casi imposible de realizar. Resultó que sólo Giuliano, hermano de Lorenzo, fue asesinado en la catedral, y que el propio Lorenzo huyó indemne. Aquello llevó al pontificado, con el apoyo del reino de Nápoles, a la guerra contra Florencia, alegando su sacrílega y exagerada reacción contra la conspiración, en la que incluso se ejecutó públicamente a Francesco Salviati, arzobispo de Pisa, quien se implicó desde el principio en el complot por razones personales. Mientras tanto, se iba generando un profundo resentimiento entre Girolamo Riario y el cardenal Giuliano della Rovere, que llevó al culminante punto de violencia en la Roma Sixtina durante el último año de la vida del papa (1483-1484).

A partir de entonces, durante las hostilidades de 1478-1480 contra Florencia, el pontificado entró bajo el báculo de Sixto en una serie de guerras ofensivas. En vano el amigo y mentor humanista de Lorenzo, Marsilio Ficino, traductor de las obras de Platón del griego al latín y difusor de las ideas neoplatónicas, escribió una serie de cartas en 1478-1479 en las que pedía a Sixto que desistiera. En la primera de las tres versiones que sobrevivieron decía en tono de reproche: «Recordad que sois el vicario de Cristo [...] olvidad los agravios [...] vuestra victoria no descansa en la guerra sino en la paz»; en una de las siguientes era aún más enérgica su denuncia de la guerra pontificia contra una potencia italiana, y expresaba su protesta en nombre de Jesucristo: «Apartad ya vuestras despiadadas armas de guerra de mi rebaño. Volveos contra los bárbaros lobos».[19] Podría cuestionarse el hecho de que Ficino se atreviera a enviar alguna de estas cartas al papa, pero ya en 1495 se encontraban impresas, lo que hace suponer que él se había ocupado de que lo estuvieran.

Pese a que supervisaron las operaciones militares de esta campaña el rey Ferrante de Nápoles y sus mandos militares aliados y no el papa, el cardenal Francesco Gonzaga, legado de Bolonia, escribió al parecer que Sixto se planteaba personarse en el campo de batalla (*E scrive ancho el legato di Bologna / che'l pappa viene in campo esso in persona*).[20] Fuera o no cierta esta intención, y la imputación aparece sólo en una fuente literaria cargada de invectivas contra la beligerancia de la Iglesia con sus estandartes manchados de sangre en lugar de la cruz (*in loco della croce / sono i standardi insanguinati e rossi*), el cardenal Francesco se convenció de que el papa tenía sus razones para ir a la guerra. Incluso dejó de lado su lealtad personal hacia a su hermano, el marqués Federico Gonzaga, que se encontraba al mando del ejército milanés en apoyo de Florencia. Prometió a Federico que seguiría pagando impuestos por sus tierras de Mantua pero no por su persona. Estaba obligado a apoyar al pontificado contra Florencia y sus aliados; semanas más tarde expresó su deseo de que todos los buenos cardenales respetaran las prioridades como él.[21] En una carta al embajador de Mantua en Milán, el cardenal insistió en que su lealtad al régimen de los Sforza no había cambiado, pero que la guerra era una sola; Sixto IV no soportó aquel oprobio. Tuvo que liquidarse el problema con la guerra «para salvaguardar la dignidad de la sede apostólica»; podía asegurar que Sixto había tomado la decisión a regañadientes.[22]

El principal escenario de operaciones fue la Toscana, invadida por las fuerzas del reino de Nápoles dirigidas por Alfonso, duque de Calabria, hijo del rey Ferrante. Fue una guerra secundaria de escaramuzas y emboscadas, a excepción de la batalla campal que tuvo lugar en septiembre de 1479 en Poggio Imperiale, cerca de Siena, en la que Alfonso salió victorioso. El cardenal Gonzaga le escribió para felicitarle, aunque con reservas, expresando su preocupación por su hermano Rodolfo, de quien se decía que había sido herido.[23] Cuando Lorenzo de Medici firmó una paz por separado en marzo de 1480 durante una audaz visita privada en Nápoles, el pontificado no se encontró en una posición firme para seguir adelante y por fin tuvo que ratificar el acuerdo.

El conflicto se avivó o extendió en mayo de 1482, en la guerra de Ferrara.[24] Ésta también empezó a iniciativa del papa, planificada por Girolamo Riario, y surgió a raíz de una alianza con Venecia contra el rey Ferrante de Nápoles, a quien había que castigar por su reciente apoyo a Florencia. En teoría, el papa tenía que recompensar a Venecia con el señorío de Ferrara. Ésta fue la primera de las dos guerras que declaró el pontificado contra su vasallo y protector, el rey de Nápoles. La acción se inició en el sur con la entrada de las tropas de Ferrante en el territorio papal en abril, pero en la contraofensiva, el papa obtuvo una importante victoria. Sixto y alguno de sus cardenales contemplaron desde una ventana del palacio del Vaticano un desfile militar el 15 de agosto de 1482, en el que se exhibieron ante el público el comandante Roberto Malatesta, al mando de un ejército de nueve mil soldados de a pie y tres enormes bombardas.[25] Tras la victoria de Roberto en la batalla de Campomorto se celebró otro desfile en Roma, en el que los prisioneros cruzaron la ciudad con Girolamo Riario.[26] Cuando firmó un acuerdo en noviembre, Sixto dedicó de nuevo la pequeña iglesia de Santa Maria delle Virtù, con su milagrosa imagen, a santa Maria della Pace (la Virgen de la Paz), a pesar de que él mismo y Girolamo Riario provocaran la guerra.[27] Honró a Roberto Malatesta, muerto de paludismo poco después de la victoria, [28] con un monumento en el que se le representaba a caballo y con armadura, que se colocó en el presbiterio, el lugar más sagrado de San Pedro. Así pues, fue uno de los primeros monumentos que se trasladaron cuando, en 1506, Bramante empezó a trabajar en la nueva basílica. Al montar de nuevo en el atrio un siglo más tarde, pasó a la colección Borghese y acabó por fin en el Louvre.[29]

Se reanudó la guerra aquel mismo año después de un oportunista cambio de política por parte de Sixto IV y su sobrino: abandonaron su alianza con Venecia y se situaron de nuevo en el bando del rey Ferrante. El pontificado, con el apoyo de Nápoles, Milán y Florencia, se propuso defender Ferrara, su estado vasallo, contra la expansión veneciana, y la acción bélica se desarrolló en la llanura norte, a lo largo del curso bajo del río Po. Sixto esperaba impaciente lanzar un ataque terrestre contra Venecia, pero también preparar dos flotas armadas, al mando de un prelado avezado, Branda Castiglione, obispo de Como. Mientras tanto, nombró al cardenal Francesco Gonzaga legado del ejército pontificio y también aliado, que se encontraba bajo las órdenes de Alfonso, duque de Calabria, con la intención de evitar que los venecianos cortaran Ferrara por tierra y a través del río. Así pues, Francesco Gonzaga entra de nuevo en escena probablemente como uno de los cardenales guerreros más activos de la Santa Sede. Decepcionado por el fracaso de la cruzada de Pío II, no pudo reclamar una distinción militar bajo el papado de Pablo II, a excepción del honor de ser elegido, en 1465, cardenal protector de los caballeros teutónicos.[30] Sin embargo, como cardenal legado de Bolonia, de 1471 hasta su muerte en 1483, no sólo se le asignó una función que podía implicar la utilización de la fuerza –como lo demuestra la firme represión de un alzamiento armado en Cento, en agosto de 1479, en respuesta al asesinato del obispo sufragáneo[31]–, sino que además tuvo un importante papel diplomático y militar en los asuntos italianos. En efecto, Bolonia era una ciudad de importancia crucial para las posesiones y ambiciones de Girolamo Riario, al igual que lo fue para las guerras posteriores de Sixto IV.

Puede seguirse la función desempeñada por el cardenal Gonzaga a principios de 1483 en la defensa de Ferrara contra los venecianos a partir de un excepcional volumen de correspondencia que ha llegado hasta nuestros días, entre el que cabe citar su registro oficial de cartas de los primeros cuatro meses del año, que proporciona una panorámica sin igual del compromiso militar del cardenal legado.[32] No existe duda alguna de que participó plenamente en la planificación estratégica y en la logística de la campaña, sin olvidar los problemas de abastecimiento, aparte de que se esperaba que fuera él mismo quien preparara la batalla contra las fuerzas enemigas. Incluso el marqués Federico Gonzaga, que se mantuvo en estrecho contacto con él (afortunadamente en esta ocasión estuvo en el mismo bando que su hermano), aconsejó al cardenal que vistiera armadura. En una carta a Federico fechada el 25 de enero de 1483, Francesco escribía que estaba impaciente por batallar y entablar combate con el enemigo con la máxima audacia, y precisaba que había encargado una serie de piezas de armadura a un célebre maestro armero (*Nui ne fariamo tanto animosi su questa impresa, che ormai pensiamo de uscire a la campagna et afrontare li inimici gagliardamente quando bisogni. E pur per andarvi più securi ne pare de ordinare alcune armature...*).[33] La impresión que transmite es de ardor y previsión de cara al futuro, tal vez las mismas cualidades que plasma del cardenal el enigmático retrato en la medalla que se encargó a Sperandio Savelli aproximadamente por la misma época. En el reverso se ve un lince, una pirámide y distinta parafernalia marcial.[34] El inventario que se confeccionó tras la muerte del cardenal (octubre de 1483) confirma que en efecto poseía una serie de piezas de armaduras, entre las que se cita una coraza y un casco con penacho barnizado.[35]

El cardenal de Mantua, que fue recibido en Ferrara el 5 de enero con una calurosa bienvenida por el duque Ercole d'Este, escribió sobre las perspectivas y el avance de la guerra no sólo a su hermano sino también al pontífice, a Girolamo Riario, a su mayordomo en Roma, Francesco Maffei y a algunos *condottieri*, como Francesco da Tolentino, Roberto Sanseverino y Gianfrancesco di Bagno. Informaba con todo lujo de detalles sobre las posiciones y las posibles estrategias, tanto de las fuerzas aliadas como –hasta el punto que podían preverse– de las venecianas, aunque el tema que más se repite en sus cartas es la necesidad de dinero, de vituallas y refuerzos. No podía iniciarse ninguna campaña hasta la llegada de Alfonso de Calabria, pero ello no impidió que el cardenal, en cuanto mejoró un poco el tiempo a los cinco días de su llegada, llevara a cabo su propia visita de inspección a las defensas de Ferrara y al campamento del enemigo al norte de la ciudad. Informó por escrito a Maffei sobre dicha visita de inspección: habían avistado al enemigo, a un gran número de soldados según la avanzada de reconocimiento, en los bosques situados más allá de las murallas del parque o reserva de caza (*vedevamo li inimici acosto ad un boscho verso lo muro del parcho, e le spie nostre referevano che erano grossi…*). «No penséis que sentimos terror alguno a lomos de una mula; al contrario, al ver el panorama junto a nuestros propios soldados, adoptamos el espíritu de Héctor» (*Non pensare che havessimo paura cum tutto che fussimo suso una mula, anti vedendone cum quelli nostri soldati, metessimo un animo de Hectore*).[36] Después de un amplio reconocimiento del terreno, en el que se incluyó la casa que ocupaba Roberto Sanseverino (el comandante veneciano) más allá del Ponte Lagoscuro, el grupo volvió sano y salvo. Mientras tanto, el cardenal prometió conseguir más detalles todos los días para poderlos transmitir, y para ello encargó un mapa que marcara las distancias (*un designo di luochi cum le distantie annotate*). Escribió también para informar a Girolamo Riario sobre su visita a los trabajos de defensa con los distintos capitanes militares,[37] y a Giangiacomo Tribulzio pidiéndole que no se situara a los cien zapadores boloñeses que él mismo había proporcionado en emplazamientos a tiro de las bombardas, los disparos u otro tipo de ataque del enemigo; mejor sería colocarles en el bastión de Bondeno, en el Po.[38]

El duque Alfonso de Calabria llegó el 14 de enero y el cardenal Gonzaga informó de que se iba a celebrar la noche siguiente un consejo de guerra, antes de que él y el duque realizaran una inspección en su ejército.[39] El cardenal temía que los venecianos se acercaran más a la ciudad y establecieran –como apuntaba en otra carta a Girolamo Riario– un nuevo cuartel general para Sanseverino en el parque ducal y convirtieran en campamento las instalaciones y edificios monásticos de la cartuja y la iglesia de Santa Maria degli Angeli. Dichas iglesias, situadas prácticamente en tierra de nadie, al norte de la ciudad, estaban tan desprotegidas ambas, y también las edificaciones de la zona, que se habrían destruido si los asesores militares no lo tenían en cuenta. El cardenal Gonzaga se planteó el problema de una forma muy poco eclesiástica. Advertido por Alfonso de Calabria de que el duque Ercole no iba a consentir la demolición, y a pesar de estar al corriente de la devoción que sentía el pueblo de Ferrara por ambos lugares, consideró que era tan necesario que incluso pretendió intimidar al duque. Como quiera que fracasó en dicho intento, «para salvar su honor» el cardenal declaró que cada día que pasaba sin que Sanseverino diera un paso adelante podía considerarse como un día ganado (*per salvare l'honor mio quando altro ne avenisse, fara ben di protesti mei del parere mio, concludendo che ugni di qual lo Signor Roberto non se faceva inanti o pigliare questi luochi, li pareva guadagnato*).[40]

No cabe duda de que los venecianos estaban impacientes por emprender la ofensiva. Aparte del ataque sorpresa que llevaron a cabo con escalas

Altorrelieve anónimo en una tumba: representa a Roberto Malatesta, comandante pontificio († 1482), Museo del Louvre.

en la fortaleza de Argenta en la última semana de enero, de lo que informó con detalles el cardenal Gonzaga,[41] a principios de febrero se produjo una incursión enemiga contra la propia Ferrara. El cardenal y el duque de Calabria se encontraban en la catedral oyendo misa por la mañana cuando llegaron las noticias de que los venecianos avanzaban por el portal de San Marcos. «Nosotros mismos –escribió el cardenal–, en el papel de Moisés, o tal vez de Judas Macabeo (caso de ser necesario), salimos hacia el lugar del ruido» (*Nui anche per fatre l'offizio de Moise, e forse non mancho quello de Iuda Macchabeo quando fusse bisognato, ne aviammo al rumore*). Sin embargo, cuando llegaron allí, los invasores ya habían huido.[42]

De todas formas, en general las cartas del cardenal hablaban más de administración que de acción. El 4 de febrero se quejaba a Girolamo Riario de que los oficiales y la infantería no recibían la paga debida: «Dicen que el comedor está demasiado lejos de la cocina» (*dicono loro essere la sala troppo lontana da la cocina*),[43] metáfora gráfica para señalar la distancia existente entre el campamento, que se encontraba en las afueras de Ferrara, y los arcones del dinero de la Cámara Apostólica de Roma. Había propuesto ya al papa una importante ampliación de su competencia, de forma que su legación pudiera aplicarse a toda Italia: así, declaraba, se aumentaría la fama de la actual campaña y el honor de la Santa Sede.[44] No obstante, el mensaje que más se repetía era el de la necesidad de más soldados, dinero y provisiones antes de emprender un ataque importante.

En el congreso que celebraron en Cremona los aliados entre finales de febrero y principios de marzo de 1483 se discutieron nuevos planes ofensivos,[45] aunque se produjo también algún intento de acabar con la guerra por medio de la negociación. Pero tanto Girolamo Riario como los venecianos desconfiaron del mediador de Sixto, el anciano cardenal portugués Costa, quien se vanagloriaba de hablar con franqueza y sin tapujos, a diferencia de la mayoría de los italianos del Sacro Colegio Cardenalicio, y se rompieron las conversaciones.[46] El propio Costa los abandonó y volvió a Roma. Según un informe de los venecianos, advirtió a Sixto de que su alma corría peligro con la responsabilidad de la guerra: el pontífice podía morir en cualquier momento y tener que responder ante Dios del fuego, las matanzas, los sacrilegios y toda la maldad, pues él mismo había provocado la guerra.[47]

De vuelta a Ferrara, el cardenal Gonzaga encontró la situación igual o peor que en junio. El 18 de marzo escribía: «Vemos con nuestros propios ojos, y en las acaloradas discusiones que tienen lugar en nuestra presencia, que esta campaña corre un gran peligro si el enemigo avanza, ya sea para hacerse con la cartuja o con Santa Maria degli Angeli, pues desde estos puntos estratégicos, mediante el bombardeo, ganaría mucha ventaja a la hora de apoderarse de nuestras murallas y arrasarlas, acampar en el bastión de Ponta o bien cortar el dique contra Argenta. Cualquiera de estos tres planes, y esperemos que no todos, podría triunfar a causa de lo limitado de nuestras fuerzas».[48] El cardenal temía constantemente que los venecianos iniciaran una ofensiva más amplia por tierra y por la vía fluvial, llevando la guerra hasta el dominio de los Gonzaga, como advirtió a su hermano en abril y de nuevo en mayo.[49]

Cuando se rompieron las negociaciones, el cardenal Gonzaga ya no tomaba parte en las operaciones de campaña ni se encontraba en buen estado de salud. El escenario de la batalla había superado los límites de Mantua, de forma que hubo que echar mano de los castillos del territorio y de importantes provisiones de pólvora.[50] El cardenal murió en octubre de 1483 y por consiguiente no pudo ver el resultado: se llegó a un acuerdo en Bagnolo en agosto de 1484, por el cual Venecia salió vencedora al mantener Rovigo y el Polesine (la fértil zona situada cerca de Rovigo, al norte de Ferrara); un resultado que Sixto IV y su sobrino consideraron una terrible humillación para la Iglesia.[51]

Este último año del pontificado de Sixto fue testigo de una mayor identificación del anciano franciscano con la fuerza armada. Se desencadenó su implacable campaña contra la familia Colonna, que, como aliada del rey Ferrante, se había convertido de nuevo en uno de los vasallos más insubordinados y odiados por el pontificado, casi como en la época de Bonifacio VIII, a diferencia de lo sucedido durante el papado de Martín V, en el que habían gozaban de un control directo. El 23 de junio de 1484, Sixto ordenó un desfile de bombardas con la intención de atacar la fortaleza de los Colonna de Marino, en cuyas sólidas armas se había grabado el emblema del roble de la familia della Rovere. «Tras pronunciar unas palabras, él [el papa] levantó los ojos hacia Dios y los brazos hacia el cielo, bendiciendo las citadas bombardas y haciendo sobre ellas la señal de la cruz. Pidió a Dios que, fueran donde fueren, hicieran huir a los enemigos de la Iglesia y a los suyos», hizo constar el cronista romano Stefano Infessura,[52] añadiendo su propio comentario, que rezumaba indignación: «Mientras que en otra época los cuatro santos apóstoles [es decir, los evangelistas] intentaban ganarse al pueblo para la fe y el culto cristiano mediante milagros, sermones y la señal de la Santa Cruz, ahora pretenden ganárselo con la explosión de las bombardas». El 2 de julio, Infessura cita al conde Girolamo y a todo el ejército de la Iglesia, con muchos arqueros y soldados de a pie, junto con doce enormes carros con bombardas, dispuestos a salir para destruir a los Colonna: «Y nuestro supremo pontífice envió un mensaje para que, pese a que implicara la muerte de mil hombres montar las bombardas y de dos o tres mil la toma de Cave, debían hacerse con ella cuanto antes»:[53] En una orden posterior insistía en que tenía que llevarse a cabo un sábado, «el día de la Virgen María». Las bombardas de Girolamo Riario ni siquiera respetaron las iglesias y el 23 de julio el papa envió veinte carretadas de balas para cañones hechas con las piedras de un antiguo puente romano. Cave se rindió por fin cuatro días más tarde, tras aguantar, según se dijo, 577 impactos de las bombardas pontificias.[54] Infessura añade que este espeluznante ataque a una pequeña ciudad fortaleza inspiró incluso a un artista romano (sin identificar), que pintó la escena, lo que en un principio complació a Sixto, aunque luego se dio cuenta de que incitaba a ver a las fuerzas de la Iglesia con malos ojos, como el bando perdedor. Se condenó sumariamente al desventurado pintor a diez latigazos y a la horca, si bien la sentencia de muerte no se cumplió.[55]

Infessura, como habitante de la zona y autoridad civil estaba predispuesto contra Sixto, pero su énfasis en la agresividad de la política pontificia y las condiciones terriblemente violentas de la vida en Roma a principios de la década de 1480 no tiene nada de injusto ni de exagerado. Según él, los ciudadanos de Roma decidieron pedir a los cardenales su desarme: tenían las casas tan atestadas de armamento que más bien parecían cuarteles.[56] La sórdida situación de los últimos meses de la vida de Sixto se resume a la perfección con la atroz persecución del protonotario Lorenzo Colonna en junio de 1484,[57] así como con la demolición, por parte de las fuerzas pontificias al mando de Girolamo Riario, de las propiedades de los Colonna y de sus partidarios. Otro cronista romano, Paolo dello Martro, concluía resumiendo que Sixto era «un mal papa, que siempre nos ha mantenido en la guerra y el hambre».[58] No obstante, una generación más tarde, Niccolò Machiavelli, pese a ser florentino, reconocía a regañadientes su admiración por Sixto: como mínimo fue enérgico (*animoso*), aunque no fueron suficientes sus extravagancias ni su astucia política para superar el problema de unas baronías sediciosas a las que utilizaban las potencias extranjeras.[59]

Inocencio VIII (1484-1492): La guerra de los barones napolitanos y Osimo

Inocencio VIII se vio implicado en nuevas guerras en 1485-1486 con del reino meridional, un problema añadido, cuando ya llevaba casi cinco siglos como dependencia feudal de la Santa Sede. El rey Ferrante no estuvo dispuesto a ejercer el papel de obediente vasallo y defensor del pontífice. Pretendía que se le concedieran las tres ciudades pontificias que desde la época normanda constituían enclaves en el interior de las fronteras de su reino (Benevento, Pontecorvo y Terracina) y que además se le eximiera a perpetuidad del tributo de dinero que Sixto IV le había conmutado temporalmente.[60] Por otro lado, los principales varones del reino,[61] que se encontraban en plena rebelión contra Ferrante por haberlos despojado de los derechos de jurisdicción e impuesto por solicitudes de pago de tributos penales, buscaban el apoyo del papa como señor supremo; se había embargado de forma arbitraria a uno de ellos, al conde Montorio, lo que amedrentó y enojó al resto. Las simpatías de Inocencio por dicha causa fueron en parte fruto de la maquinación del cardenal Giuliano della Rovere, motivado por la defensa de las relaciones e intereses que tenía su hermano Giovanni en la región.[62]

Tal vez Inocencio estuviera convencido de que Ferrante, bajo la influencia de su despiadado hijo Alfonso, duque de Calabria, había tratado de forma injusta a los barones, o quizá le interesaban las propuestas que le hicieron ellos a finales de agosto de convertirse en vasallos de la Iglesia, como los señores o los llamados vicarios papales de la Romaña o de otros lugares, con la obligación de pagar tributo al papado y luchar bajo el estandarte de las llaves de San Pedro. Además, caso de no tenerlos en cuenta, se dijo que recurrirían al rey de España, a Francia, a Venecia o incluso a los turcos.[65] Inocencio seguía impasible cuando Ferrante envió a su hijo menor, el cardenal Giovanni de Aragón a disuadirlo de entrar guerra. El 1 de septiembre, el papa genovés, a pesar de su «carácter dulce y apacible», al parecer se mostró vehemente (*focoso*) y enérgico al llamar a la acción para castigar a Ferrante y al duque de Calabria. Al día siguiente incluso se negó a recibir al cardenal, que pretendía hacer un último intento.[64] El 8 de septiembre, el embajador florentino informaba de que Inocencio se encontraba eufórico, impaciente por iniciar la acción militar y convencido de conseguir la victoria.[65] No había transcurrido ni una semana desde la prematura muerte del cardenal a causa de la peste cuando el 16 de octubre se declaró la guerra. La mañana del 24 de octubre, el papa mandó que se colocara su anuncio oficial, declarándola y justificándola, durante dos horas en las puertas principales de San Pedro. No se entregó copia a ningún embajador, pero Arrivabene de Mantua se las arregló para informar sobre los puntos fundamentales; al parecer citó con detalles las «insoportables exacciones, la injusticia y la opresión» que sufrían los barones desde la época de Sixto IV, lo que les había envalentonado para hacer un llamamiento al papa como señor supremo (*supreme Signore*) del reino.

Poco después de que empezaron las hostilidades, Alfonso de Calabria y su aliado, Virginio Orsini, con apoyo económico de Florencia, amenazaban la propia Roma. En diciembre de 1485, el recién nombrado *gonfaloniere* de la Iglesia, Roberto Sanseverino, tardó en llegar de Romaña, y el cardenal Giuliano della Rovere estaba inspeccionando ya, inquieto, el estado de las murallas de Roma. La ciudad de Aquila expulsó a la guarnición napolitana y declaró su lealtad a la Iglesia, pero éstas fueron prácticamente las únicas noticias positivas.[67]

De este periodo oscuro del belicismo pontificio nos llega una instructiva carta escrita por Angelo Giraldini, obispo de Sessa, dirigida a Inocencio VIII con fecha de 15 de abril de 1486.[68] Recordaremos que Angelo sirvió como comisario militar bajo las órdenes del cardenal Forteguerri en la década de 1460 y en la guerra de Pío II contra Segismondo Malatesta; posteriormente había ejercido el cargo de comisario de Inocencio contra Ferrante y el papa le apreciaba mucho por su «solidez» (*robustum et vigentem et in huiusmodi rebus exercitatum novimus*).[69] Angelo estaba convencido de la necesidad de la Iglesia de poner de manifiesto su poder con todas sus fuerzas. «No habéis criticado severamente a vuestros enemigos con la censura espiritual como deberíais de haber hecho para defender el Estado de la Iglesia. Las cosas irán de mal en peor a menos que toméis determinadas medidas. Si lo terrenal no funciona, lo espiritual tampoco funcionará.» Subrayaba algunos de los puntos más importantes de la posición del pontificado en aquellos momentos y ciertas medidas que había que adoptar urgentemente. «Habéis conquistado Aquila y un territorio considerable; contáis con un célebre capitán [Roberto Sanseverino] y con muchos hombres en las fuerzas armadas con los que, si vos actuáis con rapidez, no sólo conseguiréis defenderos sino también alcanzar la victoria.» Ponía el acento en que Orsini había sido una plaza fuerte y en aquellos momentos era débil, de modo que había que explotar la situación. Lo mismo podía aplicarse a la población del Patrimonio (las tierras de San Pedro en el vecindario más cercano a Roma), que había sufrido tantos destrozos por parte del enemigo; pero por encima de todo era básico que Roberto Sanseverino siguiera sintiéndose satisfecho. Angelo sugirió que podía contribuir a ello nombrando cardenal a su hijo (propuesta que provocó una gran preocupación a Inocencio, y de la que hablaremos más tarde). Según Angelo Gherardini, todo dependía de Roberto Sanseverino y de poder contar con un ejército reforzado.

Lo más interesante es la insistencia de Angelo en situar un cardenal al frente del ejército pontificio y en que un simple obispo como él resultaría mucho menos efectivo. «El ejército ganaría mucha fama si se nombrara legado a un cardenal. El Señor [Dios] sería mucho más ensalzado que con un obispo, los hombres de las fuerzas armadas le tendrían en mayor veneración, el pueblo sentiría más devoción por él y el enemigo, más temor.» Es casi imposible una formulación mejor para explicar o justificar la utilización de los cardenales en las guerras pontificias a partir del siglo XII. Angelo continúa: «No digo esto con objeto de rehusar una tarea dura y peligrosa. La aceptaría de buen grado por vos. Tampoco hablo así porque quiera llegar a cardenal o legado (no se me ocurriría pedir algo tan grandioso)». El cardenal nombrado, añade finalmente: «Debería esforzarse por emular al cardenal Gil de España [Egidio da Hispagna, es decir, Gil de Albornoz], al patriarca Vitelleschi y al patriarca de Aquilea [Ludovico Trevisan], que consiguieron el triunfo y la mayor gloria para la Iglesia».[70] Finalmente, no se encontró para el puesto a un héroe con sombrero rojo que demostrara tal fervor. El cardenal veneciano Giovanni Michiel, nombrado legado de las fuerzas armadas de la Santa Iglesia Romana (*super gentes armorum Sancte Romanae ecclesie*)[71] no dio ni muchísimo menos la talla. La guerra siguió por mal camino para Inocencio y los barones napolitanos, y sufrieron una seria derrota a manos de Alfonso, duque de Calabria, en Montorio, el 8 de mayo.[72] Ferrante y Alfonso, de quienes se esperaba que reanudaran el pago del tributo al pontificado, incluyendo todos los atrasos, y concedieran y respetaran una amnistía total a los barones, hicieron caso omiso de las condiciones de paz negociadas por el cardenal Michiel con todo el cinismo del mundo.[73] En definitiva, la llamada Guerra de los barones parece que fue una clara demostración de desaprobación por los compromisos militares de la Iglesia.

Otra de las implicaciones importantes de Inocencio en la guerra es el compromiso que adoptó como respuesta a la toma de Osimo (cerca de Ancona) por parte del caudillo de la zona, Boccalino di Guzzone, quien amenazó con recabar apoyo de los turcos. El 2 de marzo de 1487 se nombró legado de la Marca de Ancona al cardenal Giuliano della Rovere para que se hiciera cargo de la cuestión, y las cartas que nos han llegado que escribió al papa en los tres meses siguientes desde Montefano, donde al parecer dirigía el sitio de Osimo, demuestran su dedicación parcial a la tarea, pero también destacan que brilló por su ausencia en ella el éxito que tan abiertamente le reconoce su protegido, el historiador Sigismondo da Conti.[74] No dejó de pedir una y otra vez refuerzos y dinero. En una carta escrita el 5 de mayo, por ejemplo, reprocha a Inocencio que le exhorte a atacar y a hacerse con Osimo sin fuerzas suficientes. La ciudad fue reconquistada por fin gracias al comandante milanés Giangiacomo Trivulzio, quien llegó con infantería y bombardas. Branda Castiglione, obispo de Como, informó al duque de Milán de que Trivulzio pretendía que retiraran al cardenal Giuliano a causa de su resentimiento (*umbrezza*) y Sixto aceptó enviar un prelado menos eminente. Como era previsible, Giuliano fue llamado a Roma y allí fue sustituido.[75]

Tal vez sorprenda que Inocencio no lanzara a su hijo Franceschetto Cibo a una carrera parecida a la Antonio Piccolomini o Girolamo Riario. Es probable que las limitaciones de carácter de Franceschetto desalentaran tal iniciativa, aunque por lo que parece, el papa había pensado instalarlo en Forlí e Imola incluso antes del asesinato de Girolamo Riario, que tuvo lugar en abril de 1488. Después del suceso, Lorenzo de Medici, el futuro suegro de Franceschetto, se planteó la misma posibilidad, pero Lorenzo se mostró poco dispuesto o tal vez ambiguo. En realidad, la primera determinación que tomó Inocencio después del asesinato fue la de asumir de nuevo el control de Forlí mediante la fuerza. El gobernador pontificio de Cesena llegó puntualmente con las correspondientes bombardas para intimidar a Caterina Sforza, la viuda de Girolamo, y el cardenal Giambattista Savelli, familiar del gobernador, prometió enviar un importante contingente desde Roma.[76] Los recursos del papa, sin embargo, eran exiguos después de la guerra contra los barones napolitanos y no podía plantearse una campaña en la Romaña. En lugar de eso, Caterina permaneció controlada bajo la protección de su familia, los Sforza, en Milán. Franceschetto Cibo se vio compensado por su padre con unos cuantos castillos confiscados a la familia Anguillara, pero demostró su mayor valía en la última fase del pontificado de Inocencio como diplomático y rehén dinástico. El matrimonio que se negoció para él con Maddalena de Medici fue poco convencional, en el sentido de que representó un gesto de conciliación por parte del papa (aunque tal vez hubiera tenido más participación en el plan Lorenzo), pero al parecer restableció por un tiempo la concordia entre el pontificado, Florencia y Milán, con la que Nicolás V había conseguido la estabilidad de Italia. Por desgracia, las muertes de Inocencio y Lorenzo en 1492 y las intrigas milanesas con el objetivo de alentar las reivindicaciones francesas sobre el reino de Nápoles impidieron toda esperanza de paz duradera.

Alejandro VI (1492-1503): La invasión francesa y las campañas de César Borgia

Rodrigo Borgia, elegido con el nombre de Alejandro VI en agosto de 1492, no tuvo ocasión de conseguir experiencia práctica en la guerra en su larga carrera como cardenal (desde 1456) y como vicecanciller de la Iglesia (desde 1458), cuyo cargo negoció con Ascanio Sforza a fin de conseguir su apoyo en el cónclave. Si bien su tío, Calixto III, le nombró legado de la Marca de Ancona, el voluptuoso Rodrigo no estuvo nunca disponible para las arduas legaciones militares o bien fue algo que jamás le interesó. Poseía, eso sí, una larga experiencia como observador en la política pontificia. Había vivido las guerras de Pío II y de Sixto IV, así como el «gran plan» de Pablo II. Probablemente fue consciente de las ambiciones de su tío Calixto III (en las que puede que se incluyera el trono de Nápoles) para su hijo mayor, Pedro Luis, que murió en 1458, la promoción de Pío II de su sobrino Antonio Piccolomini y la exaltación de Girolamo Riario por parte de Sixto IV. Es probable que no le impresionara tanto la implicación de Inocencio VIII en la guerra de los barones o la utilización de Franceschetto Cibo como rehén matrimonial. Aunque el pontificado de Alejandro destacó por sus violentas campañas militares en Italia, gran parte del ímpetu se debió a la planificación para seguir la práctica de sus predecesores a mayor escala y utilizar a sus hijos para engrandecimiento de la Iglesia.

Había muerto el hijo mayor de Alejandro y el segundo, el de mayor talento intelectual, César, tenía que ser cardenal, por consiguiente le tocó al tercero, Juan, duque de Gandía, el papel del nuevo Girolamo Riario. Juan se desplazó de España a Roma en 1496. Aquel hombre arrogante y hedonista[77] no era el más idóneo para la función, y está bastante claro que su hermano mayor, con mucho más carácter, estaba envidioso de él, si bien nunca se ha establecido con precisión si fue César, como se sospecha, quien tramó su asesinato en 1497. Éste, al que todos tenían por un brillante estudiante de derecho en la Universidad de Pisa, consiguió el título de cardenal en septiembre de 1493. Un año después de la muerte del duque de Gandía, la carrera de César cambió de forma espectacular: se le permitió renunciar al sombrero rojo, casarse y convertirse en militar seglar y dirigente político, un caso único de cambio radical en un cardenal. Pero como precisó Sigismondo de Conti, César tuvo siempre más dotes de hombre de guerra que de cardenal.[78] Ya en los cinco primeros años de su pontificado, se cree que Alejandro consultó a César sobre cuestiones militares en las que tuvo que tomar muchas decisiones. En otoño de 1493, poco después de que el papa nombrara cardenal y gobernador de Orvieto a su hijo, realizaron juntos una inspección en las fortalezas pontificias al norte de Roma e hicieron una visita al capitán general Niccolò Orsini en Pitigliano.[79]

La primera crisis bélica a la que se enfrentó Alejandro VI fue la amenaza formulada por Carlos VIII, rey de Francia, de hacer efectivo el derecho de los Valois al trono de Nápoles, por el que aún se luchaba en época de Pío II, basándose en la sucesión de señores angevinos desde 1266. Al planificar la invasión de Italia, no sólo contó con el apoyo de Ludovico Sforza de Milán, sino también con el del cardenal Giuliano della Rovere, quien sentía tal odio por el régimen de los Borgia que a principios de enero de 1493 abandonó Roma para trasladarse a Ostia y en abril pasó a Francia.[80] La inminente invasión generó cuestiones urgentes sobre las defensas del Estado Pontificio contra el ejército invasor. Tras la muerte del rey Ferrante en enero de 1494, Alejandro pareció optar firmemente por la dinastía aragonesa. Reconoció a Alfonso, duque de Calabria, como sucesor del reino, y la coronación de éste en Nápoles fue oficiada por el cardenal Juan Borgia, sobrino del papa, en mayo de 1494. Mientras las fuerzas de Carlos VIII se preparaban para avanzar hacia Italia, el cardenal Ascanio Sforza, activo partidario de los planes de su hermano, escapó de Roma y reunió un ejército privado de unos dos mil hombres –que contaba con caballería pesada, arqueros montados e infantería– en el territorio de Colonna a fin de amenazar las fronteras del reino y preparar el paso a los franceses.[81] Se trata de hechos insólitos en los que los cardenales mejor situados en la curia adoptaron posiciones hostiles a la política oficial del pontificado. La táctica de Ascanio obligó a Alfonso de Calabria a tomar la ruta interior o adriática en lugar de la más directa, que pasaba por Roma y Siena, en la planificación del ataque a Milán y al ejército invasor francés. Alejandro se reunió con el propio Alfonso en Vicovaro el 12 de julio para coordinar la estrategia, tanto contra el cardenal Ascanio y sus aliados como contra Carlos VIII. Entre los que acompañaban al papa se encontraban dos cardenales de la casa Borgia: César y Juan.[82]

Cuando Carlos VIII y su ejército llegaron a Roma a finales de diciembre de 1494, acompañados por Giuliano della Rovere y por unos cuantos cardenales franceses, Ascanio Sforza se había reconciliado aparentemente con el papa y contaba de nuevo con su favor. Pese a todo, en cuanto se le mandó a recibir y escoltar a Carlos, él y otros dos cardenales milaneses partidarios de los franceses, Bernardino Lonati (ex secretario de Ascanio, ascendido en 1493) y Federico Sanseverino, fueron temporalmente encarcelados en Sant'Angelo. Alejandro VI ejerció un papel prudente pero magistral en su trato con Carlos VIII y en la tensa situación creada por la ocupación militar de Roma. Se negó rotundamente a entregar Sant'Angelo, adonde se retiró, pero concedió a los franceses el puerto naval de Civitavecchia. Permitió (difícilmente habría podido evitarlo) el paso del gigantesco ejército francés por el territorio pontificio y aprobó la expedición como supuesto preámbulo de una cruzada. Ahora bien, en el encuentro cara a cara en el Vaticano el 16 de enero, y dos días más tarde, cuando se ratificaron los términos formales del acuerdo en el que Carlos prometía luchar fielmente contra los enemigos del papa, Alejandro eludió la concesión a Carlos de la investidura papal como rey de Nápoles. Carlos no poseía un título válido para presentarse ante el mundo como sucesor de los reyes normandos ante Carlos I de Anjou y como protector militar de la Santa Sede. En realidad, Alejandro no le concedió casi nada, a excepción de la vía libre y el sombrero rojo para Guillaimet Briçonnet, arzobispo de Saint-Malo.[83] Se nombró a César Borgia cardenal legado para que acompañara al ejército francés en su ruta hacia el sur, más como anfitrión que como mediador,[84] pero huyó antes de llegar a Velletri. César se dirigió hacia Spoleto o tal vez regresó a Roma: uno de los primeros ejemplos de engaño que iban a jalonar su carrera. Estuvo presente en las conversaciones celebradas en el Vaticano en marzo de 1495 para fomentar, junto con Venecia, España (algo muy significativo), Milán y otras potencias, una nueva alianza o «Santa Alianza» contra los franceses. Ésta, firmada el último día del mes, ejerció al parecer una función importante en la decisión tomada por Carlos VIII de retirarse de Nápoles con la mitad de su ejército.[85]

El papa reaccionó pasivamente ante la posibilidad de la vuelta de Carlos VIII, se retiró a Orvieto y posteriormente a Perusa con la mayor parte de sus cardenales. Entre ellos no se encontraba, evidentemente, el cardenal Giuliano della Rovere, que acompañaba al ejército francés en su repliegue pese a que intentó (sin éxito) iniciar una revuelta de Génova con soldados proporcionados por el rey.[86] El ejército de la Santa Alianza, que esperó a Carlos VIII al otro lado de los Apeninos, estaba al mando de Gianfrancesco Gonzaga, marqués de Mantua. Atacó al ejército francés en su descenso hacia Parma y quiso atribuirse la victoria en la batalla de Fornuovo el 6 de julio (algo discutible). Puede resultar sorprendente que el ejército de la Santa Alianza no contara con un cardenal como legado papal que hubiera reivindicado la victoria como señal del favor divino a la Iglesia en lugar de dejar libertad a Gonzaga para plantearlo como gloria personal. Probablemente no hubo tal designación porque el papa había optado por la evasiva. Entre tanto, Ludovico el Moro había intentado en vano conseguir un legado papal para dirigir la guerra contra la ocupación francesa en Lombardía. Resignado a la poca disposición del pontífice a asignar a Scanio Sforza para ejercer esta función, propuso en varias ocasiones al cardenal Lonati, pero éste, en otoño de 1495, fue el encargado de dirigir la resistencia contra el resto de las fuerzas de ocupación francesas en el sur.[87] En 1497, en la festividad de la Anunciación, cuando el marqués de Mantua llegó a Roma como comandante de las fuerzas aliadas y se celebraron conversaciones en el palacio del Vaticano, quedó claro que el marqués se dirigía sólo a los cardenales de Valencia y Milán (César Borgia y Bernardino Lonati), dos de los miembros del Sagrado Colegio Cardenalicio que mostraban mayor interés por los asuntos militares.[88]

Durante esta época, Giuliano della Rovere había pasado a una posición en la sombra, y desde 1495 pasaba la mayor parte del tiempo en su diócesis de Aviñón, aunque en 1496 intentó convencer a Carlos VIII de que volviera a Italia. Al mismo tiempo invertía su dinero y sus energías en otro intento de provocar un alzamiento a favor de los franceses en Génova, que él afirmaba que era capaz de conseguir con el apoyo de unos dos mil soldados de infantería suizos. Incluso llevó una tropa suiza a Savona, su ciudad natal, en febrero de 1497, pero tuvo que replegarse. En 1499 acompañó a Luis XII y a su ejército cuando el nuevo rey de Francia, aliándose con Venecia, atacó Milán y derrocó al régimen de los Sforza.[89] Los actos de desobediencia y beligerancia de Giuliano durante los once años del pontificado de Alejandro VI parecen reflejar su ambición de arrebatarle el papado y su vana esperanza de ver a Borgia depuesto por un consejo apoyado por los franceses. Dado que sus actividades militares como cardenal no se llevaron a cabo bajo las órdenes ni en defensa del papa reinante, es difícil ver cómo podía justificarlas a la luz de las pautas habituales, aunque (caso de haber recurrido a su conciencia en estas cuestiones) de un modo u otro podía convencerse a sí mismo y persuadir a su confesor de que actuaba pensando en los intereses de la Iglesia a largo plazo.

Mientras tanto Alejandro, después de despedir a Carlos VIII en su retirada hacia el norte en 1495, volvió a uno de los problemas que arrastraba de sus predecesores y decidió declarar la guerra a los violentos barones romanos y a otros «tiranos». Empezó con una campaña contra los Orsini en otoño de 1496. Fue en ella donde Juan, duque de Gandía, demostró su incapacidad. El 26 de octubre había recibido en San Pedro el bastón de mando de capitán general y, junto a Guidobaldo di Montefeltro, duque de Urbino, los estandartes de la Iglesia. Se nombró al cardenal Lonati como acompañante de la expedición, con el sorprendente título de legado *de latere* «para apoyar el asalto» (*expugnationem*) de los señores de Orsini.[90] Al principio, todo funcionó, la mayoría de las fortalezas ofreció poca resistencia, pero los asaltos a Bracciano, el enorme castillo de Napoleone Orsini (ex general de Pío II), fracasaron. Los refuerzos de Orsini, entre los que se encontraban las tropas dirigidas por Vitellozzo Vitelli, subvencionadas con dinero francés, provocaron la retirada y posteriormente una batalla campal en Soriano, en la que el duque de Gandía quedó herido y desprestigiado y se capturó a Guidobaldo.[91]

No consiguió un éxito mucho mayor el duque de Gandía, según relata su padre, en el bombardeo de artillería que tuvo lugar en marzo de 1497 contra la guarnición francesa que quedaba en el castillo de Ostia, en la desembocadura del Tíber, con el apoyo de la infantería española de Gonzalo de Córdoba. Eclipsa tal operación la siniestra acusación sobre la ética de la guerra pontificia lanzada por el comandante francés, o más bien vasco, Menaut Aguerre. Se basa en un documento de fecha incierta (de más de un año después, en agosto de 1498) sobre la supuesta confesión de un tal Francesco, intendente de las salinas. El hombre había actuado de forma sospechosa y cuando se le detuvo confesó a Menaut y al responsable de armamento y material que el papa y Giambattista Ferreri, encargado del registro pontificio y posteriormente cardenal, habían ordenado la utilización de llamas y humos venenosos para acabar con la guarnición francesa (*un feu ardent et fumée empoisonnant*): Menaut afirmó que se trataba de una muerte mucho más ignominiosa y abominable que la infligida por la espada. Al parecer, si se echaban a las hogueras determinadas sustancias químicas proporcionadas por un boticario, éstas producían una intoxicación del aire, aunque en realidad se ve que el plan (aun en el supuesto de que la declaración sea un documento válido) no llegó a buen término.[92]

No podemos precisar si Alejandro VI dominó a César Borgia o por el contrario fue dominado por éste. El objetivo de Alejandro no difería del de sus predecesores: aumentar al máximo el control papal en el centro de Italia, Umbria, Romaña y la Marca de Ancona y reprimir a los todopoderosos barones en los alrededores de la región de Roma. En general y sobre todo al principio, César fue el instrumento de los propósitos bélicos del pontificado, y el equipamiento de sus ejércitos en sus tres campañas corrió a cuenta de la Cámara Apostólica. La primera campaña iniciada en noviembre de 1499 contra el antiguo vicariato de Girolamo Riario en Imola y Forlí –aún bajo la autoridad de su viuda, Caterina Sforza– en realidad fue una operación militar abiertamente pontificia. Incluso acompañó a César un legado cardenalicio, su primo, el cardenal Juan Borgia-Lanzol (hijo de Juana, la hermana de Alejandro). Por otra parte, fue el cardenal y no César quien aceptó formalmente la obediencia de los ciudadanos de Imola.[93] En la segunda campaña, que se desarrolló entre octubre de 1500 y abril de 1501, contra Pesaro, Rímini y Faenza, César no actuó tanto en nombre del control eclesiástico, si bien sólo dejó de sintonizar con su padre en la demora en la conquista de Faenza, después de su retiro en invierno de 1500-1501 para organizar su gobierno en Cesena. La ruptura más seria se produjo a raíz de la decisión de César de volver a Roma tras un desvío estratégico en mayo y junio de 1501 en la Toscana con el objeto de intimidar a Florencia y atacar Piombino. Sin duda hizo algo contrario a las instrucciones de Alejandro. En efecto, la toma del puerto marítimo y del ducado de Piombino por parte de César no tenía justificación alguna como elemento integrante de una campaña en defensa de las tierras pontificias: se diría que su principal objetivo era el de conseguir una base para su futuro en Toscana. Tras ello, entre junio y septiembre de 1501, volvió al sur para ayudar a su padre y a las fuerzas francesas contra Federico, el último rey de Nápoles aragonés, y sus aliados, los Colonna, a quienes el papa había confiscado las fortalezas que poseían al sur de Roma con la intención de extenderse y fortificarse más sólidamente.[94]

Ahora bien, en la tercera campaña de César (junio-julio de 1502), dirigida contra el resto de los gobernantes semi independientes de la Marca de Ancona, y en primer lugar contra Giulio Cesare Varano da Camerino, volvió a optar por sus propias iniciativas. Puede que ni siquiera consultara a su padre el ataque a traición a Guidobaldo, duque de Urbino, antes de ocuparse de Camerino, aunque se diría que Alejandro, a juzgar por la alegría que expresó abiertamente a la caída de Camerino, se quitó pronto de encima los escrúpulos que podía sentir por ello. Antonio Giustinian, embajador en Roma, informaba el 22 de julio de que en Roma se habían organizado hogueras, se oían repiques de campanas y de que Alejandro había declarado: «Hemos cosechado muchas victorias, pero ninguna nos ha producido tanta alegría como ésta». Tan eufórico seguía días más tarde que, al hablar de ello a los cardenales en el consistorio, olvidó mencionar las noticias sobre los reveses en Turquía que le había transmitido el legado de Hungría.[95] Los planes de César de instalarse en un nuevo principado en el centro de Italia empezaban a madurar en invierno de 1502-1503 cuando tramó el engaño y el asesinato en Senigallia de una serie de *condottieri* de los que desconfiaba. Poco después de la muerte súbita de su padre en agosto de 1503, Maximiliano, el emperador electo, se habría planteado al parecer la cesión a César del señorío de Pisa y tal vez también de Siena y Lucca.

Queda claro que a Alejandro le preocupaba que César fuera más el instrumento del poder pontificio que un príncipe por derecho propio por su insistencia en el invierno de 1502-1503 de que dejara a un lado sus planes y se centrara en la lucha contra Orsini. Alejandro lo maldijo por su falta de actividad (se había vuelto a retirar en Cesena en diciembre): «¡Hijo de perra, bastardo!», exclamó, según Antonio Giustinian, en voz alta para que todos los oyeran.[96] Le podían alarmar las ambiciones de César y se quejaba de que sus últimas operaciones costaban una cantidad excesiva.[97] En efecto, la Cámara Apostólica había entregado enormes sumas a César Borgia: una gran cantidad de material de artillería y otros equipos. Tan sólo en mayo y junio de 1502 había pagado más de ciento sesenta y seis mil kilos de pólvora.[98]

Evidentemente, del orgullo paterno de Alejandro intensificó su admiración, ampliamente compartida, por la fortuna y los indiscutibles éxitos de César, aunque resulta también sorprendente el interés que sentía él mismo por las cuestiones militares y el tema de las fortificaciones. Cabe citar, por ejemplo, que padre e hijo realizaron juntos otra visita de inspección a principios de 1502 en la que pasaron por Civitavecchia, Corneto y Piombino, la reciente conquista de César.[99] Alejandro estaba convencido de que la fuerza radicaba en una red de fortalezas al mando de sus familiares o sus amigos de España, de forma que autorizó la inversión de grandes sumas de dinero para mejoras, en especial en Castel Sant'Angelo, Cività Castellana (al norte de Roma) y otros castillos de los alrededores, entre los que se contaba la fortaleza Colonna de Genazzano, que se tomó a principios de 1502.[100] En octubre del mismo año consta que pasó todo un día inspeccionando los pertrechos y el armamento en Castel Sant'Angelo, como si, según comentarios del embajador veneciano, esperara de un momento a otro el inicio de la batalla.[101] En la campaña contra los Orsini en 1503, el papa se interesó en especial por el sitio de Ceri, que, a pesar de las dudas de César sobre su viabilidad, se inició a principios de marzo. Por fin cayó la plaza después de un bombardeo intensivo y al parecer el papa en persona supervisó la destrucción de sus depósitos de agua y de la escalera que daba al escarpado acantilado.[102]

Mientras tanto, la idea de una inevitable gran guerra contra los turcos, que se había comprometido a planificar y emprender, era una de las preocupaciones más serias de Alejandro, al igual que había sido la idea fija de su tío Calixto III e iba a convertirse en una de las principales inquietudes de los papas posteriores. Aun suponiendo que Alejandro hubiera tenido algún problema de conciencia por las campañas de César, como mínimo (o eso era lo que lo tranquilizaba) su despiadado y aterrador hijo le había proporcionado de forma providencial una rápida solución al eterno problema del control de la Marca de Ancona y la Romaña, a la sazón más en peligro para el pontificado con su vulnerable línea costera adriática abierta a la invasión turca. En realidad, la ejecución del proyecto de cruzada coincidió en el tiempo con los primeros éxitos de César. Después de encargar un informe especial sobre las posibilidades de una expedición hacia Oriente, en junio de 1500 publicó una bula de la cruzada en la que, como Pío II, anunciaba su intención de participar en la lucha, de enfrentarse a la muerte si hacía falta, acompañado por los cardenales. Unos meses después, la caída de Modon y de otras fortalezas venecianas en el sur de Grecia afianzaron su decisión de recaudar fondos por todos los medios posibles: impuestos extraordinarios del clero (incluyendo a los cardenales), apropiación de importantes legados y venta de indulgencias. Durante la primavera de 1502, una flota de guerra veneciana al mando de Benedetto Pesaro zarpó junto con trece galeras bélicas pontificias dirigidas por el primo de éste, Jacopo Pesaro, obispo de Pafos. Obtuvieron una importantísima victoria a finales de agosto al tomar la isla de Levkas, o Santa Maura, de manos de los turcos, si bien los venecianos tuvieron que devolverla a causa de las obligaciones a las que les sometían los tratados.[103] Dicha victoria naval se conmemora en la pintura votiva que Jacopo Pesaro encargó al joven Tiziano, que se cree concluyó en 1506 (Koninklijk Museum voor Schöne Kunsten, Amberes).[104] En ella, Alejandro, con una insulsa expresión de orgullo ante el éxito del comandante religioso, presenta a Jacopo Pesaro, que lleva el estandarte con las llaves cruzadas, a san Pedro: una clara declaración del compromiso del pontífice en la lucha armada contra los enemigos de la Iglesia y la defensa de su propia autoridad.

Conclusión

La creciente militarización del pontificado, tema de este capítulo y del anterior, no sólo se expresó en la organización y la dirección de las campañas bélicas por parte de los cardenales y familiares de los papas, seglares o religiosos, sino también –en especial en el caso de Pío II– en el elogio y la celebración de la guerra en los niveles superiores de la autoridad eclesiástica.

Siguió expresándose además y a escala creciente en la edificación militar. A finales del siglo XV, el Estado Pontificio, la gran cuña que parte la península italiana, se había convertido en una de las zonas que poseían la defensa más espectacular de Europa. Se decía incluso que contaba con su propia industria armamentística en Spoleto, en la que se producían flechas para ballestas, escudos y lanzas, aunque es probable que ésta no se desarrollara hasta más tarde.[105] Los principales centros en los que se fabricaban armaduras, armas y otras piezas metálicas se encontraban en el norte de Italia, sobre todo en Brescia, Milán y sus alrededores; pero durante el pontificado de Sixto IV y de sus sucesores se apoyaron operaciones de especulación en minería de hierro y otros minerales.[106] Siguiendo los precedentes en construcción de sólidas fortalezas, emprendidas en especial por el cardenal Gil de Albornoz y por Nicolás V, Sixto IV y sus sucesores impulsaron la mejora de la tecnología en la potencia de fuego y promovieron la construcción de bastiones bajos de ángulos afilados y murallas de defensa redondeadas en lugar de edificios verticales. Cabe citar en particular a uno de los ingenieros de Sixto, Baccio Pontelli (1450-1492/4), por el nuevo castillo que diseñó a principios de la década de 1480 en Ostia, cerca de la desembocadura del Tíber, calificado como «la fortaleza más avanzada de su época».[107] Fue el bastión del cardenal Giuliano della Rovere, quien con todo el descaro dijo a Inocencio VIII cuando fue a visitarle allí en noviembre de 1489 que lo había construido tan sólo «por el bien de la Santa Madre Iglesia y para la propia seguridad del papa» (*ha fatto fare questa fortezza a beneficio della Sancta matre chiesa e a conservatione de la Sanctità Vostra*). [108] Al parecer en general se aceptaba como algo conveniente que los cardenales hicieran las funciones de gobernadores de las fortalezas. Entre los miembros de la comisión de la reforma de 1497 creada por Alejandro VI, que estaba apenado por la muerte del duque de Gandía, sólo el cardenal portugués Costa votó contra esta práctica, e incluso él mismo, en 1503 –cuando contaba más de noventa años– estuvo al mando de Ostia en representación de Giuliano della Rovere.[109] También se asignaron una serie de castillos en la Marca de Ancona y en la Romaña a Baccio Pontelli: Senigallia (un poco antes que Ostia), Cesena, Forlí, Fano, Offida, Osimo e Iesi, y también la fortificada iglesia de Loreto, famosa por las peregrinaciones, y las murallas defensivas del monasterio de Grottaferrata.[110] Antonio da Sangallo el Viejo (*circa* 1453-1534) siguió siendo el principal ingeniero de construcciones durante el pontificado de

Tiziano, El papa Alejandro VI presenta el estandarte pontificio ante Jacopo Pesaro a san Pedro (Koninklijk Museum voor Schöne Kunsten, Amberes).

Alejandro VI. Entre sus obras podemos citar las murallas de Nepi y las torres esquineras de Castel Sant'Angelo.[111] Los dos eran florentinos y hay que reconocerles la innovadora construcción militar de Florencia, básicamente como consecuencia de las guerras, en alianza con los papas o contra ellos. Sea como fuere, la arquitectura militar patrocinada por el pontificado y quienes dependían de él fue imponente, tanto en envergadura como en calidad.

¿Se expresó también dicha militarización del pontificado por medio de nuevas tendencias en las actitudes y estilos de vida de los cardenales y otros prelados superiores en Roma? Incluso sin tener en cuenta las circunstancias de especial peligro de 1484, en la última etapa del pontificado de Sixto y la primera del de Inocencio, la armadura completa se convirtió en algo habitual y permanente para casi todos cardenales, así como para el propio pontífice. Y no sólo se utilizaba en el desplazamiento hacia una legación militar o una cruzada, sino como defensa contra la insurrección y el saqueo en épocas de elecciones papales, o bien como medida de seguridad entre ellos o frente a los ejércitos privados de algunos barones. Mientras tanto, los simulacros de combate se convertían también en una norma aceptada, algo que no ha de extrañarnos dado el número de caballeros, escuderos y otro personal armado que permanecían ociosos en las residencias del pontífice o de los cardenales. En la Roma pontificia se celebraban a menudo justas y combates simulados. Entre tales acontecimientos destaca el torneo celebrado durante tres días para celebrar la boda de Girolamo Riario con Caterina Sforza en abril de 1476; la justa que conmemoró la conquista de Granada, que se organizó en febrero de 1492 y corrió a cuenta del cardenal Alessandro Farnese, así como la de agosto del mismo año, para celebrar la elección de Alejandro VI.[112] Más siniestro que estos intrincados juegos fue la práctica adoptada por el papa Borgia de desplazarse por Roma con escolta militar. En su primera aparición en público tras la coronación para asistir a una ceremonia en Santa Maria Maggiore el 27 de febrero de 1493, el papa fue escoltado por tres escuadrones de caballería y una gran compañía de infantería; le asistieron los principales *condottieri* a su servicio y le siguieron hombres armados con largas lanzas, equipados y dispuestos a luchar, lo que, según el embajador Filippo Valori, resultaba inaudito incluso en época de guerra (*drieto, due squadre di gene d'arme con lancia lunghe armate come se andassino a combatiere, che questo etiam tempore belli li altri Pontifici mai hanno consueto fare*).[113]

Otro probable síntoma militarista de la corte pontificia durante la segunda mitad del siglo XV sería la aparición de un nuevo tipo de cardenal: el cardenal-príncipe, o hijo de un dirigente italiano, cuyo talante procede más de una educación militar y distinguida que de una formación religiosa.[114] Tenemos un ejemplo de ello –prácticamente el primero– en Francesco Gonzaga, el protegido de Pío II, quien siguió demostrando su capacidad en el campo militar durante el papado de Sixto. Otro que apareció en escena a finales del pontificado de Sixto IV fue Ascanio Sforza, el sexto hijo del duque Francesco Sforza de Milán, antes mencionado en el contexto de la invasión francesa de 1494. Ascanio, tras una serie de presiones políticas, fue admitido en el Colegio Cardenalicio en marzo de 1484, poco después de dirigir un ejército milanés a través del río Oglio contra Brescia, en territorio veneciano. En una ocasión anterior, ante el fracaso de la candidatura para la obtención del sombrero rojo, al parecer declaró que abandonaría con mucho gusto su ropaje (el de protonotario apostólico, título que ostentaba desde la edad de diez años) para poder vestirse con la capa de librea por encima de la armadura que llevaban los soldados y servir a los Sforza como capitán militar profesional.[115] En 1491, Inocencio VIII se quejaba de que Ascanio era nuevo en la curia, lo que implicaba tal vez que su presencia estaba fuera de lugar y que se había criado entre soldados.[116] A lo largo de su extraordinaria carrera, Ascanio siguió organizando, pagando e incluso dirigiendo ejércitos. Adelantó dinero para apoyar al ejército invasor de Carlos VIII, como acto de solidaridad hacia la arriesgada política a favor de Francia de su hermano, y en junio de 1494 reclutó soldados –como ya hemos mencionado– para impedir el avance hacia el norte del ejército napolitano.[117] En febrero de 1495, cuando la suerte dio la espalda a Carlos, Ascanio declaró sin rubor, según un informe de Mantua, que puesto que era sacerdote –algo falso en realidad, pues no había pasado de diácono– nunca había deseado implicarse en cuestiones bélicas (*per essere lui sacerdote non vole impazare de guerra*).[118] Ello no le impidió, no obstante, financiar la campaña de Alejandro VI contra los Orsini en 1496, ni convencer a otros cardenales para que la apoyaran,[119] y fiel a su vocación, no sólo ofreció la mitad de sus ingresos sino que además ayudó a su hermano Ludovico el Moro en la resistencia contra la invasión francesa y veneciana en Milán en 1499-1500. En su penúltimo estadio, cuando se encontraba al mando de una flota naval de dos mil soldados contra los franceses acampados junto al lago Como, un proyectil estuvo a punto de acabar con él.[120] No fue el único cardenal que participó en esta guerra defensiva, también lo hizo su joven cuñado, el cardenal Ippolito d'Este, pese a los intentos de su padre, Ercole d'Este, duque de Ferrara, para disuadirle de ello, aduciendo, curiosamente, el antiguo precepto de san Ambrosio según el cual «el sacerdote debe tener como única arma la oración».[121] Su participación en este desesperado intento de salvar al régimen de los Sforza se apartaba mucho de la lucha a favor de la Santa Sede, pero lo sorprendente es que Ascanio estaba al mando de una fuerza militar en el campo de batalla y al mismo tiempo ostentaba el alto cargo de cardenal vicecanciller de la Iglesia. Se asocia a su nombre una armadura delicadamente trabajada, de un guerrero a caballo, elaborada por Missaglia, el famoso maestro armero milanés. Se conserva en la Reale Armeria de Turín, aunque en buena parte correspondería a una copia del siglo XIX.[122]

Uno de los cardenales guerreros que más descaro demostró en este periodo fue Federico Sanseverino. Si bien no encaja exactamente en la categoría de príncipe, Federico, como Francesco Gonzaga y Ascanio Sforza, era hijo de un célebre capitán militar, Roberto Sanseverino, descendiente de una eminente familia señorial del reino de Nápoles. Para complacerle, Inocencio VIII había incluido a regañadientes a Federico en una lista de candidatos a cardenales en 1489, junto con Giovanni, el hijo de Lorenzo de Medici, ambos introducidos en la inscripción en secreto y por motivos estrictamente políticos.[123] Cabe recordar que Angelo Geraldini había pedido el nombramiento del hijo de Roberto en 1486 y que la presión política milanesa obligó a Inocencio a proponerlo a pesar de su carácter. El cardenal Ascanio Sforza, responsable en gran medida de la propuesta, utilizó el argumento de que el cargo cambia la personalidad, y se citó él mismo como ejemplo: hijo de un *condottiere* procedente de una familia en la que nunca había habido un religioso, con resultados positivos a pesar de las previsiones.[124] Sin embargo, Inocencio era categóricamente contrario a Federico y por consiguiente se negó a ratificar el nombramiento.[125] Sanseverino tenía un carácter peor del que se censuraba en un soldado, por consiguiente, Pietro Alamanni, el embajador florentino, informó negativamente sobre él a Lorenzo de Medici el 19 de mayo de 1492.[126] A consecuencia de ello, Federico, que tras su muerte en 1516 fue descrito como «un hombre muy destacado»,[127] no fue admitido en el Sagrado Colegio Cardenalicio hasta la muerte de Inocencio en agosto de 1492, cuando, gracias a un reducido ejército privado, consiguió que le admitieran en el cónclave:[128] un curioso ejemplo de un cardenal que se hace con el cargo mediante la fuerza armada.

Habría que tener en cuenta, no obstante, que algunos de los cardenales más activos en las operaciones bélicas no tenían orígenes principescos o militares, como en el caso de Ludovico Trevisan o de Niccolò Forteguerri, o incluso de Giuliano della Rovere. Por otro lado, algunos de los pertenecientes a la nueva generación de «cardenales principescos», como Jaime de Portugal (1456), Teodoro di Monferrato (1467), Giovanni de Aragón (1477) o incluso Giovanni de Medici (nombrado extraoficialmente en 1489 y admitido en 1492), mostraron pocas aptitudes por las armas. Así pues, el fenómeno de los cardenales príncipes –incluso el del taimado guerrero Sanseverino–, por no citar a los cardenales hijos y sobrinos de los papas, plantea la cuestión de si cambiaba totalmente el carácter y la composición del Sagrado Colegio Cardenalicio durante la segunda mitad del siglo XV. No podemos analizar aquí con detenimiento esta cuestión, pero por lo que parece, fueron en aumento. Sixto IV nombró a treinta y cuatro cardenales en sus catorce años de pontificado; Alejandro VI nombró a cuarenta y tres en once años,[129] pero nunca se respetó estrictamente el máximo aconseja-

La fortaleza de Ostia, construida por el cardenal Giuliano della Rovere.

ble de veinticuatro, por los «veinticuatro ancianos con vestiduras blancas» (*Revelación*, IV, 4) que los propios cardenales a menudo impusieron como obligación solemne antes de las elecciones pontificias. Ahora bien, el alto índice de mortalidad de los cardenales, más debido a la media de edad que a los peligros del oficio, hace arriesgado basar los juicios en el número de integrantes del colegio. En cualquier caso, el componente «principesco» y político nunca tuvo un gran peso en relación con el total y no es muy seguro que esto influyera mucho en la larga tradición de buena disposición al servicio militar activo en el entorno pontificio. Tampoco tuvo mucha relevancia la distinción entre diáconos cardenales y sacerdotes cardenales u obispos. Es probable que la primera categoría, al no haber recibido las órdenes sacerdotales, se considerara más apropiada para el campo de batalla que las otras dos, que habían recibido las órdenes sagradas, y es cierto que los jóvenes cardenales «principescos», como Francesco Gonzaga, Ascanio Sforza o Giovanni de Medici, no superaron nunca la categoría de diáconos. Pero en la práctica, desde el siglo XII los cardenales con las órdenes superiores fueron también legados militares: Vitelleschi, Trevisan y Forteguerri constituyen ejemplos de sacerdotes cardenales –la categoría más numerosa entre éstos– en el período del Renacimiento.

El carácter de los miembros del Sacro Colegio Cardenalicio, tanto en la realidad como en la utopía, fue un tema que despertó el interés de la época. Lo expresaba, por ejemplo, el cardenal Jacopo Ammannati, protegido de Pío II, en sus cartas, en especial en una dirigida al cardenal Francesco Gonzaga en verano de 1468 en la que le hablaba del importante papel moral de un cardenal.[130] En otra carta a Francesco, en octubre de 1474, Ammannati adoptaba un tono ligeramente distinto y le elogiaba como cardenal principesco que poseía las dotes de noble cuna, inteligencia, autoridad, elocuencia y gracia.[131] En la larga y didáctica carta que escribió Ammannati en 1468 subrayaba la dignidad y la utilidad (*utilitas*) para la Iglesia, el consejo y el cumplimiento del deber, poniendo el acento –en contraposición a la tendencia monárquica, mostrada en especial por Pablo II– en que los cardenales constituían una parte integrante del pontificado como miembros de un organismo único. Ammannati alababa como ejemplo entre los cardenales de su época al erudito griego Bessarion y –pese a la devoción que le inspiraba el recuerdo de Pío II– expresaba su aversión a la guerra y a cualquier compromiso con ella. No obstante, en otra carta dirigida al cardenal Bernardo Eroli en enero de 1474, que en realidad es un panegírico *post mortem* del cardenal Niccolò Forteguerri, hace hincapié en las virtudes de Forteguerri como comandante militar en su lucha contra Sigismondo Malatesta, Everso da Anguillara y otros enemigos de la Iglesia: Forteguerri se mostró siempre recio en la batalla y en los sitios, en ocasiones temible y vehemente, pero no cruel, concluía Ammannati.[132] La «utilidad» fue un criterio muy amplio –era capaz de justificar las cualidades militares e incluso la munificencia y el estilo de vida fastuoso; si bien Ammannati, en su carta fechada en 1468, condenaba cualquier insinuación de ostentación, ésta se recomendaba encarecidamente en el exhaustivo libro sobre el cargo de cardenal recopilado por un escritor apostólico, Paolo Cortesi (1465-1510).

De Cardinalatu de Cortesi, dedicado a Julio II, no se publicó hasta 1510, aunque se gestó mucho antes gracias a una sugerencia –al menos esto registra el prólogo– del cardenal Ascanio Sforza. Cortesi sitúa a los cardenales en el mismo estadio moral y político que Ammannati en 1468, aunque incluye una dilatada parte sobre la economía del cardenal y su «esplendor», algo que caracterizó a Ascanio, al menos hasta la caída de los Sforza en Milán en 1499. Cortesi subrayaba que los cardenales príncipes pertenecían a una categoría especial como «benefactores» y, por consiguiente, no estaban tan obligados a ser eruditos o austeros, aunque se les exigía un juicio prudente, la beneficencia y otros requisitos, al igual que a otros «senadores de la Iglesia», cuyo número, según él, no tenía que rebasar la cuarentena. En cuanto a la obligación de participar en la guerra, Cortesi no hacía distinción entre los deberes de un tipo de cardenal u otro. Bajo el encabezamiento de la virtud moral de la «fortaleza», relacionaba los distintos motivos por los que habría que obligar a un cardenal a participar en la guerra, y en otras partes del libro insistía en la necesidad de la autodefensa y en el mantenimiento de una escolta y una armadura adecuadas.[133] Apuntaba como apropiadas para la escalinata principal del palacio de un cardenal las escenas que plasmaran las victorias de la Iglesia, y decía también que el cardenal estaría mentalmente más alerta si tuviera en su dormitorio una pintura de un *exemplum* de previsión militar, como la de Francesco Sforza afilando una lanza.[134]

Durante una tortuosa discusión sobre las perspectivas de Forlí e Imola tras la muerte de Girolamo Riario, Lorenzo de Medici hizo en Florencia un célebre comentario al embajador de Ferrara: que llegaría el día en que la Iglesia resultaría más peligrosa para el resto de Italia que Venecia.[135] La última época del pontificado de Inocencio VIII no parece que fuera el mejor momento para esta profecía, si bien es cierto que Inocencio habría preferido reabsorber el principado de Girolamo en el Estado Pontificio en lugar de dejar la puerta abierta a Milán o Venecia, o permitir que participara en él algún dirigente sin autoridad (la solución propuesta por Lorenzo). Pero las advertencias de éste se cumplieron bajo el mando de Alejandro VI, o al menos eso es lo que afirma Machiavelli en el capítulo 11 de su obra *El príncipe*, escrita entre 1513 y 1515. Machiavelli dejó claro que no era partidario de principados clericales, aunque mantuvo que el papa Borgia, a través de su cruel pero astuto hijo César, convirtió a las fuerzas pontificias en temibles, mientras que bajo el mando de sus predecesores nadie las había tomado en serio.[136] Puede que tal afirmación fuera injusta si

Armadura, supuestamente realizada por el célebre maestro armero Missaglia para el cardenal Ascanio Sforza, que se conserva en la Reale Armeria de Turín.

tenemos en cuenta a algunos, en especial a Martín V, Eugenio IV y Pío II, pero no es Machiavelli el más indicado para emitir juicios. Hizo una afirmación parecida un escritor político e historiador florentino más serio, Francesco Guicciardini (1483-1540), en su *Storie fiorentine*, escrita en 1508-1509. Afirmaba que Alejandro VI había demostrado hasta qué punto llegaba el poder de un pontífice cuando pudo contar con un comandante militar de primer orden que consiguió mantener el equilibrio en la guerra entre Francia y España por el dominio del sur de Italia entre 1501 y 1503. En general, puede afirmarse que fue el papa más maligno, y también el que más triunfos cosechó, que se haya visto en muchos siglos.[137]

5

La trompeta juliana (1503-1513)

Alarmas e incursiones (1503-1509)

Evidentemente fue Giuliano della Rovere, Julio II (papa, 1503-1513), quien recibió la clara aprobación de Machiavelli por ser el que había manifestado una mejor comprensión de la utilización de la fuerza.[1] Es de la misma opinión, aunque más comedida, Guicciardini en su magistral *Storia d'Italia*, escrita en la década de 1530, según la cual, «la preocupación y el objetivo Julio de fueron siempre la exaltación de la grandeza temporal de la Iglesia por medio del arte de la guerra».[2] Hemos mencionado ya las virtudes de Giuliano como cardenal guerrero en el capítulo anterior, hemos citado que fue legado militar de su tío Sixto IV en Umbria, que hizo construir la fortaleza de Ostia y que dirigió la política de Inocencio VIII –sin éxitos destacables– en la guerra contra los barones napolitanos y contra Boccolino en Osimo. Posteriormente, se sintió tan desencantado con Alejandro VI que en 1493-1494 alentó y protegió la invasión de Italia por parte de Carlos VIII, planificó (sin resultado alguno) una nueva invasión francesa en 1496 y acompañó a Luis XII en su campaña de 1499 y en su victoriosa entrada en Milán. El diálogo satírico *Julius Exclusus,* escrito hacia 1518, que ridiculizaba la «trompeta juliana» de un papa vestido con armadura que llamaba al mundo a la guerra, se ha citado en el prefacio del libro y se analizará más adelante. De todas formas, no es el primer ataque escrito a Julio como guerrero. Ya en vida del papa y antes de que tomara por asalto el castillo de Mirandola a principios de 1511, circulaba en Venecia una carta imaginaria escrita por Jesucristo a Julio, fechada «En el Cielo, a 26 de diciembre de 1509».[3] En ella se le reprendía por «su abominable pasión por el derramamiento de sangre humana y cristiana: tantas ruinas, violaciones, robos, sacrilegios y almas perdidas» eran el resultado de su ansia de poder temporal. No obstante, ninguno de estos ataques contemporáneos o casi contemporáneos a Julio sitúa a este papa en la tradición más amplia y prolongada del belicismo pontificio.

Julio declaró con franqueza poco después de ser elegido papa que tenía intención de reclamar los territorios de la Romaña que se habían arrebatado injustamente a la Iglesia.[4] A pesar de que a la sazón pretendía mostrarse conciliador con los venecianos, que se habían hecho con los territorios de la Romaña de César Borgia arrogándose la condición de «libertadores», el tiempo demostró que, al igual que en el pasado, difícilmente podían alcanzarse los objetivos del papa sin recurrir a la fuerza militar o cuando menos a su amenaza. Julio organizó una serie de campañas de reconquista en el Estado Pontificio. Dirigió la primera, en 1506, contra las familias que controlaban de hecho dos importantes ciudades pontificias, los Baglioni de Perusa y los Bentivoglio de Bolonia; pero esto fue en definitiva más una exhibición militar que un conflicto. Lo importante, sin embargo, era que el propio papa, y la mayoría de sus cardenales –no se tiene noticia de que ninguno se opusiera–[5] tenían que acompañar a la expedición armada. Julio había amenazado con contratar para ello unos miles de efectivos de la infantería suiza a fin de complementar las tropas del duque de Urbino y del rey de Francia. La expedición que abandonó Roma el 26 de agosto contaba con ciento cincuenta *stradiotti* (caballería armada de Albania), así como con arqueros y efectivos de artillería.[6] Niccolò Machiavelli se unió a la expedición como embajador florentino y encontró a Julio en Nepi, donde el papa inspeccionaba admirado la fortaleza diseñada por Antonio da Sangallo para su predecesor. Acompañó al grupo pontificio hasta Perusa tras ser testigo de las condiciones de rendición de Giampaolo Baglione, y estuvo presente en la solemne entrada en esta ciudad.[7] El ejército de Julio y su séquito, en el que se encontraba aún el influenciable Machiavelli, reforzado por los soldados bajo el mando del arrepentido Giampaolo Baglioni, cruzó luego los Apeninos. Obviamente, Julio no dudó en actuar como comandante y, por ejemplo, cuando llegaron a Forlí el 11 de octubre, inspeccionó las municiones y otros pertrechos militares en la ciudadela.[8] No es de extrañar que los Bentivoglio, como los Baglioni, se rindieran también sin un solo disparo, intimidados por unas fuerzas de mayor envergadura, entre las que estaba el vecino ejército francés, que aquellas con las que se había enfrentado Perusa.

Erasmo de Rotterdam había permanecido en Bolonia pero huyó a Florencia ante el temor de la guerra, sorprendido por el hecho de que el papa se presentara como alto mando militar, aunque no tardó en volver. Muchos años después, al describir una tormenta en 1526, evocó la época «en que nuestro Júpiter terrenal arrojaba sus rayos contra Bolonia», pero es más probable que oyera el sonido de las armas que se dispararon por el odio y no a raíz de la entrada triunfal de Julio el 11 de noviembre.[10] La expulsión de los Bentivoglio y la constitución en Bolonia de un gobierno dependiente de los legados pontificios asociado a un senado civil designado iba a durar tres años y medio. En conmemoración de la victoria personal de Julio se encargaron dos esculturas. Se pintó en madera o estuco una figura entronizada, que se erigió en las almenas del palacio en el que residía el legado papal. La otra, más celebre, una enorme figura de bronce realizada por Miguel Ángel, se colocó finalmente, en febrero de 1508, sobre el pórtico principal de la iglesia municipal de San Petronio. Expresaba –o eso contaron el biógrafo de Miguel Ángel, Ascanio Condivi, y Giorgio Vasari– la malhumorada petición del papa de que el escultor le representara con una espada y no con un libro, puesto que no leía (lo que era falso). Una crónica boloñesa afirma, sin embargo, que en las dos estatuas se veía al papa con las llaves de san Pedro en una mano e impartiendo la bendición con la otra. En cualquier caso, con o sin espada, dos formidables imágenes del papa conquistador dominaron el centro de Bolonia.[11]

La siguiente campaña de Julio secundaria dentro de la guerra de mayor envergadura de la Liga de Cambrai, la alianza europea e italiana contra Venecia que se transformó en conflicto bélico a principios de 1509. Julio tenía su propia contienda con Venecia en la Romaña a raíz de la negativa de la república de ceder Rímini, Faenza, Rávena y otros lugares, pero se había mostrado cauto a la hora de apoyar a la Liga en su plan de ataque más amplio en el norte de Italia. No obstante, se había preocupado de las defensas navales, en especial de una ambiciosa reconstrucción de las fortificaciones de Civitavecchia. En diciembre de 1508 se acuñó una medalla para conmemorar los cimientos de su *Rocca nuova*, una gran estructura rectangular con torres redondeadas en las esquinas en lugar de los bastiones angulosos más corrientes en la época. Es probable que el trabajo de construcción empezara en abril del año siguiente.[12] En ese mismo mes, coincidiendo con la invasión de Luis XII en Lombardía, entró en acción, como era de esperar, una fuerza pontificia terrestre contra Venecia en la Romaña. Se puso al mando de ella al sobrino de Julio, de diecinueve años, Francesco Maria della Rovere, hijo de Giovanni, cuya carrera militar y posterior muerte se ha mencionado anteriormente. Francesco Maria era el heredero adoptivo de Guidobaldo, duque de Urbino, quien falleció en 1508, y recibió además el título de capitán general de la Iglesia, aunque decepcionó constantemente a su tío y fue la espina que llevaron clavada los papas posteriores.[13]

En el desarrollo de esta campaña tuvo también su parte el cardenal Francesco Alidosi, protegido y antiguo secretario de Julio, cuando contaba ya más de cincuenta años (nació en 1455 y fue nombrado cardenal en 1505), quien había sido legado de Bolonia y la Romaña desde julio de 1508. La asociación comportó grandes tensiones y su ejército se convirtió en una curiosa mezcla de infantería española, 867 efectivos, a los que se describía a la sazón como «salvajes, mal equipados y ladrones», y casi el doble de suizos.[14] Sin embargo, Alidosi se apresuró a afianzar la fortaleza de Galliera, en la entrada sudoriental de Bolonia, contra un posible ataque veneciano. Las instrucciones que le dio el papa eran específicas: recuperar las plazas de la Romaña, en especial Faenza, ocupada aún por los venecianos, «esos hijos de la iniquidad»; devastar el territorio de Faenza si no se conseguía la rendición, y llevar la maquinaria bélica hasta las murallas de la ciudad y destruirla «a sangre y fuego». Francesco Maria della Rovere tomó Solarolo; Brisighella, al norte de Faenza, en el valle Lamone, quedó sitiada, y tras su rendición, el 29 de abril, las tropas españolas organizaron allí una terrible matanza.[15] En Faenza surgieron problemas mayores, entre otras cosas porque al parecer el cardenal legado no proporcionó al capitán general munición suficiente. De todas formas, parece ser que Alidosi consiguió la rendición de Faenza por medio de la estratagema de sobornar o corromper a algunos de sus defensores. Se permitió a los gobernadores venecianos de Faenza salir de allí pacíficamente, pero al hacerlo, siguiendo probablemente un plan predispuesto por Alidosi o Francesco Maria della Rovere, fueron atacados y expoliados en su retirada.[16] «Esperamos hacernos en breve con Rávena, Rímini y Cervia», escribió con gran seguridad el cardenal Alidosi a los Cuarenta, o Senado de Bolonia, el 9 de mayo de 1509.[17] Una semana más tarde se rindió Russi, con su castillo sólidamente fortificado.[18] Poco después, el cardenal y el capitán general entraron en la ciudad de Rávena, juntos, aunque a regañadientes. Alidosi, no obstante, se consideró al parecer el único conquistador de la Romaña. A principios de junio organizó una ceremonia en la entrada en Bolonia por la Porta Maggiore y recorrió a caballo una calle decorada con arcos triunfales y representaciones temporales de las ciudades sometidas. Incluso se acuñó una medalla con su retrato como legado, en cuyo reverso se veía una imagen de Júpiter en su cuadriga soltando a volar unos pá-

Rafael (atrib.), *Julio II*: dibujo que se considera copia contemporánea del retrato de la National Gallery de Londres y no un esbozo preliminar. Reproducido con permiso del duque de Devonshire y de los fideicomisarios del Chatsworth Settlement. Fotografía de Photographic Survey, Courtauld Institute of Art, Devoshire Collection, Chatsworth.

jaros.[19] Así, la campaña proporcionó a Julio tanta alegría, o más, que la victoria francesa contra las fuerzas venecianas en Agnadillo, en el río Adda, cerca de Treviglio, el 14 de mayo. «Con esta facilidad el dios de la Victoria se lo entregó todo al papa», escribió satisfecho Sigismondo de Conti.[20]

Otro de los cardenales de Julio que nos consta que ejerció una función activa en esta guerra fue Sigismondo Gonzaga (nombrado en diciembre de 1505), hijo y hermano de los capitanes militares profesionales Federico y Gianfranceso Gonzaga II, sucesivos marqueses de Mantua. Sigismondo llegó a Ancona como legado cardenalicio de la Marca en marzo de 1509. Enseguida se ordenó a Francesco Maria della Rovere reclutar para el servicio del cardenal una compañía de «cuatrocientos efectivos de infantería con un buen mando» para que se situaran en el puerto de Fano y se pusieran totalmente a las órdenes del cardenal.[21] A principios de mayo, Sigismondo recibió órdenes del papa de ayudar en todo lo posible al oficial responsable de las defensas costeras, pues se tenía la sospecha de que los venecianos podían intentar un ataque por mar. Unas semanas más tarde, el cardenal declaraba que se había opuesto resistencia a las tentativas en Fano y Senigallia y que se sentía tranquilo porque podía defender con seguridad Ancona contra cualquier ataque.[22] Evidentemente, acogió con alegría la noticia de las derrotas de los venecianos en Agnadello y en Romaña. «Las victorias del pontífice –escribió el 31 de mayo– demuestran la grandeza y la efectividad del poder de las dos espadas que sujeta en su mano el vicario de Cristo, la temporal y la espiritual, para castigo y expiación de quienes se rebelan contra la Santa Iglesia.»[23] Es casi imposible encontrar una cita más explícita, en términos claros y directos, sobre la idea de las dos espadas y de la justificación del uso de la fuerza militar contra un poder seglar que supuestamente ha usurpado unos derechos y unas posesiones de la Iglesia. Ahora bien, el sorprendente espectáculo del pontífice en agresiva alianza con el emperador, los reyes de Francia y España y otros dirigentes, contra un poder cristiano, tardó en desaparecer de la memoria colectiva y pronto se convirtió en el blanco de las sátiras antipapales.

Aún más comprometido activamente que Sigismondo Gonzaga estuvo otro cardenal principesco, Ippolito d'Este, a quien concedieron el sombrero rojo en 1493, a los catorce años. Se trataba del hermano del duque Alfonso d'Este de Ferrara y de Isabella d'Este, marquesa de Mantua y cuñada del cardenal Sigismondo. Ippolito había tenido ya alguna experiencia bélica: hemos mencionado ya su función en la defensa de los Sforza en Milán, pero participó también en la resistencia contra el intento de los Bentivoglio de penetrar de nuevo en Bolonia en 1507.[24] Junto con su hermano, el duque, dirigió luego el ataque contra la flota fluvial veneciana en el río Po, en Polesella, al norte de Ferrara, en diciembre de 1509. Esta campaña naval en el interior de Venecia contra Ferrara, dependencia papal, partidaria de la Alianza, tenía como objetivo vengar la catastrófica derrota del ejército francés en Agnadillo en el mes de mayo, pero se convirtió en otro desastre para los venecianos. Gracias a la artillería pesada de Ferrara, que tuvo como aliada la intensa lluvia y la crecida del río, de las diecisiete galeras de guerra no

Retrato del Cardenal Francesco Alidosi, de Rafael, óleo sobre lienzo (1510).

quedaron más que dos y allí murió buena parte de los remeros (*galeotti*). Aquel fue un momento crucial en la guerra.[25]

La familia d'Este aclamó al joven cardenal como héroe de la batalla. El 22 de diciembre, el duque Alfonso escribió a su hermana Isabella, en Mantua, contándole que él e Ippolito habían destruido la armada veneciana y se habían hecho con quince galeras y otras muchas naves.[26] El propio Ippolito redactó un mensaje corto cargado de entusiasmo: «Con la ayuda de Dios, por la noche toda la armada habrá quedado destruida».[27] Un testigo ocular de Mantua, Gianfrancesco di Bagno, que había permanecido en el campo de batalla con el cardenal Ippolito desde el 11 de diciembre, informaba con más detalle: «No se

El papa Julio II, con armadura, exhorta al emperador Maximiliano, a Luis XII de Francia y a Fernando de Aragón a declarar la guerra contra Venecia (anón. grabado en Ulrich von Hutten. *Ad Divum Maximianum bello in Venetos euntem Exhortatio*, 1517, British Museum, Departamento de grabados y dibujos.)

ve ni el río Po a causa de los barcos hechos pedazos, capturados o hundidos, y de los supervivientes que nadan en él. [junto con el duque] El reverendísimo monseñor ha participado en la campaña durante toda la noche, ejerciendo la función del capitán perfecto. Un resultado tan glorioso sólo puede haber sido obra de la voluntad de Dios».[28] Al día siguiente, el cardenal volvió a dirigir el ataque, en esta ocasión acompañando a una avanzadilla de soldados de infantería y de caballería ligera por debajo del bastión construido por Venecia antes de dar órdenes a la artillería para que se situara en posición. Una hora antes de la puesta de sol, dio órdenes de abrir fuego. Permaneció toda la noche a caballo dirigiendo las operaciones de aquella espectacular ofensiva; de nuevo las galeras venecianas quedaron destrozadas y se contaba que las cabezas de los remeros sobresalían «cual pájaros en el agua».[29] El poeta Ludovico Ariosto, que escribió a su patrón, el cardenal Ippolito, para felicitarle el día de Navidad,[30] alude a esta victoria en su obra épica *Orlando furioso,* en la que subraya que Ippolito no sólo alcanzó la gloria venciendo al enemigo, sino conservando la mayor parte de sus fuerzas.[31] Tras un desfile victorioso y el canto del tedéum el 27 de diciembre, Ippolito mandó colocar en la catedral de Ferrara un gran número de estandartes bélicos venecianos que se habían capturado.[32] El cardenal conservó su fama militar aunque tuvo que dejarla en un segundo plano cuando el año siguiente el papa declaró la guerra contra su hermano. Pero ello no impidió que en noviembre de 1510 encargara a un artesano milanés una nueva armadura hecha a medida, con peto incluido.[33]

«¡Fuera los bárbaros!» (1): La derrota contra Ferrara (1510-1511)

En cuanto Julio cambió su política para oponerse a Francia y Ferrara, su leal aliada, y formó la llamada Santa Alianza en verano de 1510, su empeño en la guerra se hizo implacable. A partir de entonces, admitió que la estrategia consistía en la radical expulsión de Italia de las fuerzas extranjeras o «bárbaras», a pesar de que fue él mismo quien las llevó a península a partir de la década de los ochenta del siglo anterior. En enero de 1511, Paris de Grassis, el maestro de ceremonias pontificio, declaró que Julio no sólo se había marcado el objetivo de liberar Italia, sino que pretendía «exterminar al rey francés y a todos los franceses».[34] La consecuencia de esta determinación papal, que rayaba en el fanatismo, fue una larga guerra o una serie de ellas. En 1510 habían empezado ya las hostilidades: se excomulgó al duque Alfonso d'Este y de nuevo se unieron para la acción a regañadientes el cardenal Alidosi y el duque Francesco Maria della Rovere. Las tropas pontificias (en esta ocasión también mayoritariamente españolas) y las de Ferrara sembraron la destrucción y extendieron el pillaje en una amplia zona de los alrededores de Bolonia, pero el 3 de septiembre, Alidosi consiguió la rendición de Módena y poco después Francesco Maria tomó Carpi, San Felice y Finale.[35] Con el encargo de preparar un plan para invadir Ferrara, Alidosi mandó una serie de cartas urgentes al marqués de Mantua, a quien al cabo de poco nombrarían *gonfaloniere* de la Iglesia. La principal tarea que se le encomendó fue la de establecer un puente de embarcaciones en el Po, y cuando el marqués preguntó de qué tipo de embarcaciones hablaba Alidosi, el legado replicó con hipocresía: «Su excelencia es más ducho en estas cuestiones que nosotros, puesto que se trata más de una cuestión militar que religiosa, por tanto nos remitimos a vuestro sabio juicio».[36] Al parecer, dicha operación con embarcaciones fluviales de la que dudaba el marqués y que probablemente le molestaba por el tono más bien sarcástico de Alidosi, finalmente no se llevó adelante. En septiembre, impaciente por la victoria, Julio abandonó de nuevo Roma con buena parte de la corte pontificia y estableció otra vez en Bolonia la base de operaciones militares. Poco después de su llegada, Francesco Maria, el aliado seglar de Alidosi, perdió la paciencia con él y lo mandó detener por mal gobierno y sospecha de relaciones desleales con los franceses. Julio, a pesar de su estado febril, restableció a Alidosi en su cargo, aunque a partir de entonces confió menos en él para las operaciones militares.[37]

Otros cardenales participaron en esta feroz campaña en la región de Emilia. De hecho, Julio empezó a echar mano del Sacro Colegio Cardenalicio casi como si se tratara de un cuadro de oficiales. A mediados de octubre, hallándose a las puertas de la muerte aquejado de una fiebre aguda, aunque según un agente portugués[38] anónimo totalmente decidido a luchar, los cardenales Luigi de Aragón y Pedro Isvalies se encargaron de restablecer el orden en Bolonia y de enfrentarse a los franceses. Lo más seguro es que ambos cardenales, nombrados por Alejandro VI, se consideraran una ayuda inocua, alejada de toda sospecha política. Luigi de Aragón, nombrado cardenal a la edad de veinte años, en 1494 –por lo que en 1510 había cumplido ya los treinta– ejerció el cargo al estilo principesco. Era nieto del difunto rey Ferrante y vivió con la esperanza de restituir Nápoles a su familia, a la que Francia se la había arrebatado en 1495 y de nuevo en 1501 gracias a la connivencia de este reino con España y el papado. Isvalies, nombrado en 1500, originario también del reino meridional, donde había sido obispo de Reggio, sirvió como legado en Polonia y Hungría y en mayo de 1510 fue cardenal legado de Perusa con el cometido específico de reclutar allí efectivos de infantería.[39] Por lo que parece, estos dos cardenales, probados antifranceses, protegidos con armaduras bajo sus vestimentas, consiguieron cohesionar a la población de Bolonia para que apoyara y defendiera el gobierno pontificio.[40]

En noviembre entró en escena otro cardenal: Marco Corner. Fue nombrado también en 1500 y era hijo del riquísimo noble veneciano Zorzi Corner, hermano de Caterina, reina de Chipre. Es probable que Julio optara por Corner por su relativa juventud (en 1510 contaba sólo veintiocho años), pero también, y más importante, por su responsabilidad política como súbdito del principal poder aliado en la campaña. Además de ejercer como intermediario entre el pontífice y su sobrino, el duque Francesco Maria della Rovere, acampado en Castelfranco, acompañó también al duque en un reconocimiento de las defensas de Módena, de nuevo en manos de los franceses, y estuvo presente en el sitio y en la toma de Sassuolo.[41] Ni que decir tiene que Alidosi se sentía contrariado por ello, y en una ocasión incluso tiró de su barba en público,[42] una forma de insulto especialmente escandalosa. Pero el 15 de diciembre de 1510 se destinó a otro cardenal a un puesto militar cuando el cardenal Marco Vigerio, obispo de Senigallia se convirtió en legado especial del ejército pontificio.[43] Vigerio, un franciscano protegido de Sixto IV, como ponía de relieve él mismo unos años antes en una carta autobiográfica,[44] era algo mayor para la contienda, pues, al igual que Julio, había cumplido ya los sesenta a pesar de que era cardenal tan sólo desde 1505. Se trata de un personaje leal al entorno de la familia della Rovere y, como quiera que había sido castellano en Sant'Angelo, en Roma, poseía una experiencia que resultaba útil. Poco después de su nombramiento se tomaron dos pequeñas fortalezas, Spilimberto y Concordia,[45] pero Julio menospreció la advertencia de Vigerio a finales de diciembre de que las duras condiciones meteorológicas hacían imposible la toma de Mirandola e incluso cualquier tipo de operación militar. Según Stazio Gadio, de Mantua, el papa se puso hecho una furia y dijo que iría él en persona, como mínimo hasta San Felice. Muchos intentaron disuadirle aduciendo que «no sería un honor para la Iglesia», pero él se mostró inflexible y afirmó que se llevaría como mínimo a tres cardenales.[46]

Como es notorio, la participación directa de Julio en la campaña llegó a su punto culminante en enero, en el sitio de Mirandola, pero para este episodio, a pesar de que él iba como protagonista, escogió como acompañantes a los cardenales probados recientemente, en los que confiaba:[47] Marco Corner, Luigi de Aragón y Pedro Iscalies. Estuvo también implicado Vigerio, como legado en el ejército, pese a las dudas previas, e incluso se unió a ellos Alidosi, aún en su cargo de legado de Bolonia. Otro cardenal que tomó parte en la campaña fue Sigismondo Gonzaga, quien, aun manteniendo todavía su legación pontificia en la Marca de Ancona, había visto ampliarse su legación hasta Mantua y a las campañas militares en las que tomaba parte el propio papa, «sin peligro para nuestra persona». Encontramos estas explicaciones en una carta del pontífice a Sigismondo, fechada en Bolonia el 23 de octubre de 1510, en la que puntualizaba además que el hermano del cardenal, el marqués Gianfrancesco Gonzaga, en su cargo de *gonfaloniere*, estaba también comprometido en «las cuestiones bélicas de la Iglesia» (*res bellicae ipsius ecclesie*).[48] Sigismondo tenía como tareas principales la de animar a su hermano a la acción y garantizar que llegaran de Mantua provisiones y refuerzos.[49] Sin duda Sigismondo sintió la necesidad de mejorar su aspecto marcial, pues en diciembre obtuvo el permiso del pontífice para seguir su ejemplo y dejarse barba.[50]

Mirandola era un sólido castillo situado entre Bolonia y Ferrara, defendido por la joven viuda de su señor, el conde Ludovico Pico. El papa estaba especialmente irritado con ella porque, como hija del gobernador del Milán ocupado por los franceses, Giangiacomo Trivulzio, se había puesto bajo la protección de éstos, aunque dirigir sus iras contra una mujer y estar dispuesto a llegar tan lejos en el peor invierno que se recordaba («tan frío que se helaron el pan y el vino») acabó por dar mala reputación a la campaña y –según un cronista de la zona– avivó todo tipo de chismorreo en Bolonia.[41] Los acontecimientos se describen gráficamente en unos partes que se conservan en Mantua, y también en informes venecianos y cartas privadas transcritas en los diarios de Martin Sanudo. El 2 de enero, Julio salió de Bolonia con su selecto trío de cardenales con destino al castillo de San Felice, al sur de Mirandola, furioso –a pesar de la tormenta– de que su ejército y sus aliados venecianos, acampados al oeste, en Concordia, permanecieran inactivos.[52] Se cuenta que el 3 de enero se desplazó con el «mayor arranque de cólera del mundo» y con la barba tan hirsuta que «parecía un oso». Insultó groseramente a su sobrino, y ocioso mando militar, Francesco Maria, espetándole que podía volver al burdel.[53] Habló también en tono de censura, aunque con menos crudeza, al marqués de Mantua. Cuando le dijeron que estaba en cama con dolor en una pierna; al parecer el pontífice respondió: «Decidle que se levante o iré yo mismo a por él».[54] El 6 de enero de 1511 por la mañana, cuando amainó un poco la nevada, Julio ordenó a los cornetas que llamaran a las tropas, y consta que todo el mundo tembló al oír que los trataba de granujas y ladrones gritando de forma compulsiva: «¡Mirandola! ¡Mirandola!».[55] Después de más días de nieve, el propio Julio se acercó a las murallas.

El Museo Vaticano sigue conservando una armadura que al parecer llevó Julio en Mirandola. En un baile de disfraces que dio el príncipe Borghese en febrero de 1866, «el joven Bolognetti Cenci tomó prestada del papa para la ocasión la armadura de Julio II».[56] El historiador Luwig Pastor citaba que en la década de 1880 se encontraba en el Palacio Vaticano y que tenían intención de exhibirla en las estancias de los Borgia,[57] si bien en ediciones posteriores de su *History of the Popes* expresaba sus dudas sobre la autenticidad de dicha armadura: no queda claro cuando se empezó a asociar con Julio. Últimamente se ha identificado como de finales del siglo XVI y originaria de Brescia.[58] Pero aunque fuera falsa la relación con Julio, y que se remontara tan sólo al siglo XIX, cuando menos demuestra la gran fama de guerrero activo del papa. Con ello no se pretende asegurar que la posesión de una armadura por parte de un papa o un cardenal –o de cualquier prelado o clérigo de rango inferior– sea en sí escandalosa, pues la armadura es más una pieza de defensa que de ataque.

Julio hizo una serie de declaraciones que dejaron claro que comprendía hasta qué punto podía parecer indecorosa o escandalosa su actitud, pero a pesar de todo insistía en que era justificada. Nos consta que el 1 de enero dijo: «De haber venido aquí el marqués de Mantua, me habría ahorrado la molestia de ir al campamento, pues si hubiera estado dispuesto le habríamos mandado a poner las cosas en orden».[59] El 12 de enero, dirigiéndose a los cardenales y a otros congregados, dijo: «Seréis testigos de que no hemos venido a Mirandola a derramar sangre cristiana, aunque si se comete alguna terrible crueldad, nos disculpamos, porque nos veremos obligados a actuar contra nuestra voluntad».[60]

En Mirandola, el 12 de enero, Julio ordenó que la artillería tomara posiciones. Corrían rumores de que la pólvora del pontífice era de tan baja calidad que las balas de cañón apenas llegaban a los muros, aunque a pesar de todo el bombardeo siguió durante una semana y el pontífice incluso amenazó con saquear la ciudad si no se rendía.[61] La recomendación del cardenal Isvalies de ofrecer una rendición negociada a cambio de dinero se rechazó con desdén. Julio replicó que aquello significaría que los soldados pobres se quedarían sin nada y que todo sería para el duque de Urbino.[62] No le amilanó un ataque directo asestado por los defensores de la ciudad al convento en el que pernoctaba (a pesar de que el cronista boloñés afirma que éste se dirigió contra una «miserable cabaña de campesinos»). Dos de sus mozos de cuadra resultaron heridos y posteriormente él ofreció a Nuestra Señora de Loreto una inmensa bala de cañón que había estado a punto de acabar con su vida como agradecimiento por su protección.[63] Gesto parecido al del papa Juan Pablo II, quien presentó a la Virgen de Fátima la bala que en 1981 casi pone fin a su vida. Julio se trasladó a las estancias del cardenal Isvalies, pero enseguida se dio cuenta de que allí también se encontraba desprotegido.[64] Mientras tanto, ordenó un bombardeo incesante contra Mirandola, que siguió hasta la rendición de esta plaza el 20 de enero; por fin ascendió por una escala a través de una grieta en el muro, gesto también criticado en Bolonia como algo insólito y escandaloso.[65] Su falta de decoro también desconcertó al observador veneciano de estos acontecimientos, Hieronimo Lippomano, quien había comentado al cardenal Alidosi que un pontífice que acababa de recuperarse de una grave enfermedad yendo por el campo de batalla cubierto de nieve era una imagen insólita en la Historia.[66] Vale la pena destacar, sin embargo, que el comportamiento de Julio generó también elogios. El marqués de Mantua afirmó que la presencia del papa había sido un punto esencial «para la gloriosa victoria de Mirandola»,[67] y Giovanni Francesco Pico della Mirandola escribió que él había tenido la suerte de volver a casa «por la gracia de Dios Todopoderoso y el trabajo de Su Santidad».[68]

Eufórico tras una victoria tan personal, Julio ordenó un rápido avance hacia Ferrara. Pocos días después de tomar Mirandola, salió al alba con un frío glacial a llamar a las puertas en donde estaba acuartelada la infantería para ordenar a los soldados que salieran bajo la nieve so pena de acabar en la horca.[69] Un agente de Mantua informaba de que el 26 de enero, el cardenal Sigismondo Gonzaga le había encargado que la noche siguiente tenía que garantizar la entrega de sesenta pares de bueyes para transportar armamento a Sermide, el punto sobre el Po desde el que se planificaba un ataque más directo contra Ferrara. Julio ordenó también al cardenal Sigismondo que consiguiera además cincuenta zapadores y bombardas. Según informó el cardenal más tarde, el pontífice guardaba cama, «y en mi opinión, no se sentía muy católico».[70] Menos «católica» fue la diatriba lanzada el 4 de febrero, al día siguiente de que Julio pasara revista a las tropas en Finale: «Quiero Ferrara; preferiría morir como un perro que ceder esta plaza». Al parecer, cinco días más tarde declaró: «Si por casualidad me derrotan, reuniré otro ejército y quedarán [los franceses] tan destrozados que los echaré de Italia».[71]

Es probable que Julio planificara dirigir el ataque final a Ferrara,[72] pero entretanto volvió a Cento y a Bolonia a principios de febrero y nombró a dos cardenales para que se quedaran allí con el ejército. Uno de ellos era Vigerio, pese a los recelos despertados anteriormente, y el otro, Marco Corner, muy joven a la sazón (veintiún años), pero considerado «igual de experto en cuestiones bélicas».[73] La campaña no tuvo éxito; continuó aquel tiempo atroz y las lluvias torrenciales siguieron a las nevadas e inundaron los campos. Julio y su séquito abandonaron de nuevo Bolonia el 11 de febrero. El cardenal de Aragón y el cardenal Vigerio, cuyas edades ya empezaban a pesar en ellos, se instalaron en Finale, lugar al que acudía con frecuencia Alidosi, y los demás se apostaron en otros lugares distintos. Julio decidió avanzar con los cardenales Ivalies y de Aragón vía Lugo y a través de una fortaleza clave, la Bastia del Fossato Zanniolo, después de lo cual contaba hacerse con Argenta y seguir hasta Ferrara.[74] Esta estrategia falló: en lugar de avanzar las fuerzas del pontífice, descendió sobre la Bastia el duque Alfonso d'Este en un temerario asalto poco antes de la puesta del sol del día 27 de febrero. Sus fuerzas infligieron importantes bajas en el ejército pontificio –murieron cientos de soldados españoles– y se hicieron con estandartes y armas.[75] En el intervalo, Julio había establecido su nuevo campamento en Rávena, tras entrar en la ciudad el 18 de febrero y reunir a los cardenales. Impasible ante el fracaso, cuentan que gozaba de un temple y una salud excelentes, propiciados por el aire de mar.[76]

La imagen del papa luchando en la campaña de Ferrara es imborrable, pero hay que insistir en que no fue únicamente la participación de Julio la que representó con tanta fuerza el poder militar de la Iglesia, sino la de todos sus cardenales. Aparte de los mencionados anteriormente, apareció en la Marca un nuevo guerrero de sombrero rojo: Christopher Bainbridge, arzobispo de Cork y embajador de Enrique VIII, quien, como signatario del Tratado, se esperaba que abriera un segundo frente contra Francia. Bainbridge fue nombrado cardenal el 14 de marzo de 1511 y pocos días después se le asignó una legación pontificia especial con el fin de «promover la campaña militar» para tomar por tierra la Bastia del Fossato Zanniolo y aproximarse a Ferrara desde el sur junto con las fuerzas venecianas.[77] Una carta del 22 de marzo de 1511 nos informa de que se envió al cardenal de Inglaterra, legado para esta campaña (*impresa*) con cuatro mil doscientos soldados de a pie, mientras se reclutaban otros trescientos cincuenta hombres armados, seiscientos efectivos de caballería ligera, dos grandes cañones y otras cinco piezas de artillería, aunque Bainbridge se quejó de que no podría empezar si no contaba con más refuerzos, y a principios de abril, las lluvias torrenciales y las inundaciones no permitieron más que alguna escaramuza aislada.[78] Baindridge fue llamado a Bolonia, a donde llegó el 4 de mayo con cerca de cuatro mil efectivos de infantería, unos doscientos lanceros y unos trescientos efectivos de caballería ligera, doce carros con municiones, ocho piezas de artillería pesada, dos cañones y otro armamento y fue inmediatamente redesignado, esta vez como principal legado del ejército pontificio-veneciano para luchar contra los franceses y evitar que cruzaran el río Panaro en dirección a Bolonia, una ardua misión.[79] Entre el 16 y el 18 de mayo, reclamó con urgencia provisiones al cardenal Alidosi y a las autoridades civiles de Bolonia señalando, con un sentido de lo más práctico, que el ejército pontificio no podía intervenir sin efectivos de zapadores y, sobre todo, con adecuadas provisiones de alimentos.[80]

Julio entró a caballo en Rávena el 8 de abril con dieciséis cardenales, un nutrido séquito y al son de unos cañonazos. Un observador le describía hablando de su buen aspecto y aire alegre, diciendo que «no parecía un viejo pontífice, sino un caballero fuerte y elegante». También el maestro de ceremonias afirmó que mantenía su aspecto de guerrero.[81] Pero a pesar de todos los esfuerzos invertidos en poner en marcha una ofensiva contra los franceses, la campaña pontificia fracasó. El 20 de mayo Bolonia se rindió a las fuerzas francesas, y al día siguiente volvieron los Bentivoglio. Como ofensa simbólica y desafío, fue decapitada la efigie en madera del papa que se encontraba en el palacio que daba a la plaza principal, tirada al suelo y quemada por dos de los participantes en el acto.[82] Más tarde, en diciembre, también se derribó y destruyó la gran escultura de bronce de Miguel Ángel que representaba a Julio situada en la fachada de San Petronio. Según la crónica completa fue despedazada y en parte fundida –a excepción de la cabeza– por las hogueras encendidas en la iglesia de San Petronio. Posteriormente, parte del metal, tal vez incluso de la cabeza, fue enviado a Ferrara a petición del duque, y fue refundido para la fabricación de armamento, aunque probablemente sea una leyenda la que cuenta que se convirtió en un enorme cañón llamado «Giulio» o (según una fuente mucho más tardía) «La Giulia».[83] No parece muy probable que Alfonso d'Este, a pesar de todo, quisiera ofender de una forma tan poco diplomática al papa en el momento en que el restablecido gobierno de los Bentivoglio en Bolonia se desvinculaba en mayo de la destrucción de la estatua de madera, castigaba con el destierro a los responsables de la fechoría e incluso encargaba una obra para sustituirla.[84] Los humillantes reveses de 1511 podrían haber servido para insinuar a Julio –suponiendo que en alguna ocasión se hubiera planteado alguna duda– que Dios no apoyaba sus iniciativas, y al mismo tiempo cuestionan la afirmación de Machiavelli sobre su éxito constante en la guerra gracias a la arrojo.[85] No obstante, a Julio no le abandonó la determinación marcial y lo demostró mandando otro ejército para expulsar a los franceses de Italia y recuperar Bolonia.

Nos proporciona finalmente el reverso de la medalla el cardenal beligerante Francesco Alidosi, a pesar de sus aspiraciones a héroe en la campaña de la Romaña de 1509 y su aparente compromiso con las ofensivas llevadas a cabo contra Ferrara y Mirandola. El coraje le abandonó definitivamente en abril de 1511 cuando las cosas empezaron a ir mal, y sus intrigas con los franceses acabaron con su vida a manos de su rencoroso compañero de armas, Francesco Maria della Rovere. Después de huir de Bolonia el 21 de mayo, Alidosi fue al encuentro del papa en Rávena tres días más tarde, pero encontró la muerte, aunque no en el campo de batalla sino en la calle, a manos del duque de Urbino, el sobrino del pontífice.[86]

«Fuera los bárbaros» (2). El camino hacia la victoria, 1511-1513

Los tropiezos de mayo de 1511 no humillaron durante demasiado tiempo a Julio. De vuelta a Roma en junio se consoló recordando su éxito en la pacificación de Spoleto treinta y siete años antes.[87] Si bien la enfermedad le postró de nuevo a finales del verano, no tardó en planificar una nueva campaña en el norte de Italia. Exacerbó su ira contra los franceses el Concilio General cismático que convocó Luis XII en Milán, y que se trasladó luego a Pisa, donde amenazó con deponer a Julio y elegir un antipapa. Julio, por su parte, respondió planificando una guerra a gran escala, que tenían quc desencadenar los poderes aliados en una Sagrada Alianza de nuevo ímpetu, en la que se integraban básicamente el pontificado, España e Inglaterra. El cardenal Giovanni de Medici, hijo de Lorenzo el Magnífico, no en su calidad de militar sino como figura de relevancia política que vivía con la esperanza de la vuelta a Florencia de su familia, fue nombrado nuevo legado en Bolonia y Emilia el 1 de octubre de 1511.[88]

Mientras tanto, Julio reclutó como tropas de choque de la Alianza a la temible y devota infantería alpina suiza, una parte de la cual estaba ya integrada en su cuerpo de seguridad. Presentó los estandartes pontificios al contingente suizo y además les envió la espada y el solideo papal.[89] También recibió un estandarte el comandante aliado Ramón de Cardona, virrey español de Nápoles. Las citadas tropas alpinas, inspiradas por el germanoparlante y antifrancés obispo de Sión, Matthäeus Schiner, que fue nombrado cardenal en marzo de 1511 como Bainbridge y designado legado entre los suizos el 9 de enero de 1512,[90] fueron básicamente las responsables de la derrota de los franceses gracias a su efectividad tras la batalla de Rávena (11 de abril de 1512), contienda que en un primer momento se había aclamado como victoria francesa.[91] Tan sólo una semana después, Julio insistió en que Schiner reuniera de nuevo a los suizos para conseguir otra arremetida contra los franceses, recalcando que el ejército pontificio, pese a llevarse la peor parte en la batalla, se encontraba en aquellos momentos más fuerte y vigoroso que nunca.[92] A finales de abril, Schiner escribió al marqués de Mantua para informarle de que veinticinco mil suizos habían descendido por el valle del Adige para sumarse a sus fuerzas y atacar a los franceses, y pedirle provisiones, utilizando el mismo argumento que Bainbridge acerca de la necesidad de alimentar a los soldados que tenían que luchar.[93] A principios de junio consiguió dirigir el ejército conjunto de suizos y venecianos, evitó que saquearan Cremona y en junio les llevó a la victoria decisiva de Pavía contra los franceses, a quienes persiguieron hasta la frontera.[94]

Cabe destacar que en la batalla de Rávena como mínimo se contaron tres cardenales en el campo de batalla. En el bando de la Sagrada Alianza, además del cardenal Schiner, se encontraba Giovanni de Medici, «legado cardenalicio de Bolonia y del ejército de la Sagrada Alianza». A pesar de que los franceses le hicieron prisionero, Julio insistió en que había opuesto una heroica resistencia: «Mientras insistía en que las fuerzas [de la Alianza] lucharan con valor, fue interceptado por el enemigo».[95] Con los franceses se encontraba el cardenal renegado Federico Sanseverino, hijo, como se recordará, del *condottiere* profesional Roberto Sanseverino. Confirma su considerable estatura y su fortaleza física el cronista Paolo Giovio, quien afirmaba que fue el cardenal Sanseverino, que aventajaba a Giovanni de Medici en el campo de batalla, el que garantizó la seguridad física de este último (el futuro papa León X, a quien llevaron a Milán y que posteriormente, camino de Francia, huyó de sus captores disfrazado de soldado).[96] Se dice que Sanseverino, dando por supuesta la victoria total de los franceses en Rávena, afirmó que bastaría con disponer de doscientos lanceros, tres mil soldados de infantería y algunos efectivos de caballería ligera para entrar posteriormente en Roma, y que nadie opondría resistencia.[97]

Pero el cardenal Sanseverino estaba equivocado. Gracias a la infantería suiza, los franceses, a pesar de ganar la batalla de Rávena, se replegaron y fueron derrotados y expulsados de Italia meses después. Rávena volvió a ser ciudad pontificia y por segunda vez Bolonia se sometió a Julio, quien permitió tomar posesión de ella, como vicelegado, al cardenal Sigismondo Gonzaga, sin ningún tipo de recriminación. Al contrario, pudo llegar a la ciudad el 10 de junio junto con el rehabilitado Francesco Maria della Rovere.[98] El maestro de ceremonias del pontífice describió el júbilo reinante en Roma, donde una procesión de antorchas recorrió la ciudad el 27 de junio.[99] Se trazó un nuevo mapa de Italia en la Dieta de Mantua, en agosto, en una especie de conferencia de paz de los vencedores a la que asistió el ostentoso representante del emperador Maximiliano: el cardenal Matthäeus Lang, que acudió con una nutrida escolta militar. Había que castigar a la república de Florencia por su alianza con Francia y la restauración de los Medici y al pontificado no solamente se le ratificó el control de toda la Romaña y la Marca de Ancona –alcanzado por fin el objetivo que había supuesto más de dos siglos de conflictos–, sino que consiguió otras adquisiciones inimaginables. A partir del ducado de Milán antes ocupado por los franceses –que iba a convertirse por un breve espacio de tiempo en un debilitado principado de los Sforza–, la Iglesia se hizo con Parma, Piacenza y sus territorios. No está claro si se utilizó como justificación algún derecho legal. Ciertos autores contemporáneos han afirmado que el papa habló del legado de Matilda de Canossa, que se remontaba al siglo XI, al que debía de referirse Folenghino, el agente de Mantua, al citar al papa afirmando que los derechos legales de la Iglesia eran «tan antiguos que sería incluso bochornoso discutirlos» (*le ragion de la Chiesa sono tanto vecchie che è vergogna ad parlarne*), una argumentación apabullante y suficientemente elocuente, de la que a menudo ha echado mano el Estado pontificio. La Iglesia se apropió también del ducado de Módena y del señorío de Reggio, en manos de Alfonso d'Este, antiguos territorios matildinos que a Alfonso le legó el emperador.[100] El propio futuro de Ferrara se veía incierto. Julio seguía deseando también la expulsión de Alfonso, a pesar de haberle proporcionado un salvoconducto para visitar

Roma en julio de 1512. En las cartas de Folenghino, agente de Mantua, vemos la inflexible determinación de Julio de obtener Ferrara y las órdenes urgentes que daba a Francesco Maria della Rovere para que se pusiera manos a la obra para alcanzar dicho objetivo, aunque Francesco Maria mostraba su habitual lasitud.[101] A pesar de todo, en aquellos momentos el Estado Pontificio se había extendido hacia el norte de Italia. Poco antes de la muerte de Julio, en febrero de 1513, la Iglesia se mostraba triunfante bajo su dirección, un triunfo que tenía como base la fuerza armada.

La fascinación obsesiva que sentía Julio por la guerra no era sólo literaria e histórica, como en el caso de Pío II, o un instrumento político más. Por el contrario, al parecer él se inclinaba por la expresión de ésta en objetos y obras de arte. Así, la conquista y la sumisión a la autoridad eclesiástica fue probablemente uno de los motivos de la tumba que proyectó para él Miguel Ángel, a pesar de que el encargo original se hiciera antes de la primera expedición militar pontificia a Perusa y Bolonia en 1506. Condivi,[102] biógrafo de Miguel Ángel, rectificó lo afirmado por Vasari, quien en la primera versión de su *Vida de Miguel Ángel* (1550) afirmó que las esculturas de la victoria con las provincias conquistadas a sus pies estaban destinadas a situarse entre las figuras que adornaban el frontón. Encima había que situar al feroz Moisés, colocado posteriormente en la iglesia de San Pietro in Vincoli, y una figura de san Pablo. Según Condivi, que probablemente lo habló con Miguel Ángel, el tema del monumento era la probable muerte de las artes liberales tras el fallecimiento del papa, aunque ello no explica cuál es el papel en la obra de Moisés como legislador y dirigente. No obstante, los ejemplos de la intervención de la fuerza divina a favor del clero y las posesiones de la Iglesia parecen ser el tema principal de la *Stanza* de Heliodoro, la segunda vivienda de Julio encargada a Rafael, que representan la milagrosa liberación de la cárcel de san Pedro y el castigo de Heliodoro (Macabeos, 2) por intentar robar el tesoro del templo. Una tercera escena, *El rechazo de Atila*, en la que se representa la confrontación militar que se evitó gracias a la intervención aérea de san Pedro y san Pablo, es probable que se concibiera en la época de Julio, pero que se concluyera en el papado de su sucesor.[103]

Esta inclinación se refleja asimismo en una serie de episodios que ponen de relieve el afecto que sentía Julio por el joven hijo del marqués de Mantua, Federico, enviado a Roma como prenda o rehén para asegurar la lealtad de su padre, después de que el gobierno veneciano liberara al marqués de su cautiverio en 1510. En mayo de 1512, cuando Isabella d'Este pidió a Rafael que hiciera un retrato de su hijo con armadura, el papa entregó al joven una túnica (*saglia*) de un tejido que había pertenecido a César Borgia.[104] Unos meses más tarde, Julio insistió en que Federico, que tenía tan sólo doce años, se pusiera la armadura y le acompañara a inspeccionar la artillería del pontificado. En una carta fechada en Roma el 15 de agosto de 1512, Stazio Gadio, el agente de Mantua que no perdía de vista a Federico, escribía: «Cuando llegaron al lugar en el que se guardaba el armamento, Julio se lució mostrándole las armas una por una, llamándolas ante Federico por su nombre, "el toro", "el león", "el zorro", "el perro"». Como mínimo este pontífice, a pesar de deleitarse con su considerable armamento, no había puesto a las armas, como hiciera Pío II, los nombres de su familia. Por fin, Julio mostró a Federico una pieza importante que quería llevar a la fundición y le dijo: «Ésta la vamos a fundir muy pronto, Federico, de modo que puedes escribir a tu padre diciéndole que te he mostrado algo que él no ha visto en su vida».[105] Encontramos otra referencia a la impresionante arma de Julio en una carta escrita más o menos un mes más tarde. Al parecer fue un armero de Ferrara, el maestro Andrea, quien se encargó de ella, porque «esa preciosa pieza de artillería, larguísima y gruesa, no salió en condiciones de la fundición, pues habían ahorrado metal en su fabricación».[106]

A principios de 1513, durante el carnaval romano, tan sólo quince días después de la muerte de Julio, se celebraban de nuevo sus victorias en una extraordinaria serie de cuadros y desfiles, tal como describía Stazio Gadio en otra carta a Isabella d'Este.[107] Fue un acontecimiento civil y, como tal, excepcionalmente respetuoso en su expresión de apoyo a la autoridad papal y al éxito militar. Se vieron en la celebración cuadrigas, «emulando los antiguos triunfos romanos, construidas en honor del papa Julio». En la primera aparecía «una cautiva atada a un árbol», probablemente el emblema del roble de los della Rovere, rodeada de «botines de guerra y armas del enemigo vencido» siguiendo la antigua costumbre romana de celebrar los triunfos colocando a la cabeza de los desfiles a los prisioneros y el botín de los enemigos. La segunda cuadriga representaba a Italia, pintada sobre un lienzo, con sus fronteras, y encima el lema: «Italia liberada». En la tercera se veía una montaña cuya cima estaba formada por la cabeza de un hombre barbudo coronada de nieve. Según la inscripción, era la representación de los Apeninos. La cuarta representaba una ciudad, y en ella se veía a una cautiva atada a un roble con el lema: «Bolonia, la causa de todos los males». En la quinta se veía la ciudad de Reggio y a un sacerdote que sacrificaba un toro. La sexta era la ciudad de Parma, según la inscripción, que rezaba: «Parma dorada». En la séptima se veía a una mujer que presentaba la ciudad de Piacenza al pontífice y en la inscripción se leía: «Piacenza, fiel colonia romana». En la octava estaba el Po, el dios fluvial, con una cuadriga en el agua en la que se encontraban las siete hermanas de Faetón convertidas en álamos; por encima se veía el Faetón destruido, la destrozada cuadriga del sol con los caballos desperdigados. Sobre la novena se veía a una mujer que coronaba a otra, al parecer Génova coronando a Savona (por lo visto pretendía representar el triunfo de la ciudad natal del papa). La décima representaba a Moisés, quien en el desierto exaltó la imagen de una serpiente, que tenía en la boca la morera, las armas de Sforza. En la decimoprimera aparecía san Ambrosio a caballo con un orbe en la mano y algunos hombres bajo sus pies. Por encima de la decimosegunda se veía un obelisco o aguja erigido en honor del papa Julio, tal como podía leerse en la inscripción, en griego, hebreo, egipcio y latín, prácticamente con el mismo significado. La inscripción latina decía: «Julio II, pontífice máximo, libertador de Italia y vencedor del cisma». Seguía en la decimotercera el templo de Apolo de Delfos. En la decimocuarta de mostraba a Aarón ofreciendo un sacrificio a Dios y a los judíos desobedientes abatidos por el fuego del sacrificio. En la decimoquinta iba la Hidra, y sobre ella, un hombre con una espada dispuesto a cortar cabezas. En la decimosexta se veía el (Quinto) Concilio Laterano, el Concilio General de la Iglesia convocado en diciembre de 1512 para acabar con el cisma y discutir la reforma, con el papa, el emperador, los reyes, cardenales, obispos y señores. En la decimoséptima se veía un enorme roble, y en su cima el papa, en la parte intermedia el emperador, más abajo los reyes de España e Inglaterra y al pie las armas de la Santa Alianza.

Cabe citar en justicia que el mismo Julio había declarado en múltiples ocasiones que sus acciones bélicas en Italia en defensa de la Iglesia no eran más que el preludio de una gran campaña contra los infieles. Se afirmaba, por ejemplo, que había dicho que Agnadello no era nada comparado con la victoria que iba a conseguir contra los turcos.[108] El cardenal Sigismondo Gonzaga informaba en junio de 1509 de que el papa había encargado una serie de galeras en Civitavecchia y de que había pedido personalmente seis a Ancona, que estarían listas en pocas semanas. Según él, aquello implicaba que Julio estaba dispuesto a partir, que tenía intención de dar las gracias a Nuestra Señora de Loreto, recorrer las tierras conquistadas de la Romaña y establecer en Bolonia su base para la organización de la cruzada, que contaba con celebrar la misa en Constantinopla al cabo de un año.[109] Nunca perdió de vista aquel objetivo. Incluso en sus peores momentos en la Romaña, en primavera de 1511, al parecer Julio pidió al embajador del rey de Escocia que convenciera a Luis XII para hacer las paces y emprender una campaña contra los infieles en la que el papa participaría en persona.[110] En consonancia con esta determinación pontificia de resolver los problemas de la cristiandad de forma rápida con el objeto de enfrentarse al enemigo externo de siempre, Jiménez de Cisneros (1436-1517, cardenal desde mayo de 1507, fundador de la Universidad de Alcalá y miembro de la comisión de la primera Biblia políglota) dirigió enérgicamente las tropas –para irritación de los oficiales profesionales– en el sitio de Orán en 1509 y declaró que le resultaba más agradable el olor de la pólvora que todos los perfumes de Arabia.[111]

Cabe resaltar que si bien los excesos de celo y los frecuentes fallos de autocontrol de Julio desencadenaron serias críticas y burlas, este pontífice se mantuvo básicamente en la línea de una larga tradición, una tradición canónica que obligaba a los dirigentes eclesiásticos a recurrir a las armas –aunque siempre que fuera posible sin provocar un derramamiento de sangre con sus propias manos– cuando la Iglesia se encontraba en peligro. Incluso lo refrendaron los autores humanistas. En la época de Julio II, Paolo Cortesi, en su obra *De Cardinalatu* (Sobre el cardenalato), recurrió a la tradición canónica para enumerar las ocasiones que podían llevar con razón a un cardenal a la guerra. En su exposición sobre las cualidades morales aconsejables para un cardenal, Cortesi escribe bajo el título «Fuerza» nueve ocasiones en las que podría ser necesario recurrir a ella; entre otras, el cisma, la herejía, el sacrilegio, el ataque o la no restitución de las tierras y ciudades pertenecientes a la Iglesia, la sedición, el impago de impuestos, etcétera. Propone como ejemplo la reciente declaración de guerra de Julio II contra Venecia y la campaña de la Romaña en la primavera de 1509 dirigida por el cardenal Alidosi,[112] a pesar de que la «fuerza» no fuera una de las virtudes de dicho cardenal.

El retrato de Julio en el célebre diálogo anónimo *Julius Exclusus* constituye, sin duda, una caricatura grotesca, por no decir del todo inmerecida. Se editó por primera vez en 1518, pero había circulado anteriormente en forma de manuscrito, y se atribuyó entonces y también más tarde a Erasmo, a pesar de sus categóricos desmentidos. Hace poco se ha citado como autor al humanista inglés Richard Pace,[113] quien en su diálogo sobre educación, *De Fructu* (1517) afirma haber escrito un texto contra Julio en el periodo transcurrido entre la muerte de este pontífice y la elección de su sucesor (febrero-marzo de 1513). Se han detectado, por otra parte, otros paralelismos entre las dos obras, como una cierta teatralidad característica de Pace.[114] La atribución tiene un interés añadido si se tiene en cuenta que Pace fue primer secretario del cardenal Christopher Bainbridge y escribía –algo poco corriente en un inglés por aquel entonces– tanto en italiano como en latín para el cardenal en letra itálica.[115] Bainbridge, como Julio, tenía un carácter belicoso y, a pesar de que probablemente Pace no participó con él en la campaña militar contra Ferrara en la primavera de 1511, sin duda apreció que aquél en su relato apareciera enaltecido por el papa. Bainbridge vivía aún en febrero de 1513. Un año después, Pace le dedicó su traducción de las *Vidas paralelas* de Plutarco y le expresó su agradecimiento en *De fructu*.[116] Así pues, no queda claro el objetivo y la motivación de Pace (suponiendo que él fuera el autor) para arriesgar su carrera escribiendo una maliciosa diatriba contra el patrón de su patrón.

Una serie de detalles sobre la conducta de Julio en plena tensión de la guerra, como ilustran las fuentes veneciana y boloñesa, provocaron sorpresa e impresión entre sus contemporáneos. Pero en general actuó siguiendo la línea tradicional, si bien con un compromiso personal más intenso y con menos contención que sus predecesores. Ni siquiera fue innovadora la idea de llevarse prácticamente a toda la corte papal a la zona de guerra o al supuesto campo de batalla, como hizo en 1506 y en 1510-1511: ¿acaso no pretendía hacer lo mismo Pío II cuando salió para Ancona en 1464? En diciembre de 1512 se abrió la cuarta sesión del Concilio Luterano poniendo a Julio por las nubes por haber emprendido la «guerra justa» y por las tierras que recuperó para la Iglesia.[117] El poeta neolatino Marco Girolamo Vida compuso entre 1511 y 1513 una *Juliada* épica en honor a las gestas marciales del pontífice, pero por desgracia no ha llegado hasta nuestros días (siguió posteriormente con su épica sobre la vida de Cristo).[118] Encontramos unas alabanzas exageradas sobre el carácter bélico y los logros de Julio –que contrastan con los textos que hemos citado al principio del capítulo de Machiavelli y de Guicciardini, quienes escribieron desde una óptica casi irónica o como mínimo seglar– en el resumen del reconocido teólogo e historiador jesuita, el cardenal Bellarmine (1542-1621), a finales del siglo XVI. Bellarmine elogió a Julio por haber «recuperado buena parte del reino eclesiástico y llevando a cabo la tarea con diligencia y virtud, a imitación del gran trabajo virtuoso y diligente de los célebres santos, en parte por sus propias fuerzas armadas y en parte con ayuda de sus aliados».[119]

6

Después de Julio II: El tardorenacimiento pontificio y la guerra, 1513-1565

León X: Más guerra (1513-1521)

Si el pontificado de Julio II constituyó la cumbre en la cuestión de las guerras del pontificado, lo que siguió no fue ni de lejos inferior. Cierto es que se aclamó a León X (el cardenal Giovanni de Medici) en 1513 como papa de la paz, el pontífice que tenía curar a Italia y a la cristiandad. La idea se expresó en las celebraciones de la toma de posesión del Laterano el 11 de abril. Se instaló, por ejemplo, en la casa del banquero de Siena Agostino Chigi un arco de triunfo provisional con inscripciones en ambos lados en las que se saludaba a León como «el jubiloso restaurador de la paz».[1] Se hicieron también juegos de palabras con su apellido, recogidos en los versos que se recitaron en el festival de poesía de los estudiantes romanos, los *pasquini*. En abril de 1513 su tema fue Apolo, mientras que el año anterior había sido Marte.[2] La aclamación de León como portador de la paz, en especial por parte de los florentinos, contenía una cierta alusión también a su padre, Lorenzo el Magnífico, ya mitificado como estadista de una edad de oro, cuya diplomacia probablemente había evitado el cataclismo de las invasiones y guerras extranjeras del periodo transcurrido a partir de su muerte, acaecida en 1492.[3] La proyección de León como príncipe de la paz tuvo también como base la diferencia de edad, aspecto y carácter entre él y Julio II. Incluso Erasmo cayó rendido ante la promesa que representaba el carácter de León y su respeto por el conocimiento, y además se especulaba con el hecho de que existían indicios para pensar que iba a convertirse en el papa angelical destinado a inaugurar una nueva era.[4]

Sin embargo, aquella imagen tenía mucho de engañosa y duró poco. El corpulento y miope León en realidad no se mostró reacio a utilizar la fuerza. Nos lo demuestra su pasión por la caza y la descripción gráfica que hace un observador, secretario del cardenal, en la que describe a León entrando en un recinto cercado en el que habían encerrado a un ciervo con su monóculo en una mano y la espada en la otra, y atizando al desdichado animal un golpe mortal.[5] La idea de que León inició una edad de oro de paz se basaba en las últimas victorias de Julio II, cuyas empresas bélicas contra los franceses recibieron el apoyo entusiasta de los Medici y –pese a la desafortunada captura del cardenal Giovanni en la batalla de Rávena– llevaron a la restauración de esta familia en Florencia en septiembre de 1512.

La primavera de 1513 fue tan sólo un breve periodo prometedor para presentar al papa como paladín de la neutralidad, la paz y la moderación. Los observadores de la corte romana apuntaron enseguida que la actitud de León en el fondo casaba bastante con la de su predecesor, con quien él mismo había colaborado lealmente, por no decir gloriosamente, en sucesivas legaciones militares. Un agente de Mantua comunicó a su señor, el marqués, el 13 de marzo de 1513, que se comentaba que el papa había enviado una carta en términos enérgicos a Massimiliano Sforza, el «repuesto» duque de Milán, acerca del intento de restitución de Parma y Piacenza, tomadas para él por Ramón Cardona, virrey del Nápoles español, como medio para fortalecer Milán contra el peligro de una nueva invasión francesa. «No creo –escribió– que el papa León vaya a ser menos tenaz en cuanto a las cuestiones de la Iglesia que el papa Julio, de fausta memoria.» Asimismo, el cardenal Sigismondo Gonzaga escribía a su cuñada Isabella d'Este el 11 de abril: «Su santidad ha triunfado como capitán [sic] y vicario de Cristo».[7]

León siguió intentando cultivar su imagen de conciliador, que le costó mantener después de que se hiciera público –más o menos como ocurrió en 1499– el acuerdo entre Francia y Venecia para la reconquista de Milán. Presionado, renovó la «Sagrada Alianza» antifrancesa e incluso pagó una subvención encubierta a los suizos. Estas intrépidas tropas derrotaron a lo invasores franceses en Novara en junio de 1513 y las noticias sobre la victoria se recibieron con gran júbilo en Roma. León ordenó disparar una salva desde Castel Sant'Angelo y el cardenal Bainbridge informó de que en las altas esferas se habló del renovado deseo de «exterminio» total del rey francés. Aquello fue no sólo una nueva evocación de los triunfos de Julio II del año anterior, sino también una victoria personal del cardenal Schiner, hasta tal punto que en Santa Pudenziana, la iglesia de la que había sido titular Schiner en Roma, se echaron las campanas al vuelo y por las calles se oyeron gritos de «¡Julio!, ¡Julio!».

No obstante, León siguió manteniendo la puerta abierta a la reconciliación con Francia. En octubre, los cardenales rebeldes profranceses, entre los que se contaba Federico Sanseverino, llegaron a Roma arrepentidos y León les perdonó y readmitió pese a las protestas de Bainbridge y Schiner.[9] Mientras tanto, se había anexionado Módena comprando la plaza al emperador, su señor, con lo que probablemente redujo la necesidad de entablar otra guerra contra Alfonso d'Este, el fiel aliado de Francia. No se comprometió sin embargo en ninguna alianza con los franceses, desalentó una nueva invasión de Italia por parte de Luis XII e incluso estableció un acuerdo secreto contra los franceses con Fernando de España. La vía de la diplomacia pontificia en 1513-1514 fue compleja e inconstante y no vamos a seguir aquí su curso. Entre sus puntos más coherentes, como precisaba Francesco Vettori, embajador de Florencia en Roma, en una carta escrita a su amigo Machiavelli en julio de 1513, se encontraba la conservación del poder del Estado Pontificio tal como lo había dejado Julio, así como garantizar el porvenir de Giuliano de Medici, el hermano menor del papa, y de Lorenzo, su sobrino (hijo de Piero, su hermano mayor, que había huido de Florencia en 1494).[10] Para Giuliano, como ya se ha apuntado, había que buscar un principado, tal vez formado por Parma y Piacenza. Machiavelli, que aconsejaba a León evitar a toda costa la neutralidad –por la que, afirmaba, incluso un príncipe eclesiástico corría el riesgo de verse despreciado–, comentó más tarde que un nuevo principado tan heterogéneo que incluyera Módena y Reggio podía resultar valioso, pero excesivamente complicado para mantenerlo unido.[11] Probablemente habría sorprendido a Lorenzo el Magnífico, padre de León, que la advertencia que había lanzado en 1488 sobre la posibilidad de que en Italia se consolidara un Estado Pontificio dominante se hubiera hecho realidad en una versión florentinizada y con su propio hijo al mando. Y no sólo era eso, sino que parecía existir la posibilidad de que un príncipe seglar de la familia Medici, aliado y patrocinado por la autoridad temporal pontificia, consiguiera un principado lo suficientemente fuerte para estabilizar buena parte de Italia, tal como planteaba Machiavelli en la conclusión de *El príncipe.*

No cabe duda de que León sentía una verdadera inclinación –cuando no se protegía a sí mismo o hacía el doble juego– por reemprender la beligerancia de su predecesor como paladín de la autoridad pontificia. Se deduce incluso del continuismo de Julio en la decoración de las estancias papales. En *El rechazo de Atila* parece que el fresco, comparado con un primer esbozo, se cambió ligeramente con la introducción del propio León X en el papel de León I a lomos de un caballo blanco. Se ha apuntado que pretendía ser el caballo que montaba como cardenal en la batalla de Rávena, aunque parece improbable la inclusión de un detalle tan personal, sobre todo por la humillación que implicó tal gesta. En realidad parece que no huyó de la captura a caballo. En la sala siguiente, la *Stanza dell' incendio* (1514-1517) encontramos más pruebas históricas del poder divino ejercido de forma milagrosa a favor de la autoridad pontificia y en pro de los papas anteriores llamados León. Una de ellas es *El incendio en el Borgo* (el barrio adyacente a San Pedro), donde León III, con rasgos parecidos a los de León X, se asoma a la ventana y bendice a la multitud romana como benévolo obispo de ésta y al parecer sofoca la conflagración. Encontramos otra escena de este tipo en *La victoria sobre los sarracenos en Ostia*, presidida por León IV.[12]

Al principio se detectan escasas diferencias en la cautela pontificia y el respaldo a ambos bandos tras la muerte súbita de Luis XII el 1 de enero de 1515 y la subida al trono de Francisco I. Giuliano de Medici se casó en junio con la joven tía del rey, Filiberta de Saboya, con la promesa de una dote en territorios –al parecer la complicada combinación de Parma, Piacenza, Módena y Reggio–, que habría creado una base de poder completamente nueva para los Medici. Ahora bien, cuando Francisco I invadió Lombardía en julio atravesando con su ejército los Alpes por una ruta inusual y amenazó también Milán, León tuvo que mostrarse contundente y oponerse a él, pese a que seguía llevando adelante acercamientos y negociaciones en secreto. Se nombró legado del ejército pontificio al cardenal Giulio de Medici, primo del papa, y a Giuliano, a la sazón duque de Nemours, se le concedió el cargo de capitán general. El 2 de julio de 1515, León bendijo a Giuliano y le entregó el bastón de mando y dos estandartes –uno con las llaves cruzadas pontificias y el otro con el emblema de las *palle* de los Medici–, pero a causa de una grave enfermedad (Giuliano murió en marzo de 1516), el cargo pasó a Lorenzo, su joven primo. Se llamó de nuevo entonces al cardenal Schiner para que hiciera las veces de legado ante a las tropas suizas reunidas para defender el Estado

Pontificio. Sin embargo, el cardenal Giulio y Giuliano actuaron con gran lentitud y eludiendo la acción. El cardenal escribió sin rubor a Lorenzo el 30 de agosto que, si había que enviar a la batalla a veinte mil efectivos del ejército pontificio mientras esperaban a la caballería ligera del cardenal Schiner, se necesitaba un mayor compromiso por parte de las tropas suizas en el Po. Evidentemente, existía la fuerte sospecha de que los suizos podían establecer por su cuenta un acuerdo de paz con los franceses. El cardenal Giulio escribió de nuevo, a la llegada de Schiner a Pavía con dos mil soldados, diciendo a Lorenzo que enviara a un emisario para que se reuniera con él, pero que no ofreciera ayuda adicional.[13] El cardenal Schiner lanzó su ataque contra los franceses en Marignano, cerca de Milán, el 13 de septiembre, y al principio cosechó algún éxito, pero durante el segundo día los supuestamente invencibles suizos quedaron derrotados y Massimiliano Sforza huyó.

Después de Marignano, a León no le quedó más remedio que optar por los franceses si quería salvar Bolonia y las restantes tierras pontificias. En el concordato firmado en Bolonia en diciembre tuvo la satisfacción de dar la absolución a los oficiales y soldados franceses que confesaron sus pecados por haber luchado contra Julio II, y se cuenta que Francisco I dijo a León: «No debe extrañaros, santo padre, que todos estos hombres sigan siendo enemigos del papa Julio, pues en realidad él fue nuestro mayor adversario. No hemos conocido en la guerra a un enemigo tan terrible como el papa Julio, que fue realmente un capitán muy prudente y supo dirigir mejor el ejército que el papado».[14] A pesar de este reconocimiento del talento militar pontificio, León tuvo que devolver a los franceses, que en aquellos momentos habían recuperado el dominio de Milán, Parma y Piacenza, que habían constituido las últimas y más espectaculares victorias de Julio. Aquella humillación le hizo mucho daño, y por lo visto tenía que ceder también Módena y Reggio, pero evitó hacerlo mediante un acuerdo económico con el emperador.[15] Francesco Guicciardini, letrado e historiador florentino, fue nombrado primero gobernador papal de Módena (junio de 1516) y luego de Reggio (julio de 1517): ambas zonas se convirtieron en el baluarte del Estado Pontificio. Es curioso que Guicciardini, que demostró ser un administrador exigente y sagaz, aceptara una tarea tan difícil, ya que en sus escritos defendía a capa y espada la nula validez del poder temporal pontificio.

Entre los cardenales que podrían considerarse veteranos en las guerras de Julio, ya se trate de los de la época de León o de los que nombró el propio Julio, Schiner fue el que se mantuvo más tiempo y el que estuvo más implicado en operaciones militares; casi se podría decir que fue el único que siguió en el ejército en el periodo de papado de León. Bainbridge murió en julio de 1514; Marco Vigerio y Federico Sanseverino lo hicieron en 1516. Corner no participó en más guerras, pues se retiró en 1517 a la propiedad que poseía su tía Caterina, ex reina de Chipre, y murió en 1524; Luigi de Aragón abandonó Roma durante largos periodos para viajar y murió en enero de 1519; Sigismondo Gonzaga vivió retirado en Mantua. Ippolito d'Este, descrito por el embajador veneciano en 1517 como «hombre con más madera de guerrero que de otra cosa»,[16] no hizo demasiados alardes en este campo, ni en su época al servicio de Julio ni cuando estuvo con León, probablemente a causa de la hostilidad de ambos pontífices hacia su hermano, el duque Alfonso d'Este. No obstante, en 1518-1519 fue enviado como legado cardenalicio a Hungría, donde destacó en algunas feroces cazas de osos cuando no se encontraba en misiones contra los turcos, consciente de la peligrosa proximidad de Buda y de su obispado de Eger. El cardenal Ippolito envió como regalos a su cuñado Gianfrancesco Gonzaga, marqués de Mantua, un trabuco (*schiopetto*) y un puñal de Bohemia.[17]

Entre los cardenales nombrados durante el pontificado de León, dos de los primeros, Giulio de Medici y Bernardo Dovizi (ambos elegidos en 1513) fueron designados legados cardenalicios del ejército pontificio en distintas guerras, aunque, como se verá más adelante, no demostraron ser precisamente los más adecuados para dicho puesto. Lo nutrido del grupo de nuevos cardenales nombrados en 1517 por León obedecía en parte a la desesperada necesidad del pontífice de contar con personas leales en su entorno tras el descubrimiento de una criminal conspiración contra él en la que estaban implicados como mínimo seis cardenales. Entre los nuevos, la imagen más bélica nos la proporciona Pompeo Colonna, como demostró posteriormente su turbulenta carrera. Pompeo descendía del belicoso clan señorial romano que Alejandro VI intentó reducir por medio de la confiscación de sus tierras, y como joven cardenal contaba ya con un pasado especialmente marcado por la violencia. Según Paolo Giovio, su biógrafo contemporáneo, Pompeo fue educado única y exclusivamente en las artes de la guerra. Luchó en el bando vencedor en la batalla de Garigliano en 1504 (cuando los franceses perdieron el control del reino de Nápoles y éste paso a manos de España) y en 1511 dirigió una rebelión civil contra el gobierno pontificio de Roma.[18] Del resto de los cardenales nombrados por León, pocos destacan por sus dotes bélicas y de mando en este campo, aunque se trata de cualidades que a veces surgen en los lugares más inesperados.

Poco después de su capitulación frente a Francisco I en la segunda mitad de 1515, León limitó sus puntos de mira para organizar una violenta campaña contra Italia, en ciertos aspectos más agresiva que cualquiera de las organizadas por Julio II, a pesar de que, a diferencia de éste, nunca participó personalmente en ellas. Probablemente a raíz de la insistencia de Alfonsina Orsini, la madre de Lorenzo de Medici, en mayo de 1516 mandó un ejército a expulsar a Francesco Maria della Rovere, duque de Urbino, alegando desobediencia, y en su lugar nombró a Lorenzo, una operación militar de las más ruinosas y fracasadas de la historia del Estado Pontificio. En efecto, en febrero de 1517, Francesco Maria, con el apoyo de las tropas españolas, volvió de su exilio de Mantua para reconquistar Urbino y buena parte de sus tierras.[19] Se invirtieron entonces enormes sumas en refuerzos para las tropas pontificias que de poco sirvieron,[20] aunque finalmente Roberto Boschetti (antiguo protegido de Giuliano de Medici), nombrado comisario especial del pontífice en Fano, consiguió proporcionar a las fuerzas munición suficiente para repeler los asaltos emprendidos por Lorenzo Maria desde el mar.[21] No obstante, el 26 de marzo Lorenzo fue herido en las afueras de Mondolfo y con ello las nutridas fuerzas del pontífice quedaron sin mando. Según Francesco Vettori, amigo de Machiavelli, las esporádicas escaramuzas contra el enemigo no hicieron más que empeorar la situación: los *condottieri* estaban constantemente en pugna entre ellos, la infantería no obedecía a nadie.[22]

León envió como legado al campo de batalla a su antiguo secretario, el cardenal Bernardo Dovizi da Bibbiena, un hombre –como precisaba Francesco Vettori– ligado, además, por vínculos sociales, a la expulsada corte de Urbino. La principal contribución de Dovizi, a su llegada a Mondolfo, fue la pacificación de un brote de violencia que estalló entre los soldados gascones y los españoles en el ejército de Lorenzo[23], además de otra refriega entre alemanes e italianos que se había desencadenado a raíz de medio tonel de vino. Se centró también en garantizar el abastecimiento, defender los puertos de Ancona y Pesaro y equipar la flota pontificia. Insistió asimismo en que su amigo Latino Juvenale aceptara el cargo de capitán de las galeras.[24] A pesar de que en julio de 1517 las fuerzas de Francesco Maria infligieran graves daños al enemigo en una importante operación llevada a cabo cerca de Urbino, fracasaron en su intento de hacerse con Pesaro, desde donde pretendían hostigar a los barcos de Lorenzo.[25]

Por fin, las negociaciones de paz se confiaron al cardenal Dovizi, pero –según una fuente a la que hemos tenido acceso– cuando aquél invitó a Francesco Maria a comer, éste dijo en tono amenazador: «El clero mata a base de copas de vino; los soldados lo hacen con la espada».[26] Constaba que Francesco Maria había matado a otro protegido del Pontífice, el cardenal Alidosi, no con una espada, sino con un puñal. Dovizi se libró y tampoco intentó ofrecer al adversario una copa envenenada, pero los términos del tratado de paz resultaron ruinosos para el papa: tuvo que responder no sólo de los costes y las deudas del ejército pontificio y de sus *condottieri*, sino también de los gastos y daños reclamados por Francesco Maria. Si bien es cierto que Lorenzo se estableció de nuevo en Urbino, tenía órdenes de entregar la plaza a la Iglesia, pero mostró más interés por controlar Florencia, donde vivió dominado por su madre hasta su muerte, en mayo de 1519. Tal vez esperara agregar a su dominio Siena, o incluso la Romaña.[27] Entretanto, Boschetti, vicario del ducado de Urbino desde septiembre de 1517, asumió el cargo de gobernador pontificio bajo el mando de León.

En el mismo año, cuando estalló la guerra de Urbino y se descubrió el complot para el asesinato que implicaba a destacados cardenales, la preocupación de León se centró también en el peligro turco. Siempre había entrado en sus planes la idea de una cruzada. Según el cardenal Giulio de Medici, declaró en agosto de 1514,[28] y lo repitió en noviembre de 1517, que no abandonaría su deber mientras estuviera capacitado para ello, y que daría su vida por sus ovejas.[29] Francesco Guicciardini escribió desde su cargo en Reggio que, a pesar de que le complacía saber que en Roma se trataba la cuestión de una cruzada, él prefería primero dar caza a «los turcos, que tenemos en la puerta» y luego ir a por los que se encuentran en lugares distantes[30], haciéndose eco de la declaración de prioridades de Pío II unos cincuenta años antes. Pero en realidad parecía que iba a vencer la política más audaz. En un consejo consultivo de guerra celebrado en noviembre de 1517 en el que participaron cardenales como Giulio de Medici, Corner y Farnese, se decidió que era necesario pasar a la ofensiva. Giulio de Medici escribió con urgencia al nuncio del pontífice, que se encontraba con la tropas suizas, haciendo hincapié en el peligro que corría la cristiandad y pidiéndole ayuda. León había decidido pasar a la Historia como otro Inocencio III, en su papel de organizador y juez. Cabe citar entre sus propuestas presentadas en invierno de 1517-1518 una tregua de cinco años entre las potencias europeas, plegarias de intercesión, envío de legados y predicadores a todas partes, impuestos globales; en conjunto, un mayor grado de organización preparatoria respecto al pasado.[31]

Tras las muertes de Giuliano y Lorenzo, con cuyas familias León consideró que tenía obligaciones y cuyas carreras se habían visto involucradas en la política pontificia, los objetivos del papa se asemejaron más a los de su predecesor. Según Guicciardini, en una comparación entre los dos papas, probablemente las enemistades de León tenían más importancia que las de Julio, pero él las alimentó de una forma más secreta.[32] Urbino volvió al dominio pontificio en 1519, y en enero de 1520, León auspició un ataque sorpresa contra Ferrara. Pese a que falló, se establecieron nuevos planes con el cardenal Giulio de Medici y Francesco Guicciardini con el fin de aprovechar a los exiliados políticos y a un capitán corruptible de la guardia ducal.[33] Ferrara se convirtió en una obsesión para León, igual que lo había sido para Julio II. Dos meses después de que se viniera abajo su plan, se organizó, con más éxito, una campaña relámpago para liberar la Marca de Ancona, en manos de los semiautónomos señores o «tiranos» (como se designaban, en la mayoría de casos con justicia). Esta campaña poco conocida se llevó a cabo siguiendo el ejemplo de Julio II, e incluso los métodos de Alejandro VI y de César Borgia. En buena parte la llevó a término Niccolò Bonafede (1464-1534), obispo de Chiusi y vicelegado de la Marca, que inició su carrera bajo el dominio de los Borgia.[34] Ludovico Uffreducci, señor de Fermo, fue derrotado en combate en Monte San Giorgio; los gobernantes de Fabriano y Recanati fueron asesinados. Se convenció a Giampaolo Baglioni de Perusa, que se había librado del derrocamiento al colaborar con Julio II, de que acudiera a Roma a una vista judicial (que en principio no planteaba un grave peligro para él) y una vez allí se le detuvo, se le hizo un juicio sumario y se le ejecutó.[35]

En verano de 1521, durante los últimos seis meses de su pontificado, León estaba tan decidido a lanzarse a la guerra contra la presencia de los franceses en Italia como lo había estado Julio II, y se mostraba entusiasta por su alianza con el emperador Carlos V y el nombramiento del joven marqués de Mantua, Federico II Gonzaga, antiguo rehén y favorito de Julio, como capitán de la Iglesia. Tenemos constancia de la euforia papal gracias a las cartas escritas desde Roma por el embajador de Mantua, Baltasar de Castiglione, que se hizo famoso por su libro sobre el papel del cortesano (*Il libro del cortegiano*). «Nunca había visto al papa tan feliz con algo que hubiera hecho como con esta *condotta* de su excelencia», escribía Castiglione al marqués de Mantua el 10 de julio, y un mes más tarde informaba de la alegría de León al saber que Federico había prometido poner a su disposición su propia artillería sin siquiera habérselo pedido.[36] Se esperaba que se nombrara como legado en el ejército al cardenal Pompeo Colonna, pero llegado el momento se escogió a Giulio de Medici para el cargo.[37] El 23 de agosto, Castiglione informaba de que León estaba muy animado y veía segura la victoria tras comparar sus efectivos con los del enemigo,[38] y de que al día siguiente bendijo las banderas y el bastón de mando del capitán general de la Iglesia.[39] Estaba convencido además de que reclamarían hacia sus cantones a los suizos que se encontraban al servicio de los franceses y de que el cardenal Schiner dirigiría un importante ejército que se uniría al bando pontificio, en cuyo caso la victoria era segura.[40]

«Creo que los franceses saben que el papa no desea llegar a un acuerdo con ellos», escribía Castiglione el 2 de octubre.[41] «La llegada del ejército pontificio a Casalmaggiore, en el río Po, y el encuentro en Guastalla entre el cardenal Giulio de Medici como legado y Federico Gonzaga como capitán general ha proporcionado una gran alegría al papa», escribió unos días más tarde.[42] El 30 de octubre, León sintió un gran contento al enterarse de la llegada de los suizos[43] para llevar a cabo un ataque conjunto. Milán cayó el 19 de noviembre y el cardenal Giulio de Medici dio las gracias a Dios por la entrada triunfal del cardenal Schiner en la ciudad.[44] A Milán siguieron otras ciudades lombardas, entre las que cabe citar en última instancia Parma y Piacenza, que se encontraban entre los principales objetivos bélicos de León.[45] Francesco Guicciardini observaba posteriormente la insólita presencia en el ejército de dos cardenales, Giulio de Medici y Matthäeus Schiner: «Dos legados se desplazaron en medio de aquél [el ejército] con sus cruces de plata, rodeados de tanta munición y armamento, tantos blasfemos, asesinos y ladrones».[46] Sin embargo, Castiglione, antiguo soldado, que había conocido a Julio II, compartía la emoción del pontífice: «Pienso, al igual que nuestro señor [el papa], que es deseo de Dios que esta victoria constituya el medio adecuado para que Italia se libre de los franceses», escribía.[47] Probablemente el estado de exaltación y de agotamiento de León contribuyeron a debilitar su resistencia contra la fiebre, que lo llevó a la muerte el 1 de diciembre, y que impidió que él y Roma celebraran la victoria.

El intervalo de Adrián VI (1522-1523)

El lacónico erudito holandés Adrian Florenzel de Utrecht, el papa extranjero elegido el 9 de enero de 1522, no fue en realidad paladín ni representante del militarismo pontificio, y poco hay que comentar sobre su breve mandato, que apenas duró un año, después de su llegada a Italia en agosto. Lo primero que hizo al llegar a Portofino, donde fueron a recibirle unos cuantos cardenales toscanos entre los que se encontraba Giulio de Medici, fue reprocharles que llevaran armas y vistieran ropas seglares.[48] A pesar de que Adrián, como antiguo tutor de Carlos V, sentía más inclinación por la hegemonía imperial que por la francesa en Italia, no participó en los costes de la lucha continua en el norte de Italia, donde los franceses habían sufrido otra importante derrota en abril cerca de Milán, en la Bicocca, y poco después habían perdido el control de Génova.[49]

Adrián aclaró que no deseaba emprender una guerra ni disponía de fondos para ello, y resulta sorprendente que no se produjera una gran crisis del gobierno temporal pontificio en Italia. En realidad, Alfonso de Ferrara se aprovechó de la situación para recuperar Módena y Reggio, Francesco Maria della Rovere recuperó Urbino, los Baglioni volvieron a Perusa, mientras Pandolfo di Roberto Malatesta y su hijo recobraron Rímini. Al tiempo que destituía, sin duda justificadamente, a muchos de los administradores de León X, Adrián al parecer se sintió satisfecho confirmando las citadas recuperaciones, lo que provocó un giro de ciento ochenta grados en la política pontificia de León X, de Julio II y de sus predecesores. Cabe citar, sin embargo, dos importantes excepciones: Bolonia no volvió a los Bentivoglio gracias a la rápida actuación del cardenal Giulio de Medici (como veremos más adelante), y en cuanto a Rímini, el papa reaccionó sin demora al despachar, en diciembre de 1522, a los soldados españoles que le habían acompañado en su viaje hasta Italia. Devolvió a Alfonso d'Este la posesión del ducado de Ferrara, pero los cardenales no permitieron que le restituyeran Módena y Reggio. También entregó de nuevo Urbino a Francesco Maria della Rovere en marzo de 1523, y según una fuente veneciana, estaba dispuesto a devolver Rávena y Cervia a Venecia.[50]

Aunque tuvo que enfrentarse a la posibilidad de la difusión de las ideas luteranas por el norte de Europa, Adrián sólo se mostró tan violento como sus predecesores respecto a los turcos. La amenaza de los Caballeros de San Juan en 1522 le obligó a pedir ayuda directamente a Carlos V y a declarar que estaría dispuesto a derramar su propia sangre para salvar el baluarte cristiano de Rodas. Tardaron mucho en llegar las noticias sobre su caída, que se produjo el 22 de diciembre, y aún más en darse como ciertas en Roma. Aquello afectó sobremanera a Adrián. Hizo todo lo posible para recoger dinero como apoyo para mandar un destacamento que vengara aquel atentado contra la cristiandad y un ejército que se desplazara hasta Hungría. En cuanto a los problemas de Italia, el 3 de agosto firmó finalmente una alianza defensiva con el emperador Carlos V y otros reyes, entre los que se contaba Enrique VIII de Inglaterra, acuerdo encaminado a combatir cualquier rebrote de la actuación de los franceses en Lombardía y en el que ejerció una función importante el cardenal Giulio de Medici.[51] La tensión que vivió el papa con todo ello, que culminó en un paseo triunfal por Roma para hacer pública la firma de la nueva Alianza defensiva en la gran basílica de Santa Maria Maggiore, con las vestiduras pontificias y la escolta de la guardia suiza –una imagen pontifical que él no deseaba promocionar– lo enfermó y ya nunca acabó de recuperarse. Tuvo una recaída y murió el 14 de septiembre de 1523,[52] víctima de la guerra o perpetrador de ella.

Clemente VII: Los años peligrosos (1523-1534)

Giulio de Medici, que fue elegido papa como Clemente VII en noviembre de 1523, no fue sólo un prelado administrador, sino también curtido por la experiencia en conflictos armados. De joven, en 1497, había tomado parte en un intento por restablecer en el poder a su familia en Florencia. De hecho, Guicciardini, en sus comentarios sobre esta cuestión, insistía en que tenía más madera bélica que religiosa.[53] Entró en la orden de los Caballeros Hospitalarios de San Juan y se unió a la casa de su primo, el cardenal Giovanni de Medici, acompañándole –y a diferencia de él, evitando ser apresado– en la batalla de Rávena de 1512. Tras la investidura de Giovanni como León X, Giulio fue ascendido al cardenalato y al cargo de vicecanciller y –como se ha mencionado anteriormente– fue legado papal en el ejército durante la campaña contra Francisco I en Lombardía en 1515 y en la guerra de Urbino. Participó en la planificación de la cruzada en 1517 y en la campaña de la Marca en 1520, y en 1521 fue de nuevo legado en el ejército en la guerra en Lombardía. Siguió en activo bajo el pontificado de Adrián VI, y en abril de 1522 se le reconoció que había frustrado un intento de golpe por parte de los Bentivoglio en Bolonia. El embajador inglés en Roma transmitió la información en lenguaje arcaico:

> El cardenal de Medici, como legado de la citada ciudad, estipuló [...] que el ejército, desde dentro, con la ayuda de las gentes que habían salido, matara a unos cuantos enemigos [...] e hiciera huir a todo el ejército [francés y de Bentivoglio], de forma que la citada ciudad, gracias a la prudencia y diligencia del citado cardenal se salvó para la Iglesia.[54]

Sin embargo, cuando se convirtió en papa en noviembre de 1523, Giulio –gracias a una serie de autores contemporáneos, como Guicciardini y Giovio, quienes le observaron de cerca– mantuvo la fama de tímido y de vacilante. Fue el papa que en mayo de 1527 tuvo que enfrentarse al saqueo de Roma, el reto más serio, aterrador y humillante para las fuerzas armadas al que se había enfrentado un papa a lo largo de la Historia, un acontecimiento peor que los de 1084, 1112, 1303, 1413, 1494 o incluso 1798 y 1870.

Podría aducirse que Clemente carecía de las virtudes indispensables para ser un eficaz papa del Renacimiento y no podía hacer mucho por remediarlo. Entre otros imperativos, le faltaron grandes sumas de dinero. Tampoco contó con un hijo, sobrino u otro familiar próximo con aspiraciones, dependiente de él y deseoso de hacer carrera en la Iglesia o en el Estado Pontificio. Su primo segundo, Giovanni Salviati, a quien León había concedido el sombrero rojo en 1517, demostró su valía como diplomático, pero probablemente era demasiado florentino y estaba demasiado dominado por sus padres para poderse convertir en un nuevo príncipe maquiaveliano. Cabe destacar, no obstante, que Machiavelli le había enviado un ejemplar de su *Del arte de la guerra*, sobre el cual escribió de forma elogiosa el joven cardenal en septiembre de 1521, asegurando al autor que podían superarse los defectos de organización en los ejércitos modernos, incluso en el pontificio, adoptando sus preceptos.[55] Otro primo suyo, Ippolito, que fue nombrado cardenal en 1529, era demasiado joven y obstinado para ejercer el papel de príncipe en el Estado Pontificio y además ansiaba el poder en Florencia. Y la tercera y más importante de las deficiencias de Clemente: el segundo papa de los Medici no tuvo suerte.

Esta tercera deficiencia se hizo más patente durante la guerra en Italia de 1524-1525 entre las fuerzas de Carlos V y las de Francisco I. Tras seguir apoyando cautelosamente al principio la causa imperial, Clemente, muy influido por Gianmatteo Giberti, su antiguo secretario, ascendido posteriormente a un cargo superior (*datarius*) en la cancillería papal, flaqueó y se inclinó por Francia. ¿Cómo puede explicarse este nefasto paso?

Busto en mármol que representa a Giovanni de Medici, obra de Mino da Fiesole del año 1455 (*circa*). El busto se encuentra actualmente en el Museo Nacional de Bargello de Florencia. Su ubicación original era el Palazzo Medici de Florencia.

Evidentemente, el papa sentía inclinación por los franceses desde épocas remotas de su carrera y probablemente le deslumbraron los éxitos de Francisco I en Lombardía en otoño de 1524. Incluso podía haber albergado esperanzas, a pesar de los peligros que entrañaba, en la imprudente expedición hacia el sur de James Stuart, duque de Albany, o como mínimo deseaba pensar que se podía evitar que Roma quedara expuesta a la amenaza que suponía el gran ejército de Albany.[56] De haber seguido allí Schiner, el inflexible cardenal suizo, quizá se habría podido disuadir a Clemente de su cambio de rumbo e inclinación por Francia, pero aquél había muerto en Roma en diciembre de 1522, un año antes de que su antiguo colaborador en las campañas contra los franceses se hubiera convertido en papa. En enero de 1525 se firmó un acuerdo con Francisco, aunque no podría haberse escogido para ello un momento peor, pues a finales de febrero éste fue apresado en la batalla de Pavía. Algo que resultó funesto para Clemente, pues debilitó su posición hasta el punto de que le costó muchísimo recuperarse. Giberti echó mano del argumento de que se trataba de una milagrosa demostración de la voluntad de Dios y animó al legado cardenalicio, Giovanni Salviati, a que enviara una nota felicitando a Carlos V y le expresara el deseo de paz del papa, añadiendo que esto era lo que siempre había deseado.[57] Efectivamente, un tratado negociado con el emperador y firmado en su nombre por Lannoy, virrey de Nápoles, pareció conceder a Clemente prácticamente todo lo que podía desear. En él se incluía la garantía de integridad del Estado Pontificio, la devolución de Reggio y Rubiera, tomados de nuevo por Alfonso d'Este durante el largo periodo de vacío, en otoño de 1523, y se aceptaba a Francesco II Sforza como duque de Milán. Clemente tuvo la mala fortuna de que no se diera ni un paso para poner en marcha dichas estipulaciones.

Después de la paz de Madrid, en enero de 1526, cuando Francisco I fue liberado y violó los términos acordados, Clemente tuvo que volver a actuar de forma contundente. En marzo, Guicciardini le escribió una larga carta, una arenga, en la que le reprochaba no haberse mostrado tan firme y astuto como cuando era cardenal e insistía en que una actuación decisiva podía haber salvado la situación y «liberado a la Santa Sede Apostólica y a Italia de aquella atroz y vergonzosa servidumbre». Guicciardini se quejaba diciendo que el papa tenía que haberse mostrado audaz. Podía, por ejemplo, recuperar Reggio «o hacerle alguna jugada al cardenal Pompeo Colonna», sin duda el miembro del Sacro Colegio Cardenalicio más agresivo, proimperialista y ambicioso. Así, Clemente podría mostrarse como «el mejor papa en dos siglos».[58]

Durante breves periodos de tiempo, Clemente pareció reunir cierta fuerza. Probablemente la firma en mayo de 1526 de la Sagrada Alianza de Coñac con Francisco I, un acuerdo reconocidamente agresivo, significó un nuevo arranque. En una carta de julio de 1526 enviada al emperador, en la quc se autojustificaba, el papa afirmaba con gran énfasis que Carlos tenía que retirarse de Italia y le reprochaba no haber cumplido con las obligaciones del tratado, violar el territorio pontificio, incluyendo Parma, y obligar a Clemente a buscar otros aliados y a tomar las armas en defensa propia. En julio, Guicciardini, a la sazón comisario general del ejército pontificio, comprendió que era imperativo pasar a la acción de inmediato: un paso rápido para hacerse con Milán tenía todas las posibilidades de triunfar ante las fuerzas imperiales de Lombardía, que no recibían retribución y eran inferiores en número.[59] Esto no se llevó a la práctica al parecer a causa del duque de Urbino, que dudó porque no habían llegado aún las tropas suizas, y luego, tras unos cuantos intentos fracasados de atacar Milán, se batió en retirada. En agosto y septiembre, en lugar de recibir refuerzos de Francia, perdió más tiempo reorganizando el sitio de Cremona, entonces en manos de las fuerzas imperiales, paso que no condujo a nada.[60]

Tal vez las cosas habrían cambiado si Clemente hubiera designado a un cardenal resuelto como legado en el ejército y se hubiera aplicado con energía, como habría hecho Julio II, a consolidar la coalición y preparar la acción. Cabe repetir que de ello tuvo la culpa el duque de Urbino, el mismo Francesco Maria della Rovere que le falló a su tío Julio II en 1511 y fue destronado de Urbino por León X. Adrián VI le devolvió el ducado a pesar de su manifiesto resentimiento contra los Medici por la forma en que le habían tratado y Clemente lo nombró de nuevo capitán de la Iglesia.[61] Mientras tanto, Clemente, al tiempo que perdía la iniciativa militar, recibía una apabullante respuesta a su «justificación», con el objetivo de minarle también la moral. Dicha respuesta, transmitida a Castiglione el 18 de septiembre de 1526, se remontó a los fundamentos e incluso jugó la carta luterana. El emperador insistía en que el papa había sacado la espada que Jesucristo ordenó envainar a Pedro. Resultaba increíble que el vicario de Cristo adquiriera posesiones terrenales arriesgándose al derramamiento aunque fuera de una sola gota de sangre. Puesto que nadie iba a atacar la Santa Sede, no hacían falta armas ni soldados.[62]

En cuanto a la sugerencia de Guicciardini de tender una trampa al cardenal Pompeo Colonna, en realidad Clemente fue víctima de una atroz demostración por parte de este poderoso disidente, quien a pesar de la seguridad antes citada se lanzó a atacar la Santa Sede, y lo hizo para colmo en nombre del emperador. Pompeo estuvo a punto de ser elegido papa en 1523, pero por fin le convencieron de que cambiara los votos con los que contaba (como en el caso de Ascanio Sforza en 1492) por la vicecancillería y otras compensaciones. La ira se apoderó de él al comprobar el abandono del emperador por parte de Clemente en 1525, y la posterior firma de la Alianza de Coñac le llevó a convocar en Roma en septiembre de 1526 una marcha de Colonna y sus partidarios. Era un cardenal –más aún, vicecanciller de la Iglesia, responsable de todo el engranaje del gobierno pontificio– quien declaraba la guerra al papa: fue uno de los episodios más singulares y anárquicos en una larga tendencia de actuaciones violentas por parte de una minoría secularizada del Sacro Colegio Cardenalicio. Según Paolo Giovio, en cuya biografía de Pompeo mostró su inclinación hacia el personaje y recalcó su aprecio por la familia y el honor militar, en la citada expedición intervinieron ocho mil caballeros y tres mil soldados de infantería al mando del hermano de Pompeo, con la artillería tirada por búfalos y hombres, y la ayuda en puntos especialmente difíciles del propio Pompeo.[63] Cuando llegaron a Roma, el cardenal se encerró en su palacio y permitió que sus seguidores destrozaran, saquearan sin piedad y aterrorizaran a los habitantes de la ciudad, aunque no consiguieron llegar hasta el lugar donde se encontraba Clemente.

El papa se vengó de los Colonna en noviembre de 1526 con una campaña punitiva digna de Alejandro VI, en la que derribó sus fortalezas y devastó sus tierras. Según la bula papal[64] en la que se condenaba a Pompeo, publicada en febrero de 1527, el objetivo de éste había sido coger a Clemente, vivo o muerto, y autoproclamarse papa en su lugar, al parecer sin previa elección ni formalidad de ninguna clase. Cuesta imaginar cómo Pompeo habría justificado ante su conciencia y a su confesor aquella desleal presunción o la utilización de la fuerza de una forma más ideada para poner en peligro la Iglesia que para defenderla. Si bien se le retiró el cargo de cardenal y otros, el castigo duró poco. En efecto, pronto hicieron falta sus oficios para interceder entre Clemente y enemigos más fanáticos que él y proporcionar refugio a cardenales y otros cargos en peligro.

En septiembre de 1526, el santo Job Clemente tuvo que soportar además la impresión de la victoria turca en Mochas, Hungría, y las noticias de la pérdida para el cristianismo en este país. Al igual que Adrián y León cuando recibieron noticias tan catastróficas, Clemente declaró que participaría personalmente en una expedición militar y que, como vicario de Cristo, estaba dispuesto a dar su vida.[65] No se mostró más claro que sus predecesores sobre si se refería a estar dispuesto al martirio o incluso preparado a caer en combate. Se organizó un consejo de cinco cardenales para planificar la guerra, pero es evidente que los problemas del papa en Italia y la escasez de fondos impidieron pasar a la acción.

En la primavera de 1527 sucedió algo peor que el asalto de Colonna: la coalición de la Alianza de Coñac no sólo se lavó las manos sino que ni siquiera protegió a Roma contra el ejército básicamente español que avanzaba bajo el mando del duque de Bourbon y las hordas de los *landsknechts* dirigidas por George von Frundsberg. Estos últimos eran mercenarios de a pie, reclutados por el emperador Maximiliano en los primeros años de la centuria en las tierras bajas del sur de Alemania. Los *landsknechts,* menos disciplinados que los suizos alpinos, en los que al parecer se habían inspirado para su creación, constituyeron un nuevo y brutal fenómeno en la guerra en Europa.[66] Dichas tropas indisciplinadas, al mando de Frundsberg, armadas con enormes picas y espadas, que avanzaban con aire arrogante con sus sombreros adornados con plumas y con unos bombachos rajados, se inspiraban en consignas luteranas pero les movía la necesidad de comer y de amasar dinero, y se convirtieron en el terror Roma, aunque los españoles, desmoralizados tras la muerte de Bourbon, se mostraron tan brutales y codiciosos como ellos.

Por mucha experiencia militar que tuviera, Clemente no adoptó una solución militar, antes bien se recogió en Castel Sant'Angelo en medio del horror del saqueo, oyendo y contemplando cómo actuaban los zapadores españoles. Un corresponsal de Roma escribió horrorizado haber visto «a un papa y a todo un grupo de cardenales saltar por los aires entre el fuego».[67] Casi todos los cardenales que no se encontraban a salvo en el castillo con el papa pasaron un mal trago durante los terribles meses de mayo y junio de 1527, pues sufrieron torturas y burlas cuando los asaltantes intentaban arrancarles dinero y objetos de valor, y no sólo los *landsknechts*, sino también los capitanes españoles, a los que algunos habían pagado con generosidad a cambio de protección. A pesar de sus armaduras, sus guardianes y asistentes militares, pocos ofrecieron resistencia. Puede constituir una excepción el cardenal Giovanni Piccolomini, quien probablemente se consideró intocable por contar con un sólido ascendiente familiar proimperial y progermánico: su tío abuelo Pío II. Aun así, según una de las fuentes más fidedignas –una carta escrita por el cardenal Scaramuccia Trivulzio de Como a su secretario y enviada más tarde desde Civitavecchia–, el cardenal Piccolomini sufrió más que nadie. Logró sobornar a los españoles, los *landsknechts* asaltaron el palacio del cardenal. Como quiera que al parecer dicho asalto duró cuatro horas, hasta que el cardenal se rindió, podría deducirse que desde dentro se respondió con las armas, y se sabe que los muertos quedaron amontonados por todas partes. Llevaron en procesión al cardenal Piccolomini por las calles con la cabeza descubierta y la ropa a jirones, le dieron patadas y puñetazos y le obligaron a pagar otro rescate antes de dejarle refugiarse con el cardenal Pompeo Colonna.[68]

En diciembre de 1527, Clemente consiguió finalmente huir a Orvieto y a partir de entonces pudo albergar alguna esperanza de alivio gracias a las fuerzas de la Alianza de Coñac. Un ejército francés dirigido por Odette de Foix, vizconde de Lautrec, había cosechado una serie de triunfos en Lombardía y Emilia. A principios de 1528 avanzó descendiendo la costa adriática y se apuntó una serie de victorias antes de sitiar Nápoles en abril. Y allí se quedó. La ciudad, defendida por las fuerzas imperiales, seguía resistiendo en agosto, cuando el propio Lautrec murió aquejado de una enfermedad. Lo que quedaba de su ejército tuvo que retirarse hacia el norte.[69] De nuevo la fortuna se había mostrado cruel con el papa. ¿O tal vez el pontificado recibió su merecido por poner el acento en la fuerza militar? ¿Le salió el tiro por la culata después de haber promocionado tanta guerra y tantas matanzas?

El debate sobre el saqueo de Roma –la cuestión de si constituyó un escandaloso sacrilegio y una catástrofe o un juicio providencial de Dios contra un ente corrupto– no hacía más que empezar. Un escritor de la corte de Carlos V, Juan de Valdés, amigo de Erasmo, se inclinaba claramente por la segunda opción en un polémico diálogo en el que atacaba la idea global de la guerra pontificia y lamentaba los horrores que había desencadenado. En él responde al protagonista, Lactancio, un arcediano contrito que utiliza el antiguo argumento de la necesaria defensa de la Iglesia. En uno de los pasajes reconoce: «Estoy de acuerdo en que todo esto es muy cruel, pero el pueblo de Italia menospreciaría a un papa que no hiciera la guerra. Consideraría una gran injuria que se perdiera una sola pulgada de territorio pontificio».[70]

Independientemente de que tenga algo de cierto la afirmación del arcediano ficticio, resulta paradójico que, poco después de la vuelta a Roma de Clemente VII en octubre de 1528 y de la reconciliación con Carlos V en el Tratado de Barcelona (29 de junio de 1529), el papa pareció tener más determinación de la que había mostrado en años. Carlos, no sin un cierto remordimiento por lo sucedido, salió garante de los terrenos pontificios en Italia y del principado de los Medici en Florencia para sustituir la república popular que se había instalado allí en 1527. Tras la victoria del sitio imperial en Florencia (1529-1530) y el derrocamiento final de la república, Clemente intentó mostrarse inflexible con las ciudades del Estado Pontificio que habían tratado de nuevo de deshacerse del dominio del papa durante el período de crisis. Ancona era un ejemplo de éstas. Alegando que Ancona corría peligro a causa de un ataque naval turco –alegaciones que negaron de forma contundente los propios embajadores de la ciudad–, envió un destacamento a hacerse con ella en 1532, suprimió la antigua constitución civil y nombró legado cardenalicio y gobernador a Benedetto Accolti. Éste, arzobispo de Rávena y secretario pontificio desde 1523, había sido nombrado cardenal en 1527 y dirigido un ejército de cuatro mil soldados de infantería españoles durante el sitio de Florencia. En Ancona supervisó la construcción de una nueva fortaleza, con su propia fundición para armamento, y su gobierno se consideró tan tiránico que por fin, durante el mandato del sucesor de Clemente, tuvo que ser detenido y sometido a juicio.[71] Sus intereses quedan reflejados perfectamente en el inventario de sus posesiones, confeccionado tras su detención en 1535. Apenas se relacionan objetos piadosos, libros u obras de arte (un retrato de Julio II constituye una de las pocas excepciones) y en cambio sí constan unas cuantas espadas y puñales y seis o siete fusiles.[72]

También había que ocuparse de Perusa. Clemente nombró como legado en Umbria a Ippolito de Medici, su primo segundo, el hijo bastardo de Giuliano, duque de Nemours, a quien habían ascendido a cardenal en enero de 1529, cuando contaba dieciocho años. Esta última encomienda tenía como objetivo arrebatar Perusa a Malatesta Baglioni, que se encontraba por aquel entonces al servicio de la República de Florencia como comandante militar contra el asedio imperial y el ejército pontificio. Ippolito nunca se trasladó allí, antes bien delegó dicha administración a una serie de vicelegados, el primero de los cuales recayó, en 1529-1530, en Ennio Filonardi, obispo de Veroli,[73] pero la situación de Perusa fue deteriorándose y llegó a su peor momento durante el pontificado del sucesor de Clemente.

A Ippolito de Medici le llegó la oportunidad de alcanzar una mayor gloria en 1532, cuando se le envió como embajador pontificio del hermano de Carlos V, Fernando, archiduque de Austria y rey de Hungría.

Ippolito llegó a Ratisbona (actual Regensburgo) con un séquito de cinco prelados, diez secretarios y una guardia armada de entre treinta y cuarenta caballeros, la mayoría antiguos capitanes, además de quinientos ducados en mano para reclutar soldados.[74] Se le nombró también legado pontificio en el ejército de Fernando contra los turcos en Hungría, y el 1 de septiembre el embajador veneciano informó de que llegaría en barco por el Danubio acompañado por diez artilleros (*archibugeri*).[75] En la descripción constaba que Ippolito iba «vestido como Júpiter», imagen que se modificó en la siguiente misiva, en la que se decía que «llevaba vestimenta militar». Por desgracia no ha llegado hasta nuestros días un retrato de Tiziano en el que aparecía con la armadura completa. Vasari lo menciona en su vida del artista[76], citando que la obra se pintó en Bolonia en la misma época en que se terminó el conocido retrato del cardenal vestido como un guerrero turco (ropaje que no parece probable que llevara en la mencionada ocasión). Ippolito tenía la intención de escoger unos caballos en Viena y de allí dirigirse directamente al campo de batalla, pero al llegar a la zona donde se encontraba el ejército imperial en estado de alerta, los turcos de la otra orilla del río no se movieron. Por fin se suspendió la campaña y al parecer Ippolito expresó su decepción con tal furia que Fernando lo tuvo que encerrar un día entero.[77] Tuvo noticia de este episodio el agente de Mantua en Roma, Fabrizio Peregrino, de quien vamos a citar los claros y dogmáticos partes en las páginas siguientes, y quien comentó que Ippolito estaba empeñado en ejercer la función de capitán en la guerra (*voleva pazzamente fare il capitano di guerra*).[78] Tras la elección del pontífice en 1534, no tardó en abandonar la Sede Apostólica decidido a marcharse también de Roma, según Peregrino, a fin de reducir los gastos del mantenimiento de tantos capitanes militares y *bravi*.[79]

Pablo III: Guerra, paz y reconstrucción (1534-1549)

El pontificado de Alessandro Farnese, Pablo III, constituyó en muchos aspectos la vuelta al programa tradicional del papado renacentista. Sobre todo encarnó la continuidad. Pablo, hermano de Giulia Farnese, amante de Alejandro VI, fue elegido papa el 13 de octubre de 1534 cuando era ya un abuelo de sesenta y siete años (Julio II en el momento de su elección tenía nueve años menos) y murió pasados los ochenta: no hay muchos papas, salvo tal vez Juan XXII, de tan venerable longevidad. Este pontífice procedía, además, de una familia de militares profesionales de la Campania romana. Ningún otro pontífice desde Martín V podía vanagloriarse de poseer tantos antepasados en el estamento militar. A pesar de que nunca estuvo en el frente, reunió una gran experiencia en la faceta marcial del papado, había entrado en Roma junto a César Borgia en febrero de 1500 cuando éste volvió a la ciudad triunfante después de su primera campaña en la Romaña, y cumplió con su duro cometido como legado en la Marca de Ancona entre 1504 y 1508 durante el pontificado de Julio II. Se unió a Julio en sus expediciones militares a Perusa y Bolonia en 1506-1507 y lo acompañó de nuevo a Bolonia durante la campaña de Ferrara en invierno de 1510, así como a Rávena y Cervia durante los reveses militares. También sufrió las funestas condiciones meteorológicas de marzo de 1511.[80] En los célebres retratos que le hizo Tiziano vemos a un anciano colérico y despierto, que tanto podía ser un general retirado como un alto cargo religioso.

Pablo se dedicó de inmediato a promocionar hacia puestos de responsabilidad a los miembros de su familia, una costumbre muy arraigada que habían roto Adrián VI y Clemente VII, no tanto por cuestiones éticas como por falta de hermanos, hijos o sobrinos apropiados para los cargos. Así pues, se nombró *gonfaloniere* de la Iglesia en enero de 1535 a Pierluigi Farnese, hijo de Pablo. Alessandro, su nieto de catorce años, se convirtió en cardenal en 1545, el mismo año en que nombraron también a Ranuccio, hermano de Alessandro. Recibieron una promoción similar dos sobrinos del papa.[81] El 2 de febrero de 1537, el *gonfaloniere* Pierluigi fue nombrado capitán general, una inusual y probablemente inaudita fusión de los cargos militares más elevados del pontificado.[82] Poco después, el embajador de Mantua, tal vez esperando el anuncio de una cruzada, dijo: «Se comenta aquí que nuestro señor el papa tiene que tener grandes planes, a no ser que los dificulten la guerra con Francia y las cuestiones luteranas».[83] Sin embargo, el importante proyecto de Pablo (cuando menos uno de los que más contaban para él) fue el de elevar a la categoría de príncipe a algunos miembros de su familia, como hicieron todos sus predecesores en mayor o menor grado desde Pío II, a excepción de Pablo II, Adrián VI y Clemente VII.

Así pues, en 1537, Pierluigi se convirtió en duque de Castro y conde de Ronciglione, y en 1540 Ottavio Farnese, sobrino del papa, recibió el título de duque de Camerino. El acontecimiento más importante fue la creación en 1545 del ducado de Parma y Piacenza para Pierluigi Farnese, título que pasó a Ottavio en 1547 tras el asesinato de Pierluigi. De esta forma, los Farnese se apropiaron de la provincia más septentrional del Estado Pontificio, adquirida por Julio tras la derrota del Milán francés y perdida y recuperada con tan angustiosa frecuencia por los papas Medici. Tal vez se trate del mayor éxito de las fuerzas militares pontificias y del nepotismo como factor de estabilización en la política italiana. A excepción de un breve periodo de interrupción, los Farnese conservaron Parma y Piacenza hasta el siglo XVIII. Ninguna otra dinastía pontificia establecida como autoridad regional, ni siquiera los della Rovere en Urbino, duró tanto tiempo, y la mayoría apenas sobrevivió a sus fundadores.

Se reafirmó la autoridad pontificia y se extendió enérgicamente por la zona central de Italia bajo el mandato de Pablo III, como era de esperar en un papa que ya de joven cardenal había seguido el modelo de Julio II. Perusa fue el primer punto conflictivo, pues había sido gobernada desde 1529 de forma arbitraria por los vicelegados en ausencia del cardenal legado Ippolito de Medici y seguía aún en situación inestable. Ya antes de su coronación, en octubre de 1534, Pablo había mandado hasta allí tropas bajo el control de un comisario especial. Tras el asesinato del vicelegado y de su personal, y de la quema del palacio de la legación,[84] tuvo que producirse una respuesta militar más contundente. En agosto de 1535, el cardenal Ghinucci se negó rotundamente a aceptar el cargo de legado residente, pues conocía demasiado, como escribió Fabrizio Peregrino, el carácter singular y voluble de los habitantes de Perusa (*ello che cognosse i cervelli perusini, quanto siano fantastichi et bizarri*). Mientras tanto, el papa decidía pasar una semana en Perusa, y se desplazó hasta allí, a imagen y semejanza de Julio, con alguno de sus cardenales, e intentó –o eso se creía en Roma– someter la ciudad de modo que no volviera a levantarse contra el Estado Pontificio (*per volere asettare quella città, di modo che più non habbia da piezzare in sollevarsi contra del stato ecclesiastico*).[85] Aun así, durante la primavera de 1540 se produjo otra rebelión en Perusa a causa de los impuestos sobre la sal. En abril y mayo, Fabrizio Peregrino escribió sobre la determinación de Pablo de castigar y doblegar la ciudad. El 18 de abril escribía: «No puede tomar otro rumbo para salvar su honor y el de la Santa Sede Apostólica». El día 1 de mayo informaba de que se había reclutado un contingente de *landsknechts* y soldados españoles del reino de Nápoles, con diez mil efectivos de infantería italianos y fuerzas de artillería, que se desplazaban hasta Castel Sant'Angelo. Pierluigi Farnese fue nombrado comandante supremo y le acompañó como legado pontificio Uberto Gambara (nombrado cardenal en 1539), que contaba con experiencia militar en operaciones como la del sitio de Florencia de 1530. Semanas después, Peregrino revisaba los efectivos (tres mil españoles y de ocho a diez mil soldados de infantería más) y afirmaba: «Perusa recibirá el castigo que merece».[86] La ciudad se rindió como era de esperar y se construyó en ella –al principio gracias al trabajo forzado– una colosal e inexpugnable fortaleza que recibió el nombre de «Paolina», diseñada por Antonio da Sangallo el Joven.[87] Igualmente poderosa fue la fortaleza que construyó Sangallo para Pablo III en Ancona: en ambos casos su función no se limitó a la defensa militar, sino que incluyó la administración civil y penal.

Durante la misma época, aunque por circunstancias bastante distintas, Camerino pasó también a la jurisdicción pontificia.[88] En este caso se trataba de la propuesta de matrimonio en 1535 entre Guidobaldo della Rovere, hijo de Francesco Maria, duque de Urbino, y Giulia Varano, hija del difunto duque de Camerino, Gian Maria Varano: un matrimonio que el papa no podía aceptar, pues desembocaría en una inoportuna gran unión de los dos ducados. Pero la boda prohibida se celebró y, como estaba previsto, Camerino se unió a Urbino. Pablo III se mantuvo inflexible. Tras la muerte de Francesco Maria en 1538 y contra la opinión de los cardenales, se envió una expedición punitiva a las órdenes del cardenal Ennio Filonardi y las partes se entregaron sin demora. Filonardi, que se había convertido en cardenal a los setenta y dos años en diciembre de 1536, era un veterano en el campo militar. En 1512-1513 había ejercido la función de oficial de enlace y colaborador del cardenal Schiner, y en 1535 se le había nombrado prefecto de Castel Sant'Angelo. Camerino pasó a la jurisdicción pontificia directa hasta que se reinventó el ducado y dos años más tarde se cedió a Ottavio Farnese.

Parma y Piacenza, el nuevo ducado concedido a Pierluigi Farnese, necesitaba aún más protección militar pontificia, pues Francia y el imperio seguían reclamando estas ciudades y sus territorios. Curiosamente, Pierluigi Farnese escribió a Pablo III diciéndole que habría que confiar la defensa de Parma y Piacenza a un sólido vasallo, es decir a él, «y no a un eclesiástico poco ducho en cuestiones militares».[89] Puede interpretarse este consejo, tan alejado de lo que había recomendado Angelo Geraldini a Inocencio VIII tan sólo cincuenta años antes, como una reacción más amplia que al parecer había ido en aumento sobre la utilización de los prelados militares, cuestión que trataremos con más detalle más adelante.

Ahora bien, a pesar de que Pablo III utilizó la fuerza para someter o amedrentar a los disidentes en Italia, en general se mostró cauteloso acerca de una participación más amplia, movido por su eterno deseo de destruir a los turcos otomanos. En enero de 1535, cuando envió a Carlos V la espada pontificia con el objeto de animarle a luchar contra los musulmanes, Peregrino informaba de que el papa estaba dispuesto a participar personalmente en la cruzada.[90] Puede que el jactancioso pero escarmentado cardenal Ippolito de Medici pensara que por fin le había llegado la hora de participar en una lucha heroica, pero en lugar de ello le sobrevino la muerte, y no en el campo de batalla sino en forma de sórdido asesinato a manos de un antiguo criado. Pierluigi Farnese se quedó con su armadura y tal vez con otras piezas del equipo militar que le habían pertenecido (*l'armatura che vanno al Signor Pierlugi*).[91] Pese a que Pablo III permaneció un tiempo en paz, no cabe duda de que siguió alimentando la idea de la guerra contra los infieles. Se dice que cuando Carlos V, satisfecho después de la victoria contra el sultán de Túnez, pidió al pontífice un préstamo de cincuenta mil ducados para asuntos militares (la guerra contra Francia), éste respondió que no le habría confiado un solo *soldo* para declarar la guerra a los cristianos, pero que contra los infieles era otra cuestión. El papa estaba más que dispuesto a promover una guerra ofensiva.[92]

Pero en 1537 surgió el mayor peligro que había visto Italia después de muchos años de invasiones musulmanas, cuando se encontraron buen número de fuerzas militares y navales turcas en el sur del Adriático y en Albania. Durante ese año, las cartas de Fabrizio Peregrino a Mantua reflejan con todo lujo de detalles la situación rayana en el pánico que se vivía en determinados barrios de Roma, así como el quejumbroso rencor de los cortesanos que, como él, vieron cómo sus impuestos se disparaban a causa de los costes de la defensa. En enero de 1537, Peregrino informaba de que Pablo no se atrevía a salir de Roma por miedo a desencadenar el pánico, a pesar de que corrían rumores de que pretendía huir porque no tenía garantizada su seguridad. A principios de mayo pasó unos días en Civitavecchia observando cómo se preparaban las galeras para partir hacia Nápoles, donde tenían que unirse a las del emperador. En aquellos días se publicaron órdenes pontificias centradas en el fortalecimiento de Civitavecchia, Ostia, Terracina y otros puertos. Se impuso a los cardenales que reunieran dinero suficiente para pagar ocho mil efectivos de infantería.[93] Se esperaba un importante ataque turco en Ancona; se reunieron las fuerzas en Roma y se emprendió la reparación de las murallas.[94] A principios de agosto llegaron noticias sobre un desembarco turco en Apulia y de un sitio al que siguió una matanza en Castro, pero en lugar de intentar avanzar, los turcos se retiraron luego hacia la otra orilla del Adriático.[95]

Siguiendo las huellas de algunos papas que le habían precedido desde Pío II, Pablo III dijo en 1538 a un embajador veneciano que deseaba participar personalmente en la cruzada.[96] En febrero los preparativos habían llegado a tal punto que se nombró un «legado en la armada de Su Santidad y de la Santa Sede contra los infieles»,[97] puesto que recayó en la persona de Marco Grimani, patriarca de Aquileia. Tal designación nos recuerda a la de Trevisan, también patriarca de Aquileia casi un siglo antes. Aunque Marco Grimani no era cardenal –ni siquiera había recibido las órdenes sagradas–, era hermano del cardenal Marino Grimani. El papa bendijo el bastón de mando, los estandartes y una cruz que presentó a Marco Grimani el 7 de febrero.[98] El pontífice se comprometió a proporcionar treinta y tres galeras para una armada conjunta pontificio-veneciana. Marco Vigerio II, obispo de Senigallia y comisario pontificio, tenía que encargarse de reclutar a los remeros. Las galeras pontificias, que al final no alcanzaron el número previsto en principio y contaron con menos personal para accionarlas, atacaron el castillo de Prevesa, más allá de Corfú, pero fueron rechazadas. Marco Grimani escribió unos informes muy optimistas sobre la campaña al cardenal Alessandro Farnese, quien por fin le mandó retirarse a Ancona. En aquella ofensiva se consiguió muy poco excepto quizás un cierto grado de desafío.

En la década de 1540 pareció surgir una nueva dimensión en el campo bélico pontificio o, si no algo exactamente nuevo, la resurrección de una tendencia que había permanecido algo aletargada desde las cruzadas contra los husitas: la guerra contra los herejes en Europa. Se iniciaron conversaciones encaminadas a la reconciliación pacífica con los movimientos luteranos y otros protestantes. En 1546-1547, la guerra de la Alianza de Schmalkalden –un conglomerado de principados y ciudades luteranos formado diez años antes en la pequeña ciudad de Hesse (norte de Alemania)– se vio como el inicio de un conflicto militar con las fuerzas católicas apoyadas por el papa y el emperador. En junio de 1546 se nombró legado pontificio para el ejército católico al cardenal Alessandro Farnese y éste partió con su hermano Ottavio como comandante. El cardenal se puso enfermo camino de Trento, llegó a Ratisbona en agosto, pero en octubre le reclamaron para que volviera a Roma, de modo que no pudo compartir el triunfo de Carlos V en Mühlberg en abril del año siguiente.[99] Ahora bien, esta participación o liderazgo directo del clero –que recordaba los precedentes de los cardenales Beaufort o Cesarini contra los husitas– no constituyó en definitiva un modelo en las guerras religiosas del siglo XVI. Incluso las campañas militares contra los turcos, pese a recibir la bendición celestial de la Iglesia, casi siempre estuvieron a partir de entonces al mando de la autoridad seglar católica.

La difusión de una serie de escritos satíricos, entre los que destaca el diálogo *Julius Exclusus*, al que nos hemos referido anteriormente, sin duda tuvo su papel a la hora de crear opinión sobre las inclinaciones bélicas del pontificado. Y tal vez influyó más aún la burla visual. De hecho, se difundió una primera edición alemana del *Julius Exclusus* realmente excepcional con un grabado que ilustraba el célebre encuentro entre san Pedro y Julio y su ejército (véase el prólogo del libro).[100] Ya a principios de la década de 1520, los grabados alemanes de Cranach y de otros artistas estaban repletos de burlas y befas luteranas contra el pontificado y sugerían un inminente derrocamiento en un contexto apocalíptico, que pareció confirmarse unos años después con el saqueo de Roma.[101] Es común como tema recurrente en parte de este material difamatorio la representación del papa como el legendario Anticristo, el precursor del fin del mundo, y la del papa y sus cardenales como figuras diabólicas en combate contra Jesucristo. Se hicieron muchas reediciones de la obra *Pasional Christi und Antichristi* de Cranach, un librito ilustrado con veintiséis grabados, publicado en 1521. Presentaba en páginas encaradas temas que comparaban la vida de Jesucristo con la del Anticristo (identificado con el pontificado), y cada ilustración contenía una nota explicativa de Philip Melancthon.[102] En el primer par de grabados, la página del Anticristo alude de forma directa a la antigua reivindicación de la autoridad política suprema en el pontificado, y se representa al papa con dos cañones junto a cardenales y soldados desafiando, más allá de una puerta encadenada, al emperador, también al mando de un ejército. De haberse representado a san Pedro en lugar de la figura del emperador, la ilustración habría constituido una alternativa y un frontispicio más sorprendente que el *Julius Exclusus*. En el octavo par de grabados destaca el contraste entre la humilde natividad de Jesús y el papa armado que se prepara al parecer para hacerse con una ciudad, pues el texto que aparece debajo se refiere al supuesto derecho de la Iglesia a derramar sangre para recuperar la posesión de su propiedad temporal. En el noveno se yuxtapone la entrada de Jesucristo en Jerusalén a lomos de un asno, con el papa y los cardenales galopando hacia el infierno junto con los soldados de a pie. Así pues, la inclinación del papa hacia la guerra es uno de los principales temas en que Cranach centra su atención. Durante los años siguientes aparecieron otros grabados en los que se satirizaba al papa como guerrero o se representaba a papas y cardenales con armadura y armamento dispuestos a masacrar a inocentes cristianos. En uno que se publicó en 1528 se veía a las fuerzas papistas y evangelistas alineadas para la batalla. Ante la imagen, uno tiene la sensación de que las fuerzas están igualadas, hasta que ve que son los demonios quienes disparan las armas pontificias.[103]

La presencia de prelados en el campo de batalla podía desencadenar un ataque protestante masivo, no sólo contra la doctrina y la disciplina católicas, sino contra el comportamiento tradicional de la jerarquía. Así pues, había que cambiar la práctica, cuando no abolirla, en aras del decoro y la dignidad para no proporcionar al enemigo tanta munición (por decirlo de alguna manera) que pudiera justificar su propaganda. Al fin y al cabo, el propio Lutero afirmaba en su folleto *En guerra contra los turcos* (1529): «Si yo fuera soldado y viera el estandarte de un sacerdote en el campo de batalla o un estandarte con la cruz, o sólo un crucifijo, echaría a correr como si me diera caza el diablo». Su argumentación se basaba en que estaban justificadas las campañas contra los turcos, pero tenían que dirigirlas cristianos seglares al mando supremo del emperador, nunca del pontífice ni de un miembro del clero. En el mismo contexto, Lutero añadía alguna memorable acotación sobre el liderazgo en la guerra de dos papas de su época, subrayando –no sin alguna distorsión histórica– las limitaciones de su éxito, que demostraban el desacuerdo de Dios.

> Ni siquiera triunfó el papa Julio, el exaltado y maléfico bravucón [*dem bösen Eisenfresser*, literalmente «tragahierro»], medio demoníaco, pues por fin tuvo que acudir al emperador Maximiliano y dejar que él se ocupara de todo, a pesar de que Julio disponía de más dinero, armas y efectivos. También considero que el papa actual, Clemente, de quien se dice que es casi un dios en la guerra [*einen Kriegs Got*], cosechó victorias hasta que perdió Roma y toda su riqueza a manos de un puñado de soldados armados.[104]

En el mismo folleto, Lutero apuntaba que los papas y cardenales, además de ser incompetentes en la guerra, pues su participación no tenía justificación alguna, llevaban a la catástrofe a sus propios aliados. Rememoraba el fracaso de Giuliano Cesarini contra los turcos en Varna en 1444: «Los mismos húngaros le echaron la culpa al cardenal Giuliano y le dieron muerte por ello». No dejaba de citar tampoco la desgracia que vivió Francisco I en Pavía en 1525: «He oído de boca de leales soldados que creían que cuando el rey de Francia fue vencido y apresado por el emperador frente a Pavía tuvo mala suerte porque se había aliado al papa, o como decían ellos, al ejército de la Iglesia».

No parece, sin embargo, que Pablo III se dejara amilanar por tales argumentos de la propaganda luterana, o tal vez no estuviera al corriente de ellos. Aplicó de nuevo, en general con éxito, una serie de estrategias de León X y de sus predecesores. Así lo ilustra su firme política de control en el Estado pontificio, y también los cargos otorgados a sus familiares; incluso reemprendió la guerra contra los Colonna en 1541, como castigo contra Ascanio Colonna por haberse negado a colaborar en la defensa de Roma. Tras unos meses de resistencia, se tomó el castillo de Paliano y se confiscaron otras posesiones de los Colonna.[105] La propia convocatoria del papa para un consejo general con el orden del día aprobado por él o en representación suya, siguió la norma establecida por Pío II en su bula *Execrabilis* de 1460, puesta en práctica anteriormente por Julio II en el Primer Concilio Laterano, convocado en 1512. Sea como fuere, Pablo no ejerció presión alguna y la primera reunión de Trento se celebró tres años antes de su muerte.

Otro aspecto de la continuidad en el pontificado de los Farnese fueron los nuevos encargos de obras a gran escala y la decoración de palacios en Roma y sus alrededores. No vamos a entrar en detalles, pero hay un aspecto bastante peculiar de dicha familia, del que el papa no fue del todo responsable, a pesar de haberse convertido en su cabeza visible. Estamos hablando del ensalzamiento de la dinastía de los Farnese y de sus servicios al pontificado, tanto en la guerra como en la paz. Por ejemplo, se presentó al papa como pacificador en la *Sala dei cento giorni* de Vasari, pintada para el cardenal Alessandro Farnese en 1546 en el Palazzo della Cancelleria, en la que queda plasmada la furia de la guerra a pesar de la campaña planificada aquel año contra la Alianza Schmalkalden.[106] Aproximadamente en la misma época, el gobernador de Castel Sant'Angelo encargó una serie de frescos a Perino del Vaga y a sus ayudantes en los que se establecía una relación entre el papa y su tocayo Alejandro Magno, nombre que no es sinónimo de pacificación, sino de conquista militar a escala mundial, si bien entre los citados frescos los únicos que podrían considerarse escenas propiamente bélicas son los referentes a la construcción de una nave y a una batalla, en la que se ve al rey Poro y a su ejército de elefantes.[107] Sin embargo, en la tumba de Pablo III en San Pedro se representa al papa como pacificador (*in atto di pacificatore*),[108] a pesar del gran número de operaciones militares violentas que autorizó. Otro ejemplo del papa representado de esta forma es la escena del Palazzo Farnese en la que lo vemos en la firma del tratado entre Carlos V y Francisco I en Niza en 1538. Fue pintado posteriormente para el cardenal Alessandro o para su hermano, el cardenal Ranuccio, y la serie de Francesco Salviati al que pertenece pone más énfasis en el extraordinario servicio ofrecido al pontificado en la guerra por la familia Farnese en general. En una de las escenas se ve a Marte con un perro feroz, una espada y un escudo decorado con un rayo. También hay una escena (curiosamente, adyacente a la que escenifica el Concilio de Trento) en la que se representa al cardenal Alessandro partiendo con Carlos V hacia la guerra contra la Alianza de Schmalkalden.[109] Estos murales se realizaron a principios de 1550, es decir, tiempo después de la muerte de Pablo, pero su punto de referencia seguía siendo el largo reinado de este pontífice. En Caprarola, la fortaleza pentagonal palaciega situada cerca de Viterbo, se pintó un mural menos alegórico, diseñado para el cardenal Alessandro por Sangallo el Joven, que se inició en 1553. Allí, desde aproximadamente el año 1562, Taddeo Zuccari plasmó una serie de acontecimientos históricos, algunos de los cuales tan remotos como la liberación de Bolonia por parte del cardenal Gil de Albornoz en 1363 y el nombramiento por Eugenio IV de Ranuccio Farnese como capitán general de la Iglesia. No faltan, sin embargo, otros más recientes, como el nombramiento de Pierluigi Farnese, de 1535, la plegaria de Pablo III a la salida hacia Túnez de la flota imperial, la represión de la rebelión por el impuesto sobre la sal en Perusa en 1540 y la campaña contra la Alianza de Schmalkalden en 1546-1547, donde el cardenal Alessandro aparece de una forma más explícita en formación de combate, a caballo y llevando un estandarte pontificio.[110]

La última fase del pontificado del Renacimiento (1549-1565)

Durante el periodo que siguió a la muerte de Pablo III se dieron muchas de las características y prioridades del *ancien régime* eclesiástico. Su sucesor inmediato, Julio III (papa de 1550 a 1555), antes cardenal dal

Monte, sobrino de uno de los cardenales de Julio II y generoso mecenas de la arquitectura, demostró que, a pesar de no tener un carácter guerrero, sabía defender la función directa del pontificado en sus territorios italianos. En un grabado alemán, que tal vez reflejaba más el temor de la zona septentrional por una inminente guerra pontificia contra el protestantismo que una alusión al contexto italiano, se representaba a Julio con armadura blandiendo una enorme espada, al parecer como referencia a una medalla que había acuñado con la provocadora inscripción de: «La nación y el reino que a mí no me sirviere perecerá» (Isaías LX, 12).[111] En realidad, Julio hizo la guerra sólo contra Italia y a una escala mucho más modesta que su tocayo. Después de haber reinstaurado a Ottavio Farnese en Parma con el apoyo del emperador en mayo de 1551, le apartó de nuevo, alegando desobediencia por haber aceptado la protección de Enrique II de Francia. Se produjo luego una invasión del Estado Pontificio auspiciada por los franceses, con la subsiguiente devastación de la región septentrional de Bolonia. A pesar de que como mínimo dos cardenales (Morone y Cresenzi) se opusieron a la contraofensiva pontificia, en junio de 1551 se organizó un ejército conjunto entre el pontificado y el imperio. Siguiendo la tradición, se nombró legado en dicho ejército a un cardenal (Giovanni Angelo Medici, futuro Pío IV) y le acompañó como comisario general un abad. Sin embargo, resultó imposible recuperar Parma, y el principal acontecimiento de esta campaña fue otro sitio de Mirandola, que había sido utilizada como base militar francesa desde 1548. A diferencia de su predecesor, Julio no tomó parte en las hostilidades, aunque sí intervino en ellas su sobrino Giambattista del Monte como capitán general. Fue un sitio de mayor envergadura y duración que el de Julio II, que segó la vida de como mínimo trescientos soldados y costó a las arcas pontificias unos trescientos mil escudos. Pero en julio de 1552, los gastos militares, la explotación de la situación por parte de la flota turca que amenazaba la costa italiana, así como la intervención francesa en Siena, llevaron a Julio III a abandonar su infructuosa guerra y buscar la paz.

El fanático Gianpietro Carafa, nombrado cardenal en 1536, inquisidor e inventor del primer índice de libros prohibidos, emprendió un nuevo curso en el rigor y la disciplina tras su elección como Pablo IV (papa, 1555-1559). Pero dominó su política exterior el odio a España –como era de esperar en un napolitano nostálgico de la antigua monarquía–, que le llevó a apoyar la causa de Enrique II de Francia contra Carlos V. Un informe veneciano de febrero de 1556 citaba la siguiente frase del papa:

«Nos da mucho miedo tener que pasar finalmente a lo terrible», y al cabo de poco amenazaba con declarar la guerra a Nápoles, aunque él en persona tuviera que dirigir el ejército llevando la cruz.[113] La campaña que siguió no tuvo la heroicidad que insinúan estas frases. A finales del siglo XVIII, el historiador Edward Gibbon la ridiculizó calificándola de «apresurada pelea en la que el vicario de Cristo y el sultán turco se habían armado al mismo tiempo contra el reino de Nápoles».[114] El duque de Alba inició las hostilidades en nombre de Carlos V en septiembre de 1556 y al cabo de poco había conquistado la mayor parte de la Campania, incluyendo lugares clave como Anagni, Frosinone y Terracina. El 18 de noviembre se rindió incluso la fortaleza de Ostia.[115] Puso fin a la guerra un tratado que dejó las cosas en un punto muerto, si bien la derrota francesa por parte de las fuerzas imperiales en San Quintín en agosto de 1557 representó un durísimo golpe para la política de Carafa. Este acontecimiento militar decisivo, además de poner punto final a tres siglos de ambiciones francesas en Italia, acabó con la imagen que se había difundido de los papas del Renacimiento como paladines de la «libertad de Italia» y piezas clave de la política y la guerra para las potencias seglares europeas.

Carlo Carafa, sobrino de Pablo IV, alentó y asistió al papa en su política bélica. Se trata probablemente del familiar de un pontífice que ha demostrado menos escrúpulos en toda la Historia desde la época de Girolamo Riario y de César Borgia. Su carrera había empezado mucho antes como asistente del cardenal Pompeo Colonna; posteriormente ejerció como sicario, luego pasó a ser soldado profesional (se enroló con los franceses en la guerra de Siena en 1552) y finalmente fue nombrado cardenal en 1555. Participó sobre todo en las hostilidades contra el imperio, a pesar de su compromiso anterior con Pompeo Colonna, organizando una definitiva campaña de destrucción y de confiscación contra la familia Colonna, mientras sus intrigas con Enrique II de Francia tenían como objetivo conseguir adjudicarse privadamente Siena como principado. En noviembre de 1556 incluso pretendió hacer un trueque entre el castillo de los Colonna de Paliano y Siena.[116] La fracasada carrera de Carlo, al igual que la malograda guerra pontificia, marca también el fin de un largo periodo: a partir de ese momento los sobrinos del pontífice deberán mostrarse más discretos en su lucha por satisfacer sus ambiciones. Durante el siguiente pontificado se despojó a Carlo de todos sus bienes y títulos, se le condenó por una serie de delitos, entre los que destacaba el homicidio, y fue colgado, mejor dicho estrangulado, por un torpe verdugo.

En 1559 sucedió a Pablo el cardenal milanés Medici (que no tenía ninguna relación con la famosa familia florentina), uno de los últimos cardenales nombrados por Pablo III. Adoptó el nombre de Pío IV, tal vez en honor de los dos papas de la familia Piccolomini, y en muchos aspectos volvió a un estilo más relajado, aunque no renunció ni de lejos a los aspectos militares del pontificado, campo en que poseía cierta experiencia en su carrera. Antes de ser nombrado cardenal en 1549, había servido como comisario general de las tropas pontificias en Alemania en 1543 y más tarde acompañando al cardenal Alessandro Farnese en 1546. Hemos mencionado ya su cargo de legado cardenalicio en la guerra de Parma durante el pontificado de Julio III. Si bien la política pontificia ya no se dirigía de forma agresiva contra España y Nápoles, plaza también perteneciente a este reino, sin duda Pío estaba convencido de que era imprescindible la preparación militar y, al parecer, en agosto de 1564 planificó la reestructuración del ejército pontificio para no tener que depender tanto de los mercenarios. Así, concibió una milicia de intervención inmediata como la del duque Cosimo I de Florencia (*fare una nuova militia nel stato ecclesiastico, conforme a quello del duca di Firenze, che sarà sempre in pronto ad ogni sua voglia*). Estaría compuesta por hombres del Estado Pontificio capaces de llevar un arma y que poseyeran un caballo, a quienes se obligaría, a cambio de una modesta paga por contar con sus servicios, a estar siempre dispuestos a responder a las órdenes del pontífice.[117] Esta iniciativa, de todas formas, quedó en agua de borrajas.

Entretanto, la política pontificia se centraba en actuar contra de los enemigos religiosos: protestantes y musulmanes. Se enviaba dinero a los cantones católicos suizos para que atacaran a la Ginebra calvinista y como apoyo a Carlos IX de Francia contra los hugonotes. También se destinaban fondos y efectivos para fortalecer a los caballeros templarios de Malta, a fin de que superaran el largo sitio a que los tuvieron sometidos los turcos en 1565.[118] En armonía con esta faceta militar realista del pontificado de Pío IV, en el Vaticano seguían las representaciones de juegos bélicos. El último torneo militar[119] se celebró en 1565 para festejar la boda de Annibale Altemps, el comandante de la milicia pontificia, hijo de Chiara Medici, hermana del papa, con Hortensia Borromeo, hermana de Carlo, sobrino del papa y futuro santo. El acontecimiento no iba a celebrarse hasta la puesta del sol, pero al alba la multitud empezó a llenar ya el Cortile Belvedere. Precedió a la celebración una revista militar y se anunció con una ensordecedora salva de artillería y el sonido de las trompetas, que aterrorizaron a muchos. Todo se desarrolló con tal desenfreno que perdieron la vida tres personas y otra fue derribada del caballo nada más empezar los festejos. El papa y como mínimo veinte cardenales contemplaron el espectáculo desde las ventanas del Palacio del Vaticano. Fuc una exhibición especial para deleite de cualquier papa del Renacimiento, y ¿por qué no? probablemente del sienés predecesor de Pío IV, que vivió un siglo antes.

7

¿Adiós a las armas?

La reforma del pontificado y la guerra

A mediados de la década de 1560 se produjo un sutil punto de inflexión, pues si bien cambiaban muchas cosas, se abrieron nuevas normativas e instituciones por las consecuencias del Concilio de Trento y la dominante influencia de los jesuitas, otras siguieron prácticamente igual. Cierto es que el pontificado no renunciaba ni de lejos a la guerra; de hecho se afirmaba que a finales de la citada década el desembolso dedicado al estamento militar, en relación con el total de ingresos, se encontraba en su punto álgido, aunque toda la cuestión del reclutamiento, el pago a los ejércitos y la inversión en defensa entre los siglos XVI y XIX exigen estudios más detallados del material de archivo aún sin analizar.[1] Tras la muerte de Pío IV y la toma de posesión del cardenal Michele Ghislieri, protegido de Pablo IV, con el nombre de Pío V (papa, 1566-1572), se retomó el control del pontificado con unas estrictas «contrarreformas» que iban a durar, esta vez sin interrupción, un cuarto de siglo. Se establecieron entonces como prioridades la conformidad en la creencia, la disciplina pastoral y la erradicación de la herejía, mientras no se perdían de vista, como objetivos militares, a los protestantes y los turcos. A pesar de que los gastos en defensa siguieron siendo elevados, las guerras pontificias en Italia no surgieron con tanta frecuencia, en parte porque el Estado papal se había convertido ya en un ente más estable, rentable y formado dentro de la Italia dominada por España y el imperio y no se enfrentaba al peligro de los ejércitos invasores extranjeros.

En lo sucesivo, ningún papa iba a expresar su voluntad de participar personalmente en la guerra; perdieron incluso vigencia los nombramientos de legados cardenalicios en los ejércitos pontificios, aunque hasta finales del siglo XVII se siguieron escogiendo para los puestos de mando a los sobrinos de los papas.[3] Como se ha apuntado en el capítulo anterior, puede que tras la retirada de los mandatarios religiosos del campo de batalla se esconda un elemento de prudente decoro. Había que proteger a la Iglesia contra los improperios de la crítica, que contaba con un nuevo medio de burla y destrucción: la imprenta. Una extraordinaria escena de batalla que se publicó en 1560 mostraba de nuevo, por ejemplo, al papa como anticristo, secundado por sus cardenales, en especial por dos figuras de considerable estatura con sotana y sombrero adornado con borlas y una inscripción que precisaba: «Cardenal de Lorraine (Charles De Guise, cardenal, 1547-1574) y cardenal Granvelle (Antoine Perrenot, cardenal, 1561-1586)». Se representaba a estos claros agentes de la represión contra los protestantes en nombre de Carlos IX de Francia y Felipe II de España, respectivamente, disparando artillería pesada contra la Iglesia Verdadera.

Pío V –que posteriormente fue canonizado– destacó por fomentar el uso de la fuerza en defensa de la Iglesia. Instó a Felipe II a reprimir con suma severidad a los protestantes e iconoclastas de los Países Bajos y aprobó totalmente los implacables métodos del duque de Alba. Cuando éste le escribió informándole sobre su victoria contra Louis de Nassau en agosto de 1568, Pío ordenó organizar hogueras y desfiles de celebración y acción de gracias en Roma, después de responder al duque expresándole sus felicitaciones y haciéndole llegar en diciembre la espada y el sombrero, junto con la rosa dorada para su esposa.[4] Mientras tanto, aumentó el activo apoyo pontificio a Carlos IX de Francia contra los hugonotes. El papa concedió permiso para vender propiedades pontificias a fin de reunir fondos bajo la supervisión de Fabio Frangipani, el nuevo nuncio enviado en agosto de 1568. Posteriormente se organizó en Italia una división pontificia especial con cuatro mil quinientos soldados de a pie y quinientos de caballería bajo el mando de Ascanio Sforza, conde de Santafiore. Dispuesta ya dicha división en enero de 1569, fue acompañada a Francia por Lorenzo Lenzi, obispo de Fermo, como comisario pontificio con cinco asistentes para asegurar el control estricto de la disciplina y la moral. Entre las órdenes concretas del papa destacaba la de no hacer prisioneros y darles muerte a todos. Las tropas pontificias contribuyeron a la victoria católica en la batalla de Moncontour el 3 de octubre, y Pío insistió en su línea dura al decirles a los cardenales de Lorraine y Bourbon que bajo ningún concepto negociaran con Coligny, el dirigente de los hugonotes. Éste había condenado enérgicamente el Tratado de Saint Germain.[5] Un rasgo destacado que aparece en la tumba de Pío V en Santa Maria Maggiore, encargada posteriormente por su admirador y protegido Sixto V, antes cardenal Felice Peretti, son los relieves sobre las victoriosas campañas militares y navales contra protestantes y turcos, entre las que se distinguen las batallas de Moncontour y Lepanto.[6]

Pío V pidió con insistencia la guerra contra los turcos ya desde su elección en enero de 1566. Su sobrino, Michele Bonelli, cardenal entre 1566 y 1598 y conocido, como su tío, como «Alessandrino» o cardenal de Alessandria, estuvo comprometido en este sentido con la corte de Felipe II de España. Pío y Bonelli propusieron incluso que don García de Toledo partiera de Brindisi con toda su flota, pero éste se limitó a asegurar la defensa de las costas del Estado Pontificio.[7] A partir de julio de 1570 se organizaron interminables discusiones, a menudo en la vivienda del cardenal Alessandrino, sobre la creación de una Santa Alianza para barrer a los turcos del Mediterráneo. Gondola, emisario de Felipe II en Roma, informaba de que se habían producido espinosas discusiones sobre los costes compartidos, aunque por fin se acordó que el pontificado contribuiría con una sexta parte, Felipe II con tres cuartas partes y Venecia con la mitad. También provocó un gran debate la cuestión del nombramiento de un comandante supremo. Los venecianos proponían a su propio cardenal, Alvise Corner, pero Pío lo vetó, alegando curiosamente que no era un cargo aconsejable para un cardenal. Ya había nombrado en mayo de 1570 comandante de la flota pontificia a Marcantonio Colonna ofreciéndole el estandarte de guerra del pontificado y el bastón de mando en una minuciosa ceremonia.[9] Cabe destacar que al parecer en ningún momento se propuso en Roma que Michele Bonelli, ni ningún otro cardenal, y mucho menos el pontífice, acompañaran a la flota conjunta de guerra. Caso de haberse planteado el consejo de guerra de Felipe II, habría encontrado una oposición frontal. A principios de 1571, se comunicó con firmeza al cardenal Alessandrino que en su opinión el papa no podía ejercer el papel principal como un príncipe seglar, ni tampoco nombrar generales. Tenía que limitarse a nombrar a un prelado para que santificara la campaña y le proporcionara consuelo espiritual.[10] No parece que Pío V protestara contra tal decisión. Evidentemente, la gran victoria naval de Lepanto de octubre de 1571 se consideró un triunfo del pontífice y las celebraciones que se organizaron en Roma duraron semanas,[11] lo que constituyó la culminación del pontificado de Pío V, pues murió el 1 de mayo de 1572.

Por consiguiente, fue su sucesor, Gregorio XIII (papa, 1572-1585), antes cardenal Ugo Buoncompagni de Bolonia, quien celebró la otra victoria de la Iglesia marcada por la violencia: la matanza de la noche de san Bartolomé (24 de agosto de 1572). En esta célebre ocasión se dio muerte en París a unos cuantos miles de personas, básicamente hugonotes, poco después del matrimonio de la hija de Caterina de Medici con Enrique de Navarra. Nunca ha quedado demostrado, no obstante, que el pontificado, ni siquiera el cardenal de Lorena y otros extremistas, tramaran aquel sangriento azote contra tantos dirigentes hugonotes o que se tratara del resultado de un «importante plan» iniciado por Pío V y su predecesor.[12] Ahora bien, el cardenal, que se encontraba en Roma durante los hechos, al parecer dio la noticia preguntándole al papa qué era lo que más le gustaría oír y obtuvo la respuesta esperada. Gregorio y los cardenales celebraron un *Te Deum* en San Pedro.[13] Encargaron a Giorgio Vasari que pintara en la Sala Regia, la principal sala de audiencias del pontífice en el Palacio del Vaticano, la rendición en la batalla de Lepanto, en la que se muestra la matanza salvaje y el ahogamiento de los turcos y también, en noviembre de 1572, el pedido de pintar una serie de escenas relacionadas con la noche de san Bartolomé. De las tres, que terminó con suma rapidez, hay una que resulta especialmente sorprendente: en ella se ve cómo se arroja desde una ventana el cuerpo desnudo de Cloingny y cómo se da muerte a algunos hombres desarmados.[14] Se encargó también una medalla, con la cabeza del papa en una cara y en la otra un ángel vengador inclinado sobre unos cadáveres que lleva la siguiente inscripción: *Strages Ugunottorum* («Matanza de los hugonotes»).[15]

La invasión de Inglaterra constituyó el plan militar más claro del papado de Gregorio XIII, la continuación de la condena de la reina Isabel decretada por su predecesor, aunque finalmente no se hizo realidad. Había preparado en 1576 esta campaña el teólogo exiliado y aspirante a misionero William Allen, que fue nombrado luego cardenal por el sucesor de Gregorio en 1587. Según él, habrían bastado para el cometido cinco mil mosqueteros perfectamente preparados, disciplinados y fervientes soldados católicos. Se situarían en Liverpool, después de recibir del papa una paga para cubrir unos meses, y se pondrían bajo el mando de un prudente y piadoso legado pontificio (¿el propio Allen?), precedido por el estandarte con la cruz. Tal fue el plan original propuesto por Allen a Gregorio XIII y al embajador español en Roma.[16] Con la promesa de conseguir el obispado de Durham en 1583, Allen asesoraba al vencedor de Lepanto, don

Juan de Austria, en cuestiones estratégicas, pero el pontificado perdió confianza en el proyecto y retiró todas las promesas de apoyo económico tras la aplastante derrota de la armada española en 1588.

La fama de Sixto V (papa, 1585-1590) se basa sobre todo en su espléndido programa de edificaciones en Roma, aunque fue también un pontífice que creyó apasionadamente en la utilización de la fuerza para la seguridad y defensa de la Iglesia. Esto quedó patente en su forma de gobernar el Estado Pontificio. Era originario de la Marca de Ancona y en su tierra las estatuas e inscripciones lo recuerdan como un dictador populista, e incluso su tumba, que se encuentra junto a la que él mismo hizo construir para Pío V en su Capella Sixtina de Santa Maria Maggiore,[17] expresa el éxito de su mandato con puño de hierro: en el relieve que representa la Justicia, se ven unos soldados que muestran la cabeza cortada del jefe de una partida de bandidos, un brutal y sorprendente detalle en una tumba papal. Pero la ambición de Sixto iba mucho más allá, tan lejos que le resultó imposible satisfacerla durante su breve mandato de cinco años: tenía planes de vencer por medio de la fuerza al norte protestante mediante una rápida campaña de Saboya contra Ginebra y también al este musulmán.[18] Pero sus dos inmediatos sucesores dispusieron aún de menos tiempo para llevar adelante los proyectos bélicos: Urbano VII, antes cardenal Castagna, murió transcurridas tan sólo unas semanas, en septiembre de 1590; Gregorio XIV, en el año que gobernó el trono pontificio (de diciembre de 1590 a noviembre de 1591) hizo un esfuerzo por fortalecer el apoyo papal a la Alianza contra los hugonotes y reunió a miles de efectivos suizos para tal cometido.[19]

No obstante, fue el antiguo cardenal Ippolito Aldobrandini, Clemente VII (papa, 1592-1605), otro oriundo de la Marca de Ancona, quien mostró en la práctica el talante más beligerante de este período después del Concilio de Trento. Sus continuos intentos de instituir una importante coalición contra los turcos que incluyera a Polonia, a los cristianos de los Balcanes e incluso a Persia, quedaron en nada,[20] aunque en Italia su agresiva anexión de Ferrara en 1597 satisfizo por fin los deseos de Julio II y León X. Tras la muerte sin descendencia de Alfonso II d'Este (27 de octubre de 1597), el papa se negó a entregar Ferrara a Cesare d'Este, primo de Alfonso y heredero designado.[21] Con el apoyo de la mayoría de los cardenales decidió llevar adelante su resolución por medio de la fuerza. En la época en que era capitán general del ejército pontificio el hermano del papa, Pietro Aldobrandini, unos cuantos cardenales se implicaron directamente en la maquinaria bélica de una forma que recordaba el pasado. Se nombró, a cargo de las provisiones e incluso de las armas, al cardenal Cesi, y se confirió responsabilidad regional al cardenal Bandini, el legado pontificio en Romaña, con sede en Forlí. A finales de noviembre se nombró a otro prelado, Girolamo Matteucci, «comisario general del ejército pontificio para la recuperación de Ferrara».

Resultó que las primeras previsiones habían pecado de exceso de confianza, pues suponían que en el plazo de un mes Clemente VIII podría invadir el ducado de Ferrara con tres mil soldados a caballo y veinte mil a pie. El cardenal Bandini descubrió que las reservas de artillería, pólvora, balas de cañón y otras municiones que se guardaban en los castillos de la Romaña no bastaban para una campaña de envergadura. Entonces Matteucci decidió utilizar bueyes para arrastrar la artillería desde Civitavecchia, Perusa y Castel Sant'Angelo en Roma, mientras el cardenal Aldobrandini, el sobrino del papa, hablaba de fundir la campanas de San Pedro para fabricar balas de cañón y de adquirir armas ligeras en Génova, Brescia y Milán. Estas propuestas algo desesperadas y las sorprendentes deficiencias de los arsenales indican que existía un elemento engañoso en la aparente fuerza del papado. De todos modos, no parece que la situación real fuera tan grave y tampoco se confirmó en ningún enfrentamiento bélico. Por otra parte, el papa contaba con garantías de apoyo militar de Enrique IV de Francia. Pero en definitiva se demostró que la espada espiritual, al igual que en el pasado medieval, constituía el elemento más contundente de la armadura pontificia. Cesare d'Este abandonó de repente su desafío en cuanto se hizo pública la sentencia de excomunión a finales de diciembre de 1597, y el 28 de enero partió desolado hacia Módena, la otra sede de la familia Este.[22] Se había evitado el fuego y el derramamiento de sangre en nombre de San Pedro. «Afortunadamente, desde aquella época –escribió Gibbon casi dos siglos después– las armas pontificias se han ido oxidando.»[23] Una frase acertada, aunque no del todo cierta, como veremos: el adiós a las armas de los pontífices tendría que esperar.

Los dos longevos y pródigos papas de principios del siglo XVII –Camillo Borghese, Pablo V (papa, 1605-1621), y Maffeo Barberini, Urbano VIII (papa, 1624-1644)– no tuvieron nada de pacíficos. El primero, como Sixto V en Santa Maria Maggiore, insistió en la construcción de tumbas papales con motivos bélicos en su propia Capella Paolina. En ella se representa a Clemente VIII en el sitio de Esztergom (Hungría) y la conquista o la sumisión de Ferrara, y en la tumba de Pablo aparece otra victoria contra los turcos en Hungría y su aprobación de los planes para la construcción de una fortaleza pontificia para salvaguardar Ferrara.[24] Seguía en boga la idea de la

Iglesia como ejército o fortaleza sujeta a un mando supremo con oficiales de campo, que podía estar implicada en acciones que llevaran al derramamiento de sangre, y no sólo en sentido metafórico. Entre sus adversarios encontramos a Tommaso Campanella, que escribió un folleto en latín, *Monarchia Messiae* (La monarquía del Mesías), en 1606 con el objeto de alterar el punto de vista semiindependiente de Venecia y que citaba a Miqueas V y otras fuentes espirituales para justificar un principado eclesiástico sin un superior terrenal armado con la espada material y la lanza para utilizarlas tanto contra infieles como contra gentiles: «Reúne ahora a tus tropas, oh ciudad de tropas [...] Yo [el Señor] con ira y furor haré venganza contra los infieles que no escucharon».[25] Pablo V consiguió derrotar a Venecia y a Paolo Sarpi sin la espada real, sólo por medio de sanciones espirituales como el interdicto que duró de mayo de 1606 a abril de 1607, aunque no faltaron las amenazas, o tal vez el amago por ambas partes, de recurrir a la fuerza. En agosto, el embajador de Mantua en Roma informaba de que el papa afirmaba que sus predecesores habían solucionado el asunto de Venecia de forma distinta, en especial Julio II, que la había tratado como se merecía.[26] Empezaban las preparaciones militares pontificias y los venecianos ponían en pie de guerra la flota y aumentaban los contingentes de su ejército contratando albaneses y negociando con tropas suizas y mercenarios de otras procedencias.[27]

La opinión intelectual se hallaba dividida sobre la crisis y sus implicaciones, pero existían apreciaciones positivas en lo que se refiere a la potencia real del Vaticano. El piamontés Giovanni Botero (1544-1617) escribió[28] que el «Estado eclesiástico» nunca había sido tan fuerte desde la recuperación del control directo sobre Ferrara, la Romaña y la Marca de Ancona, «regiones densamente pobladas en las que viven los más preparados para la guerra de Italia, mientras Umbria podría definirse como una fortaleza en sí, con sus estrechos pasos y empinados emplazamientos [...] Ferrara es tan fuerte que desde allí el Estado eclesiástico es casi impenetrable. El boloñés es más débil; habría que fortificar Castelfranco». En reflexiones posteriores sobre el gobierno eclesiástico,[29] publicadas en 1633, Campanella aconsejaba a Urbano VIII que se mostrara belicoso, que organizara dos ejércitos distintos, una fuerza naval en nombre de san Pedro y otra terrestre, algo así como los jenisarios del sultán otomano, en nombre de san Pablo. «Puesto que una religión armada nunca ha sido vencida.»

En realidad, Urbano VIII era mucho más belicoso que Pablo V. De entrada, nombró a su hermano Carlo Barberini capitán general de la Iglesia «y de todo lo que tiene relación con el ejército, las fortalezas o las galeras», y posteriormente su sobrino Antonio se convirtió en el principal asesor en tales cuestiones. Antonio Barberini (1607-1671), nombrado cardenal en 1624, demostró un interés casi obsesivo por los asuntos militares. Amplió la fábrica de armas de Pablo V en Tívoli y decidió explotar la mina de hierro de Monteleone, cerca de Spoleto, después de visitarla en junio de 1629 y constatar que era un material muy adecuado para la fabricación de armas ligeras y armaduras, como corazas, arcabuces, etcétera.[30] Reforzó las fortalezas clave para proteger el Estado Pontificio (lo que no queda claro es contra qué enemigo), como Sant'Angelo en Roma, Bolonia y Tívoli, entre otras, y, a propuesta de Botero, decidió convertir Castelfranco en un bastión inexpugnable al que rebautizó como Forte Urbano.[31]

Con o sin Forte Urbano, las sólidas ciudadelas militares, las gruesas murallas y los bastiones de vanguardia siguieron representando la autoridad de San Pedro en todo el centro de Italia. La larga galería con mapas topográficos del Vaticano parece haber sido concebida para poner de manifiesto la fuerza de las tierras de la Iglesia y la seguridad que al mar circundante proporcionaban las galeras bélicas del pontífice y los fortificados puertos.[32] Las inscripciones apuntan a que todo el mérito se debe a Urbano VIII, pese a que la ciudadela que da al puerto de Ancona, por ejemplo, fue diseñada para Pablo III por Antonio da Sangallo un siglo antes, y que en Civitavecchia colaboraron una serie de arquitectos e ingenieros militares.

En cuanto a la guerra real, hay que reconocer que el deseo de Urbano VIII de resucitar la empresa de Inglaterra quedó en nada,[33] y cuando surgió la perspectiva de otra importante anexión al Estado pontificio, al carecer de heredero Francesco Maria II della Rovere, duque de Urbino, no se entabló guerra alguna.[34] De haber surgido alguna resistencia, sin duda el cardenal Antonio Barberini se habría lanzado al combate; pero todo se desarrolló pacíficamente siguiendo un acuerdo –aunque no sin alguna amenaza de intimidación militar– al que se llegó poco después de la toma de posesión de Urbano en 1624. Al cabo de un año, el pontificado había nombrado ya un gobernador eclesiástico y tomado posesión de la principal fortaleza del ducado, mientras la Camera Apostolica adquiría la artillería ducal y las reservas de armamento. Después de la muerte del duque, en abril de 1631, Urbino perdió sus últimos vestigios de independencia: Taddeo Barberini fue su gobernador, y sus legados, primero el cardenal Antonio, y luego su hermano, el cardenal Francesco Barberini.

Aun así, entre 1642 y 1644 se produjo una auténtica situación bélica en el Estado Pontificio: la llamada Guerra de Castro contra Odoardo

Farnese, duque de Parma y de Castro. Ya durante el año anterior se hicieron los preparativos para una ofensiva en respuesta a la agresiva fortificación de Castro y al hostigamiento desde el territorio circundante al Estado Pontificio. Se reclutaron soldados para el ejército del papa y se reunieron gran cantidad de piezas de artillería. El cardenal Antonio Barberini llevó a cabo en persona la inspección de la fortaleza.[35] Odoardo afirmó que la pugna era contra Barberini y no contra el pontificado, pero a pesar de todo Urbano inició las hostilidades en nombre de la Iglesia. El cardenal Antonio y su hermano Taddeo, capitán general de la Iglesia, se pusieron al mando de las operaciones militares. Tomaron y destruyeron parcialmente Castro, pero Odoardo recibió ayuda de Venecia y Francia para la defensa de Parma y en el bando pontificio la campaña se desarrolló de forma deshonrosa. En la batalla de la Fortezza Lagoscuro de marzo de 1644, el cardenal Antonio logró librarse de la captura gracias a su veloz caballo.[36]

Como era de prever, este cambio en el estilo y la estrategia del pontificado a principios del siglo XVI no sólo llevó al fracaso en el campo de batalla, sino también en el de la opinión pública. En 1642[37] circuló una sátira ridiculizando a Urbano que recordaba un poco el *Julius Exclusus*. Se titulaba *Baccinata o Battarella para las abejas Barberini en la toma de las armas de Su Santidad el papa contra Parma,* y aludía a la práctica de batir cazos o sartenes para dispersar un enjambre de abejas y al emblema de la familia Barberini, así como al deseo de poner punto final a la guerra. Se presentaba en forma de pasquín dirigido al nuncio papal en Venecia. «El papa no imita a Jesucristo, que quería llevar la paz al mundo», afirmaba su autor, un tal Ferrante Pallavicino:

> Jesucristo derramó su propia sangre y Nuestro Señor [el papa] hace derramar la sangre de los demás y promete la vida eterna a quienes más cantidad de sangre cristiana hagan derramar [...] y si al pastor se le permite sólo que lleve una fina vara para controlar el rebaño; mejor dicho, no lleva nada, pues Jesucristo dijo a sus apóstoles: «No llevéis vara alguna para el camino», ¿qué puede decirse de Nuestro Señor y pastor [el papa], que desperdiga el rebaño de la Iglesia con espadas, escopetas, arcabuces y cañones?

Ni que decir tiene que Ferrante tuvo que pagar por la burla; lo detuvieron en territorio pontificio en noviembre de 1642 y fue ejecutado en marzo de 1644.

Sin embargo, pese a la política de los Barberini, la tradición beligerante de la dirección de la Iglesia Católica parece que perdió impulso y justificación a medida que fue avanzando el siglo XVII. Aunque se mantuvo un ejército de cierta envergadura con guarniciones considerables en Roma, Civitavecchia y Castelfranco Emilia,[38] probablemente debía de ser patente que no existía potencia que amenazara al Estado Pontificio en Italia y justificara el alto nivel de inversión en defensa. Además, con la paz de Westfalia de 1648 se consiguió un cómodo *modus vivendi* entre los regímenes católico y protestante, de manera que incluso perdió importancia la posible esfera de mediación del pontificado.[39] En Occidente, el dominio en Europa de la Francia de Luis XIV, a pesar del jansenismo, del galicanismo y otros problemas, constituyó en general una garantía para la Iglesia en los siguientes cincuenta años. En Oriente, por otra parte, a pesar de la derrota de Venecia y de la pérdida de Creta en la larga guerra de Candia (1645-1669), a la que el papa apoyó sólo de forma marginal, quedó confirmada la decadencia o el estancamiento del poder de los otomanos con la caída del último sitio turco en Viena en 1683 y con la victoria veneciana en la Grecia meridional de Francesco Morosini entre 1684 y 1693. Así, el pontificado no tuvo que inquietarse tanto por los asuntos bélicos o de autodefensa como en siglos anteriores. En la nueva era de la Ilustración, los *Monssignori Eminentissimi* lucían pelucas empolvadas y zapatos con hebilla en lugar de armadura y botas con espuelas.

Aun así, el adiós a las armas del pontificado fue un proceso muy lento, y delante de la mínima amenaza contra el poder de la Iglesia en cualquier zona, la respuesta no fue necesariamente pacífica. En la crisis sucesoria española, Clemente XI, quien apoyaba a Felipe V y a Francia, no aceptó la petición de libre acceso por tierra hasta Nápoles. Se ordenó al legado pontificio de Ferrara que pusiera la ciudad en el estado de máxima defensa y se enrolaron soldados en Roma. En octubre estalló la guerra entre el papa y el emperador. Las tropas imperiales ocuparon Ferrara y otras ciudades pontificias antes de que se firmara el tratado en enero de 1709, que constituyó una marcha atrás para el Vaticano.[40] La corta «guerra» de 1739 entre Clemente XII (papa, 1730-1740) y la república semiindependiente de San Marino representó un último toque de la trompeta bélica para el pontificado. La causa del ataque fue la violación de una inmunidad legal, el proceso de un ciudadano de San Marino que había pedido protección papal, es decir, un supuesto desafío a la legítima autoridad de San Pedro.[41] Se ordenó al legado en Romaña, el cardenal Giulio Alberoni (1664-1752), más conocido en la primera etapa de su carrera en la diplomacia española, que entrara en San Marino con doscientos soldados de la Romaña y otros que reclutara por la zona. El consejo que gobernaba la república hizo intervenir a la milicia, pero no consiguió evitar que las fuerzas pontificias avanzaran sembrando la destrucción en su territorio. Alberoni se mostró implacable y ordenó asolar las casas de «los perros rabiosos» (consejeros recalcitrantes que se habían negado a jurar obediencia total al pontífice), aunque más tarde Clemente XII modificó en buena medida los términos de su misión y San Marino siguió siendo prácticamente autónomo en el seno del Estado Pontificio.

Hacia la era moderna: Los desafíos armados de Napoleón y el Risorgimento

A finales del siglo XVIII, sin embargo, nuevos e ilimitados peligros parecieron poner en peligro tanto las propiedades espirituales como las temporales de la Iglesia, e incluso sorprende que cogieran tan desprevenido al Vaticano. Los vientos tempestuosos llegaron de Francia y no sólo trajeron el laicismo ateo republicano, sino también la invasión militar. Pío VI (papa, 1775-1799) había instado como era de esperar a Luis XVI a que no se sometiera a las exigencias revolucionarias, pero mantuvo un curioso silencio en la caída de la monarquía en otoño de 1792 y en la ejecución del rey en enero de 1793, además de no responder ante la toma de los enclaves pontificios en Provenza (Aviñón y el condado de Venaissin). Al parecer había dado por supuesto que el comienzo de la guerra entre la Francia revolucionaria y Austria en 1792 y la invasión del Piamonte tal vez afectaría únicamente al norte de Italia. Dependía en principio de la protección que le ofrecía el reino de los Borbones de Nápoles y curiosamente acudió a dos potencias no católicas, Gran Bretaña y Rusia, para que le proporcionaran defensa naval en caso de ser necesario. Escribió, exagerando un poco, a Catalina la Grande: «No disponemos ni de soldados ni de flota».[42] En noviembre de 1792, al ser preguntado sobre lo que haría si los franceses atacaban Roma, respondió con serenidad que su puesto estaría en las puertas de San Pedro. El embajador veneciano que informó de ello subrayó la insuficiencia de las tardías medidas de defensa que se tomaban, pues «las cuestiones militares no son el fuerte de los sacerdotes».[43] En 1796, no obstante, Pío tuvo que dar un paso más belicoso ante la primera campaña italiana de Napoleón Bonaparte en apoyo del Directorio. Se nombró al cardenal Ercole Consalvi (1757-1824) dirigente de la congregación encargada de los asuntos militares, y en septiembre de 1796 se hizo público lo siguiente: «El santo padre, amante de la paz, está totalmente en contra de las hostilidades [...] sin embargo no cejará en su empeño de buscar la tranquilidad para sus queridos súbditos, y si los franceses piensan de otra forma, no consentirá en dejarlos [a sus súbditos] indefensos [...] si sus soldados cruzan la frontera, su santidad está dispuesto a resistir». Se dieron instrucciones para que doblaran las campanas de las iglesias en los lugares en que entraran los franceses, de llamar al pueblo a las armas y de organizar las defensas.[44] El reino de Nápoles prometió ayuda militar y el nuncio pontificio de Viena negoció la asistencia en esta plaza. El cardenal Gianfrancesco Albani, uno de los más intransigentes, le aconsejó que utilizara el argumento de que el pontificado era la única potencia italiana que podía seguir oponiendo resistencia a Napoleón. Mientras tanto, se enviaron fuerzas de artillería a defender Perusa y se reunieron voluntarios en la Romaña.[45] A principios de enero de 1797 informaron de que en Roma se veían por todas partes los uniformes y las escarapelas pontificales y de que incluso los niños jugaban a la guerra.

El enfrentamiento armado se produjo en el río Senio, entre Imola y Faenza, el 2 de febrero de 1797. Una serie de sacerdotes que se mezclaron entre los combatientes blandiendo sus cruces alentaba a las tropas pontificias exhortando a los soldados a luchar con todas sus fuerzas, pero al cabo de unas horas tuvieron que hacer frente a la derrota. Napoleón se comportó con magnanimidad y declaró que a pesar de que habían intervenido muchos sacerdotes e incluso un fraile capuchino y de que algunos habían resultado heridos, no iba a castigar al pueblo de Faenza. Llegó incluso a mandar un mensaje tranquilizador al papa por medio del abad de Camaldoli: «Bonaparte no es un Atila».[46] Catorce cardenales (de un total de setenta) siguieron oponiéndose a cualquier tipo de compromiso y el 5 de febrero el cardenal Albani escribió una carta al papa exhortándole a no ceder. «El trono de la Verdad en el que se sienta su santidad se ha visto en numerosas ocasiones empapado con la gloriosa sangre de vuestros predecesores en defensa de la misma Verdad –afirmaba retóricamente sin añadir pruebas históricas–, y en cuanto a nosotros, el mismo color de nuestras vestiduras nos recuerda hasta dónde debe llegar nuestra paciencia.» Luego se remontaba brevemente a la Historiay recordaba a a León I y a Gregorio el Magno, para pasar acto seguido al «ejemplo más reciente de Pío II», quien no se encogió ante el terrible peligro que constituyó para

Italia y para la cristiandad Mohamed el Conquistador. El cardenal Albani apuntaba que Pío VI podía tomar ejemplo del Pío antecesor y escribir una carta de reproche a Napoleón. Como mínimo con ello se ganaría tiempo para preparar el enfrentamiento definitivo.[47]

Pío VI era consciente de la debilidad, y también de los limitados recursos económicos del Estado Pontificio, y en aquel punto de la confrontación al parecer le falló la voluntad. En todo caso, ni estaba preparado para emular a Pío II ni para repetir los arranques de ira y adoptar el compromiso físico de un Gregorio VII o un Julio II, ni siquiera las astutas evasivas de un Alejandro VI. Por medio del Tratado de Tolentino, en febrero de 1797, confirmó que cerca de la mitad del Estado Pontificio: las legaciones de Bolonia, Ferrara y Romaña, por no citar Aviñón y el condado de Venaissin, permanecerían bajo control francés. Los territorios italianos se incorporarían a la nueva República Cisalpina y entretanto se situarían tropas francesas en la legación de Ancona y en la misma Roma. Habría que pagar asimismo una enorme suma de dinero en concepto de indemnización, rebaños de animales, obras de arte, manuscritos y otros artículos. Y lo peor no había llegado: en febrero de 1798 se produjo en Roma un levantamiento republicano al que siguió una toma de poder a gran escala de los militares franceses. El papa se negó a ceder su soberanía y se le ordenó abandonar la ciudad en el plazo de tres días. Le permitieron refugiarse primero en la Toscana y luego en Francia. Mientras tanto, dos cardenales presentaron su renuncia, lo que irritó sobremanera al papa, que sugirió que aquello los convertía en idóneos para luchar y derramar su sangre por la Santa Sede. Diez cardenales huyeron hacia el reino de Nápoles y entre ellos se encontraba el cardenal Albani, cuya residencia fue saqueada por los franceses, quienes confiscaron sus pertenencias. Los que se quedaron fueron detenidos, como fue el caso del cardenal Consalvi, al que tuvieron dos noches encarcelado en Castel Sant'Angelo. Posteriormente los trasladaron con escolta militar a Civitavecchia desde donde fueron deportados.[48]

En estas terribles circunstancias, como mínimo en el sur, donde a principios de 1799 fue sustituido el gobierno monárquico de Nápoles por una efímera república, por fin la Iglesia contraatacó. El cardenal Fabrizio Ruffo (1764-1827) destacó en la mejor tradición del liderazgo militar eclesiástico. Ruffo había sido tesorero del Estado Pontificio, un administrador práctico y con carácter que se había ocupado, entre otros cometidos, de fortalecer las ciudadelas militares de Ancona y Civitavecchia en 1791-1792 y de introducir un invento propio, un artefacto (*fornello*) para disparar argamasa desde los cañones. Su fama como gestor económico ilustrado le llevó al cargo que le ofreció el rey de Nápoles y a la responsabilidad de comisario real especial en la crisis de principios de 1799. Con las armas que le había suministrado Nápoles, Ruffo fundó en su Calabria natal un ejército de campesinos dispuesto a luchar por la monarquía y la religión que se hizo famoso con el nombre de «Sanfedisti», guerreros de la santa fe. «Valientes y arrojados calabreses», declaraba en el manifiesto de reclutamiento en febrero de 1799.

> Uníos ahora bajo el estandarte de la santa cruz y de nuestro querido soberano. No esperemos a que aparezca el enemigo y contamine nuestros vecindarios. Avancemos para hacerle frente, para repelerlo, para expulsarlo de nuestro reino y de Italia y para romper las cadenas del bárbaro que atan a nuestro santo pontífice. Que el estandarte de la santa cruz nos garantice la victoria final.[49]

Su correspondencia con sir Henry Acton deja constancia de su sereno compromiso como mando militar. «Pido al rey [de Nápoles] que me envíe como mínimo mil armas ligeras y sus correspondientes cargas de plomo –escribía el 12 de febrero de 1799–. Considero oportuno el envío de una fragata con un mortero contra Cotrone para la total destrucción de esta plaza (26 de febrero). Catanzaro se ha rendido sin condiciones; se ha dado muerte a los peores elementos del lugar y se ha hecho prisioneros a otros (8 de marzo). Se ha tomado y saqueado Cosenza (19 de marzo)».[50]

La campaña de Ruffo levantó y sigue levantando controversia. Sus enemigos le achacaron la participación directa en el derramamiento de sangre y en la crueldad, en general injustificados, mientras que sus apologistas llegan a perdonarle el saqueo de Altamura alegando que esta plaza fuerte republicana había dado muerte anteriormente a los prisioneros monárquicos. El cardenal hizo todo lo posible por refrenar el pillaje e imponer de nuevo la disciplina.[51] Ruffo fue un dirigente carismático, aunque tal vez no tan al estilo de los famosos cardenales militares del siglo XV como Vitelleschi, Forteguerri o incluso Giuliano della Rovere. Fue un hombre intrépido en la acción, arriesgado y valeroso a lomos de su corcel blanco, de quien se dice que el 9 de mayo gritó ante los reunidos junto a la muralla de Altamura: «Apartaos de mí, las balas no me harán daño –así fue en realidad–, pero sentiría que os hirieran a vosotros».[52] Unos meses después, en la primavera de 1799, las tropas irregulares de Ruffo se ocuparon en gran medida del derrocamiento de la república napolitana, con la intimidatoria ayuda de las fuerzas navales británicas, al mando de Nelson, no tan dado como Ruffo a pedir misericordia para los vencidos.

A la muerte de Pío VI en el exilio de Valence en agosto de 1799, se produjo el mayor eclipse del poder político y militar pontificio. Fue elegido en Venecia en marzo de 1800 Pío VII (papa, 1800-1823), un personaje de carácter más retraído que su predecesor. Después de la firma del concordato en agosto de 1802, llegó un breve periodo de relaciones más distendidas en el que el tío de Napoleón, el cardenal Joseph Fesch, obtuvo el cargo de embajador francés en Roma y fue casi supervisor del papa.[53] Pío aceptó ser testigo de la autocoronación de Napoleón como emperador en París en diciembre de 1804, y posteriormente se le permitió volver a Roma. Sin embargo, con el nuevo estallido de la guerra en Europa quedó de nuevo en entredicho el poder temporal del pontificado. Napoleón quería un control total de la costa italiana para defenderse de posibles ataques por parte de Rusia o Gran Bretaña, y en noviembre de 1805 ordenó la ocupación militar de Ancona. Incluso el cardenal Fesch apoyó las protestas contra tal violación de la neutralidad pontificia y a finales de 1807 se abandonó toda pretensión en este sentido. Los plenipotenciarios pontificios fueron reclamados desde París y en febrero de 1808 Roma sufría otra ocupación militar francesa. El cardenal Fesch regresó a París mientras Pío VII seguía escondido en el palacio del Quirinal.[54] En julio de 1809 fue detenido y trasladado a Savona, donde permaneció hasta 1814.

Después de la caída de Napoleón, el pontificado, restaurado en Roma y en sus territorios italianos, cayó durante unos treinta años bajo el control de los reaccionarios, que siempre habían querido desafiar a Napoleón y en aquellos momentos pretendían abolir incluso sus mejores reformas y rechazar la política más pragmática del cardenal Consalvi refugiándose tras las armas de los soldados extranjeros y de los agentes de policía napolitanos. Uno de los más influyentes y resueltos de estos reaccionarios fue Tommaso Bernetti, jurista canónico muy capacitado oriundo de Fermo, en la Marca de Ancona. Bernetti no fue cardenal hasta 1826, pero había acumulado experiencia en la administración pontificia desde 1801, en el periodo que siguió a la restauración, en los cargos de *assessore alle Armi* (1816-1820), legado adjunto en la Marca y en Ferrara y gobernador o jefe de policía en Roma (1820-1823). Se distinguió por su excepcional dureza contra carbonarios y otros disidentes, instauró asimismo bandas irregulares (denominadas *Centurioni*) a las que se daba carta blanca para llevar a cabo

Retrato de 1805 del papa Pio VII de Jacques Louis David (Museo del Louvre de París).

incursiones y ejecuciones. Bajo el pontificado de León XII (papa, 1823-1829) y del efímero de Pío VIII (papa, 1829-1831), su sucesor Bernetti saltó a la palestra como principal figura en la diplomacia pontificia, consolidando estrechas relaciones con el imperio de los Habsburgo bajo la dirección de Metternich y con la monarquía francesa de Carlos X. Incluso se desplazó hasta Moscú, aunque allí no le animaron tanto. En mayo de 1828 la diligencia de Bernetti recibió el premio del cargo de secretario de Estado. Llegó al cenit de su carrera represora y reaccionaria[55] con el pontificado de Gregorio XVI (papa, 1831-1846), un monje procedente del Veneto con ideas enraizadas en el prerevolucionario siglo XVIII que probablemente escogió el nombre en memoria, consciente pero esperanzada, de Gregorio VII, acérrimo defensor de la autoridad clerical frente a la seglar.[56] En 1831 fue el cardenal Bernetti quien supervisó la represión de los levantamientos de inspiración liberal en la Marca de Ancona y en otras legaciones. De entrada, envió al cardenal Giovanni Antonio Benvenuti como legado para acompañar a una división del ejército pontificio, pero tal fuerza resultó insuficiente para aplastar la rebelión, por no hablar ya de imponer la feroz contrarrevolución que al parecer había planificado. El cardenal Benvenuti fue apresado y tomado como rehén mientras él negociaba unos términos que no se aceptaron en Roma. En el intervalo se envió al cardenal Albani como comisario especial, y en febrero de 1832 se pidió de nuevo a Metternich, mucho menos inflexible que Bernetti, que enviara tropas austríacas para llevar a cabo la tarea.[57]

Con el tiempo perdió credibilidad la política del cardenal Bernetti y sus colegas de oposición a toda reforma y de dependencia definitiva del poder militar austríaco. Le apartaron de las responsabilidades militares en 1835 y aunque vivió hasta 1852, a partir de entonces fue perdiendo influencia. La fracción más liberal y pragmática fue adquiriendo poder a principios de la década de 1840 y triunfó en 1846 en la elección como papa del cardenal Giovanni Maria Mastai-Ferretti, otro personaje enérgico procedente de la Marca de Ancona. De joven, según datos no confirmados, quiso ser oficial de la guardia pontificia, pero como sacerdote y obispo se entregó a la labor pastoral sin entrar en política. En todo caso, no formaba parte de la antigua clase dirigente de Roma.[58] El nuevo papa, que adoptó el nombre de Pío IX (Pío Nono), al principio se hizo muy popular al promulgar una amnistía general, relajar algunos de los controles más represivos y aprobar una constitución que hasta cierto punto limitaba el poder clerical.[59] Pero al cabo de dos años el experimento acabó bruscamente con el estallido de las revoluciones en toda Europa. Pío se negó categóricamente a convertirse en el defensor de los patriotas italianos liberales. Oponiéndose a las presiones que le aconsejaban declarar la guerra al imperio de los Habsburgo, el 29 de abril de 1848 se dirigió a los cardenales para decirles que no era legítimo que el pastor de los fieles entrara en guerra para derramar sangre cristiana (sin tener en cuenta todos los precedentes). Se mantuvo pasivo cuando los austríacos pasaron a la ofensiva, ocuparon Ferrara y avanzaron por el territorio pontificio y posteriormente cosecharon una victoria decisiva contra el ejército piamontés en Custoza (25 de julio).[60] Pío tampoco pudo seguir enfrentándose a la sediciosa atmósfera que se respiraba en Roma después del asesinato de su competente primer ministro, Pellegrino Rossi, en noviembre de 1848.[61] En lugar de ello, huyó hacia Gaeta buscando la protección de la Nápoles borbónica. Si bien la república romana seglar (febrero-abril de 1849) inspirada y dirigida por Giuseppe Mazzini estaba condenada al fracaso, la huida del papa y la llegada de las fuerzas militares francesas empeñadas en restaurarlo no fueron acontecimientos propicios para fomentar una gran veneración o lealtad. Se cuenta que durante el bombardeo francés en junio de 1849 el pueblo llano de Roma gritaba: «Ahí va un Pío Nono» cuando los proyectiles pasaban zumbando sobre sus cabezas o caían sobre sus casas.[62]

Cuando Pío Nono regresó a Roma en 1850 como reformista desencantado, no como liberal, pero sí al menos como conservador pragmático, se convirtió en una persona intransigente. Ante el Risorgimento italiano que al cabo de poco había de patrocinar la monarquía saboyana, el pontificado intentó por fin recuperar algo de su antigua beligerancia y autonomía. Pío no quiso plantearse la renuncia a ninguna de las reivindicaciones temporales e incluso pasó a la ofensiva. Cuando el desafío por los derechos sobre San Pedro pasó a ser una cuestión realmente seria a partir de 1859, Pío hizo todo lo que pudo por salvaguardarlos con la ayuda de su secretario de Estado, el cardenal Giacomo Antonelli (1806-1876).[63] Este astuto prelado de la curia, cardenal desde 1847, pronto dominó la política pontificia y compartió muchas ideas del reaccionario cardenal Bernetti. La prioridad de ambos era la creación de un ejército pontificio independiente y la exigencia de la retirada de las fuerzas de ocupación francesas y austríacas. En marzo de 1859 Antonelli contaba ya con un ejército con dieciocho mil efectivos y estaba dispuesto a reclutar a un batallón entero de fusileros suizos.[64] En junio del mismo año, cuando los piamonteses conseguían un amplio apoyo en Umbria, la Romaña y la Marca de Ancona, Odo Russell, agente británico sin acreditar en Roma, informaba de que el papa había enviado a unos cuatro mil soldados suizos para intimidar a Perusa, donde habían empezado a disparar contra todo el mundo, incluso contra ancianos y mujeres, y ante aquella demostración de fuerza el pontífice mismo ascendió a su coronel a general de brigada.[65] En otra carta, Odo Russell escribía que el cardenal Antonelli le había asegurado que

> El pueblo cada día estaba más asqueado del terror que ejercían sobre él los agentes de Cerdeña [el reino de Cerdeña, con Saboya-Piamonte, bajo el mando de Víctor Manuel II y su primer ministro Camillo Cavour] [...] El ejército pontificio aumentaba día a día y los soldados suizos, enrolados en su desplazamiento desde Nápoles hacia el norte, parecían poseer un excelente espíritu militar. Todo tendía a secundar la esperanza de su eminencia de que el ejército pontificio al cabo de poco podría ordenar el inicio de las operaciones en las legaciones [...] el éxito de las matanzas de Perusa ha infundido ardor militar a su santidad el papa y a su eminencia el cardenal Antonelli, algo que yo considero poco prudente y fuera de lugar por ser un acto vengativo y sanguinario.[66]

El historiador alemán Ferdinand Gregorovius, que vivía desde hacía tiempo en Roma, también hizo patente su sensación de repugnancia. El 26 de junio escribió en su diario: «La toma de Perusa fue un acto sanguinario. Esos mercenarios extranjeros, la escoria de Europa, causaron estragos como si se encontraran en una ciudad turca [...] incluso ultrajaron a las religiosas [...] Si el papa hubiera esperado tan sólo tres días, Perusa se habría sometido voluntariamente. El ansia de actuar de nuevo como príncipe temporal le costará muy cara».[67]

En aquel ambiente de exaltación militar, consta que el cardenal Antonelli seguía reclutando y formando nuevos regimientos para aumentar el número de soldados del ejército pontificio, con efectivos suizos y otros «voluntarios» recomendados por sus obispos, entre los que se contaban muchos irlandeses (que triunfaron poco). Imperaba la esperanza de que ya no hiciera falta otra vez la «protección» del ejército francés.[68] En abril de 1860, el papa nombró comandante supremo del ejército pontificio independiente al general Lamoricière, célebre veterano de las campañas francesas en el norte de África que había adiestrado en Argelia a una fuerza de auxiliares árabes que recibieron el nombre de zuavos. Odo Russell escribió que esta decisión en realidad se había tomado contra la opinión de Antonelli, «quien había quedado inhabilitado a causa de un intrigante prelado confidente de su santidad, el monseñor de Mérode, familiar lejano del general Lamoricière». Este chambelán del papa de origen belga, que en tiempos había servido como soldado en Argelia bajo las órdenes de Lamoricière, sustituyó poco después al propio Antonelli como ministro pontificio de la guerra o «proministro de Armas».[69] En julio de 1860, el general Lamoricière tenía la intención de concentrar el ejército (que en lo sucesivo se conocería con el nombre de «zuavos pontificios») en dos enormes campamentos en Spoleto y Pesaro a la espera de una importante campaña para recuperar la Marca de Ancona y la Romaña, siguiendo los pasos de los ejércitos de los papas anteriores. Pío Nono intentó entonces mostrar una actitud cautelosa: «El papa tiene el deber –dijo a Odo Russell– de esperar, defender los derechos de la Iglesia y no ceder ante el enemigo».[70]

La derrota del ejército pontificio en septiembre de 1860 en la batalla de Castelfidardo, cerca de Ancona, puso entre las cuerdas esta resurrección de la beligerancia pontificia. Se habló incluso de que Pío Nono partía hacia el exilio. Odo Russell comentó entonces que «el intento del papa de convertir la Santa Sede en una potencia militar, su confianza en el detestable Antonelli, su falta de atención y su desdén hacia el Sacro Colegio Cardenalicio [...] le han ido convirtiendo más en un objeto de desprecio y lástima que de otra cosa».[71] Aun así, no se vio que flaqueara la convicción del papa. «Dios entregó el dominio temporal a su vicario en la Tierra –dijo a Odo Russell dos años después–. Bajo ningún concepto puedo ceder los estados de la Iglesia que se me han confiado.»[72] El cardenal Antonelli repitió las mismas ideas intransigentes en noviembre de 1865, satisfecho de haber conseguido el relevo de los soldados franceses por los del ejército pontificio en la custodia de las fronteras de los territorios de la Iglesia y la sustitución de Mérode por un juicioso soldado profesional, el general Kanzler, en el ministerio de Guerra pontificio. Entretanto, los zuavos pontificios recibían nuevos refuerzos, tal vez no siempre efectivos de entrada, pero al parecer con la moral alta.[73] Incluso apareció algún indicio de un posible cambio en la suerte en noviembre de 1867 cuando los soldados pontificios y franceses vencieron a los de Garibaldi en Mentana. En marzo de 1868 el papa, en una de sus manifestaciones satíricas y jactanciosas, declaraba a Odo Russell que Garibaldi le había obligado a convertirse en un príncipe militar, que en aquellos momentos poseía un ejército mayor que cualquier otro soberano del mundo en proporción al número de súbditos y que todos sus soldados vivían el auténtico espíritu de los cruzados. «Si en alguna ocasión los intereses de la Iglesia lo exigen –añadió su santidad con una ruidosa carcajada–, incluso empuñaría la espada, montaría a caballo, y me pondría al mando de un ejército, como Julio II.»[74] Seguía conservando aún su espíritu desafiante en octubre de 1869 cuando los dragones pontificios organizaron un simulacro de batalla y asaltaron una «fortaleza» en Villa Borghese.[75] Ya está todo dicho sobre la vanagloria papal. Los franceses, que se enfrentaban a la guerra con Prusia, retiraron su apoyo militar después de que el Concilio Vaticano aprobara la infalibilidad del papa, y el 20 de septiembre de 1870 no se opuso resistencia cuando el ejército piamontés llegó a Porta Pia. Mientras Pío IX y sus inmediatos sucesores seguían vergonzosamente confinados en el Vaticano, lo que quedaba del ejército pontificio quedó relegado a las tareas de vigilancia, el armamento se mantuvo como algo puramente testimonial y en 1878 se rindió la última nave de la flota del papa.[76]

Epílogo

En el clima político actual, en el que están en boga las apologías,[1] también a favor de aquellos que murieron hace tiempo y cuyas gestas, a menudo piadosas y motivadas por la sinceridad, no pueden enmendarse (las «cruzadas», por ejemplo, son hoy en día motivo de un sentimiento de culpabilidad colectivo), no hemos oído aún una sola palabra de retractación o de disculpa por los siglos de guerra en los territorios de la Iglesia católica. Al contrario, el Vaticano beatificó a Pío Nono el 3 de septiembre de 2000. Habrá incluso algunos extremistas que seguirán lamentando el compromiso alcanzado en 1929 con el régimen fascista italiano, confirmado por la república que lo sustituyó en la postguerra, por el cual se renunciaba a todas las reivindicaciones temporales del Estado Pontificio a excepción de un mínimo territorio.

Afortunadamente, podemos dejar en manos de la imaginación lo que habría podido ocurrir, de la violencia con la que la Iglesia y sus dirigentes habrían respondido si en el siglo XX los acontecimientos se hubieran desarrollado de otra forma. La Iglesia está en peligro –básicamente a raíz del comunismo– fue sin duda una cuestión imperante durante mucho tiempo, y haría falta otro libro para ilustrar las múltiples formas en que se habría previsto el contraataque, o cómo lo habría puesto en práctica la autoridad religiosa en determinados países. El siglo XXI ya ha sido testigo de manifestaciones extremas de otros enemigos más antiguos. ¿Hasta qué punto la Iglesia permitirá que la empujen, a pesar de que ya no posea territorios que defender, antes de que sus dirigentes, o algunos de ellos, decidan blandir de nuevo la espada? ¿Y si el Vaticano sufriera un bombardeo? Tal vez el problema básico haya sido siempre la ambigüedad y la flexibilidad de la doctrina cristiana frente a la guerra y la paz. En *Querela pacis,* Erasmo escribe: «¿Qué tiene que ver una mitra con un casco, un báculo con una espada, el Evangelio con un escudo?». La respuesta, por desgracia, es: mucho. Este libro, aunque se haya limitado sobre todo a unos siglos más bien remotos y se haya concentrado sin reparo en un solo aspecto de la política y el gobierno eclesiásticos de tan sólo una parte –la más numerosa, mejor organizada y más extendida eso sí– del cristianismo, se ha marcado como objetivo demostrar cómo el mando de la Iglesia católica se ha visto arrastrado, casi de forma inevitable, más hacia procesos de guerra que de paz.

Notas

Prefacio

1. Por ejemplo, *Longman History of Italy,* varios autores, 6 vols; UTET *Storia d'ltalia,* varios autores, 24 vols. Intenso debate bajo el título de «Los problemas de la historia italiana». En Denys Hay, *La época del renacimiento,* Alianza Editorial, 1988.
2. Véase el capítulo 5.
3. Remitimos al lector al largo, denso, complejo pero gratificante cuarto capítulo, «Political Revolution», en Philip Jones, *The Italian City State: From Commune to Signoria,* Oxford, 1997.

Prólogo

1. Trad. comentarios de M. J. Heath, «Julius Excluded from Heaven: a Dialogue» («Dialogus Julius Exclusus e coelis»), en *Collected Works of Erasmus,* vol. 27, ed. A. H. T. Levi, Toronto, Buffalo y Londres, 1986, págs. 155-197. Ver más sobre el tema en el capítulo 5.

Capítulo 1

1. C. Erdmann (1935), *The Origins of the Idea of Crusade* (Princeton, 1977), pág. 15, n. 26; J. H. Russell, *The Just War in the Middle Ages,* Cambridge, 1975, págs. 14-15, 72 y 78.
2. Erdmann, *Origins,* pág. 25; Russell, *Just War,* págs. 28-29; carta de Gregorio I, 27 de septiembre de 591, en *Gregorii I Registri,* ed. P. Ewald, G. Hartman, Berlín, 1890, vol. I (nº. II, 7), págs. 105-106.
3. Russell, *Just War,* pág. 78; P. Partner, *The Lands of St Peter,* Londres, 1972, págs. 58-60.
4. F. Gregorovius, *Roma y Atenas en la Edad Media,* Fondo de Cultura Económica de España, 1982.
5. P. Fedele, «La battaglia del Garigliano, 915», 1899, págs. 181-211; Erdmann, *Origins,* pág. 25; la carta se encuentra en L. Jaffe, *Regesta Pontificum Romanorum... ad 1198,* 2ª ed., Berlín, 1881-1888.
6. La complicada historia de la donaciones y los orígenes de las reivindicaciones pontificias en Italia resumidas por D. Waley, *The Papal State in the Thirteenth Century,* Londres, 1961, págs. 2 a 22; P. Partner, *The Papal State under Martin V,* Londres, 1958, págs. 1 a 8.
7. J. M. Wallace Hadrill, *The Prankish Church,* Oxford, 1983, págs. 186-187.
8. W. Ullmann, *The Growth of Papal Government in the Middle Ages,* 2ª ed., Londres, 1962, págs. 229-38.
9. *The Works of Liudprand of Cremona,* trad. al inglés de R A. Wright, Londres, 1930, págs. 223-226.
10. Waley, *Papal State,* pág. 7.
11. Ullman, *Growth of Papal Government,* págs. 193-203.
12. Ibídem, págs. 420-437.

13. K. Gushing, «Anselm and Coercion. A Legal Form of Persuasion», en *The Papacy and Law in the Gregorian Reformation: The Canon Law Work of Anselm of Lucca,* Oxford, 1998, pág. 127.
14. Erdmann, *Origins,* pp.74, 118-23.
15. H. E. J. Cowdrey, *Pope Gregory VII,* Oxford, 1998, *passim.*
16. Ibídem, pág. 27.
17. E. Caspar, *Das register Gregors VII,* Berlín, 1920, vol. I, pág. 166; Cowdrey, *Gregory VII,* págs. 485 y 652.
18. W. Ullmann, *The Growth of Papal Government in the Middle Ages,* ed. revisada, Londres, 1965, pág. 304; Cowdrey, *Gregory VII,* págs. 310-311, 485 y 652.
19. Erdmann, *Origins,* págs. 202-223.
20. Ibídem, pág. 256; Cowdrey, *Gregory VII,* págs. 310-311.
21. Erdmann, *Origins,* págs. 144-145.
22. Gushing, *Papacy and Law,* págs. 132-140 y pág. 217, nº 66; Cowdrey, *Gregory VII,* pág. 653.
23. L. Duchesne (ed.), *Le Liber Pontificate,* nueva ed. París, 1981, III, págs. 147-155; E Gregorovius, *Roma y Atenas en la Edad Media*, vol. IV (2) (Madrid, 1982), págs. 317-75.
24. I. S. Robinson, *The Papacy 1073-1198: Continuity and Innovation,* Cambridge, 1990, págs. 367, 386 y 390.
25. P. Munz, *Frederick Barbarossa: A Study in Medieval Politics,* Londres, 1969, págs. 85-86.
26. Ibídem, págs. 166-67, 198; Waley, *Papal State,* pág. 12.
27. Ibídem, págs. 196-204.
28. Munz, *Frederick Barbarossa,* págs. 14-15, 18-19.
29. S. Runciman, *Historia de las cruzadas,* Madrid, 1973; J. A. Brundage, «Adhemar of Le Puy: The Bishop and his Critics», *Speculum,* XXXIV, 1959, págs. 201-12.
30. *De Consideratione Libri Quinque ad Eugenium Tertium,* vol. IV, 3, in *Opera Omnia,* vol. I, ed. S. Mabillon y J.-P. Migne, París, 1879; *Five Books of Consideration: Advice to a Pope,* trad. J. D. Anderson, E.T. Kennan, Kalamazoo, 1976, pág. 118; Ullmann, *Growth of Papal Government,* págs. 423 a 432.
31 M. Chibnall, ed., *John of Salisbury: Memoirs of the Papal Court,* Londres, 1956, pág. 60.
32 J. Riley-Smith, *The Knights of St John in Jerusalem and Cyprus 1050-1310,* Londres, 1967, págs. 235-36, 382-87 y passim.
33 Russell, *Just War,* págs. 77-82.
34 Ibídem, pág. 107.
35 S. Kuttner, 'Cardinalis. The Growth of a Canonical Concept', *Traditio,* 3, 1945, págs. 129-214 (esp. págs. 172-78); J.F. Broderick, 'The Sacred College of Cardinals: Size and Geographical Composition', *AHP,* 25, 1987, págs. 7-71 (esp. págs. 8-10); Robinson, *The Papacy,* Capítulos 2, 4 passim.
36 Robinson, *The Papacy,* pág. 169.
37 Runciman, *Historia de las cruzadas,* Madrid, 1973.
38 E. McNeal in K.M. Setton et al., *A History of the Crusades,* vol. II (Filadelfia y Londres, 1962), págs. 154-55.
39. Ibídem, pág. 176.
40. Innocent III, *Regestorum Libri* in *Opera Omnia, PL* 216, col. 139; A.P. Evans in Setton, *History of the Crusades,* vol. II, p.289n.; P. Belpenon, *La Croisade contre les Albigeois et l'union du Languedoc a la France* (París, 1942; nueva ed. 1959), pág. 166.
41. Setton, *History of the Crusades,* vol.II, pág. 437, citando Palmer A. Throop, *Criticism of the Crusade* (Amsterdam, 1940), pág. 32; E. Siberry, *Criticism of Crusading 1095-1274* (Oxford, 1983) págs. 34-35, citando 'Le Besant de Dieu' de Guillaume le Clerc. Sobre el liderazgo de Pelagio, Runciman, *Historia de las Cruzadas,* (Madrid, 1973).
42. Russell, *Just War,* pág. 282.
43. N. Housley, *The Italian Crusades: The Papal-Angevin Alliance and the Crusades against Lay Powers 1254-1343,* Oxford, 1982, pág. 169, n. Véase más adelante.

44. Throop, *Criticism,* págs. 135-136.
45. Ibídem, págs. 190-193.
46. Housley, *Italian Crusades,* págs. 1 a 9 y *passim.*
47. Waley, *Papal State,* págs. 27-34.
48. Ibídem, pág. 40.
49. E. Kantorowicz, ed. E. O. Lorimer, *Frederick the Second,* Londres, 1931, pág. 177.
50. Waley, *Papal State,* págs. 287 a 296; ídem, «Papal Armies in the Thirteenth Century», *EHR,* LXXI, 1957, págs. 1 a 30.
51. *Commentaria Innocenti Quarti Pont. Max... Super Libros Quinque Decretalium,* lib. 3, tit. 34 c.8, Frankfurt ed., 1570, págs. 430-431. Agradezco la referencia a Magnus Ryan.
52. G. Moroni, *Dizionario di erudizione storico ecclesiastico,* vol. LXX, Venecia, 1845, pág. 24.
53. Kantorowicz, *Frederick the Second,* ed. Lorimer, pág. 615.
54. Ibídem.
55. Waley, *Papal State,* págs. 146-147; E. von Westenholz, *Kardinal Rainer von Viterbo,* Heidelberg, 1912.
56. Waley, *Papal State,* págs. 147-148; F. Reh, *Kardinal Peter Capocci: Ein Staatsmann und Feldherr des XIII Jahrhunderts,* Berlín, 1933, págs. 84 a 121; A. Paravicini Bagliani, vol. 18, Roma, 1975, pág. 606.
57. Salimbene, *Cronica,* ed. G. Scalia, Bari, 1966, vol.1, págs. 560 a 563; *The Chronicle of Salimbene de Adam,* ed. J. L. Baird, Binghamton, 1986, págs. 194-195 y 389 a 391.
58. J. L. A. Huillard-Breholles, *Historia Diplomatica Friderici Secundi,* vol. VI, París, 1861. págs. 771 a 775.
59. E. Jordan, *Les Origines de la domination angevine,* París, 1909, págs. XII a XIV.
60. Saba Malaspina, *Rerum Italicarum Scriptores,* vol. VIII, Milán, 1726, cols. 794 a 796; Jordan, *Les Origines,* págs. XIV y 176.
61. Salimbene, *Cronica,* ed. Scalia, vol. 1, págs. 568 a 572; *Chronicle of Salimbene,* págs. 396 a 399; Housley, *Italian Crusades,* págs. 167a 169; O. Canz, Philipp Fontana, *Erzbischof von Ravenna: ein Staatsmann des XIII Jahrhunderts,* Leipzig, 1910; G. Zanella, *Dizionario biografico degli italiani,* vol. 47, Roma, 1997, págs. 757 a 762.
62. Salimbene, *Cronica,* ed. Scalia, vol. 1, págs. 571-572; *Chronicle of Salimbene,* págs. 397 a 398.
63. Gregorovius, *History of the City of Rome,* vol. V (2), reimp. Nueva York, 2003. Reúne el cómputo más completo de las campañas de Carlos de Anjou en 1260 (págs. 335 a 353; págs. 452-453 hasta su conclusión. Véase también Housley, *Italian Crusades,* págs. 16 a 19 y 152 a 155.
64. S. Runciman, *Las Vísperas sicilianas,* Madrid, 1979; Partner, *Lands of St Peter,* págs. 266 a 268.
65. Waley, *Papal State,* págs. 184 a 185.
66. Salimbene, *Cronica,* ed. Scalia, vol. II, pág. 871; *Chronicle of Salimbene,* pág. 604.
67. Runciman, *Las Vísperas sicilianas.*
68. Salimbene, *Cronica,* ed. Scalia, vol. I, págs. 632 y 755-756; *Chronicle of Salimbene,* págs. 443 a 445 y 526-527.
69. C. A. Willemsen, *Kardinal Napoleon Orsini 1263-1342,* Berlín, 1927, págs. 7-8; Waley, *Papal State,* pág. 245.
70. L. Mohler, *Die Kardindle Jakob und Peter Colonna,* Paderborn, 1914; T. Boase, *Boniface VIII,* Londres, 1933, págs. 163 a 185; Partner, *Lands of St Peter,* págs. 288-289.

Capítulo 2

1. G. Soranzo, *La Guerra fra Venezia e la Santa Sede per il dominio di Ferrara 1308-1313,* Città di Castello, 1905, sobre todo págs. 138 a 160; Housley, *Italian Crusades,* págs. 24-25.
2. W. Bowsky, «Clement V and the Emperor-elect», *Medievalia et humanistica,* XII, 1958, págs. 52 a 69; *Henry VII in Italy: The Conflict of Empire and City State, 1310-1313,* Lincoln, Nebr., 1960.
3. En *De ecclesiastica potestate* de Augustinus Triumphus, († 1328), véase M. J. Wilks, *The Problem of Sovereignty in the Middle Ages,* Cambridge, 1963; Housley, *Italian Crusades,* págs. 36-37.

4. Marsilio de Padua, *Defensor Pacts,* capítulo 26: «Roman Bishop and Roman Empire», Nueva York, 1956; reimp. 1967, págs. 358-359.
5. Petrarca, *Epistolae Sine Nomine,* ed. U. Dotti, vol. XVII, 6, Bari, 1974, págs. 181 a 184; *Petrarch's Book Without a Name,* Toronto, 1973, págs. 102-103.
6. *Acta Aragonensia,* H. Finke, ed., Berlín y Leipzig, 1908, n. 262, en la pág. 395.
7. Sobre du Poujet véase L. Ciccio, *Il cardinale legato Bertrando del Poggetto in Bologna,* Bolonia, 1902.
8. A. Luttrell, «The Crusade in the Fourteenth Century», en *Europe in the Late Middle Ages,* ed. J. R. Hale, J. R. L. Highfield, B. Smalley, Londres, 1965, págs. 122 a 154 (sobre todo en págs. 142 a 144); K. M. Setton, *The Papacy and the Levant (1204-1571),* vol. I, Filadelfia, 1976, págs. 184 a 187, 190 a 194 y 216 a 223.
9. Setton, *Papacy and the Levant,* vol. I, págs. 266 a 273; J. Smet, *The Life of St Peter Thomas by Philippe de Mezieres,* Roma, 1954, págs. 128 a 134.
10. E. Cornides, *Rose und Schwert im päpstlichem Zeremoniell,* Viena, 1967, pág. 33; C. Burns, *Golden Rose and Blessed Sword: Papal Gifts to Scottish Monarchs,* Glasgow, 1970, págs. 11-12.
11. G. Moroni, *Dizionario di Erudizione storica-ecclesiastico,* vol. XXXI, Venecia, 1845, págs. 271-272; vol. LXX, Venecia, 1845, págs. 22-23.
12. F. Filippini, *Il cardinale Egidio Albornoz,* Bolonia, 1937, págs. 2-3.
13. A. Theiner, *Codex Diplomaticus Dominii Temporalis Sanctae Sedis,* vol. II, Roma, 1862, n. CCXLII, pág. 247.
14. J. Glenisson and G. Mollat, *Gil Albonoz et Androin de la Roche, 1353-1367,* París, 1964, págs. 36 y 39.
15. Theiner, *Codex,* vol. II, núm. CCCXXX, pág. 351; *cf.* en recuperado Forlí, agosto de 1359, *ibídem*, n. CCCXXXVI, pág. 357.
16. J. Lamer, *The Lords of Romagna: Romagnol Society and the Origins of the Signoria,* Londres, 1965, págs. 92-93 y 96.
17. Filippini, *Albornoz,* pág. 228 y *passim*; Partner, *Lands of St Peter,* pág. 351.
18. Filippini, *Albornoz,* pág. 162; Partner, *Lands of St Peter,* pág. 342.
19. Giovanni da Legnano, *Tractatus de bello, de represaliis et de duello,* ed. T. Erskine Holland, Oxford, 1917.
20. *Epistolario di santa Caterina da Siena,* ed. E. Dupre Theseider, Roma, 1940, vol. I, epístola LXVIII, págs. 288-289; (?), abril, 1376; LXXXVIII, págs. 354 a 358, diciembre/enero 1376-1377; *The Letters of St Catherine of Siena,* Binghamton, 1988, vol. I, págs. 218 y 266; G. Mollat, *Popes at Avignon,* Londres, 1963, págs. 170-171.
21. Texto en G. Gori, *Archivio storico italiano*, «L'Eccidio di Cesena dell'anno 1377», n.s. VIII, segunda parte, 1858, págs. 3 a 37 (sobre todo pág. 19); véase también R. Sassi, «Il vero nome del notaio Fabrianese autore del *de casu Caesenae»: Atti e memorie della R. deputazione di Storia Patria per le province delle Marche,* 6° serie, vol. II, 1942, págs. 149 a 155; Partner, *Lands of St Peter,* págs. 362 a 365.
22. Gregorovius, *History of the City of Rome,* vol. VI (2), reimpresión, Nueva York, 2004, págs. 494 a 520; E. G. Leonard, *Les Angevins de Naples,* París, 1954, págs. 453 a 459; Partner, *Lands of St Peter,* págs. 368-369.
23. R. Swanson, «"The Way of Action": Pierre d'Ailly and the Military Solution to the Great Schism», en *The Church and War,* W. J. Sheils, ed., Studies in Church History, 20, Oxford, 1983, págs. 191 a 200.
24. E.-R. Labande, *Rinaldo Orsini, Comte de Tagliacozzo et les premieres guerres suscitéss en Italie par le grand schisme,* Mónaco y París, 1939, págs. 201 a 226 y 259-260; Partner, *Lands of St Peter,* págs. 369-370.
25. E. Perroy, *L'Angleterre et la France pendant le grand Schisme d'Occident,* París, 1933, págs. 166 a 209.
26. A. Cutolo, *Re Ladislao d'Angio-Durazzo,* 2 vols., Milán, 1936, vol. I, págs. 94-95; sobre la confusa serie de acontecimientos posteriores a la elección de Urbano, véase también Leonard, *Les Angevins de Naples,* págs. 453 a 476.
27. P. Stacul, *Il cardinale Pileo da Prata,* Roma, 1957, págs. X, 129 y 195 a 211.
28. Labande, *Rinaldo Orsini,* págs. 259-260; Partner, *Lands of St Peter,* págs. 373-374.

29. P. Partner, *Papal State under Martin V,* pág. 16.
30. Stacul, *Pileo da Prata,* págs. 218 y 363 (n.).
31. G. Romano, «Niccolo Spinelli da Giovinazzo, diplomatico del secolo XIV, *Archivio storico per le province napoletane,* XXIV-XXVI, 1899 a 1902 y *passim* (especialmente en XXVI, págs. 482 a 497).
32. Labande, *Rinaldo Orsini,* pág. 258.
33. Partner, *Lands of St Peter,* pág. 376; A. Esch, *Bonifaz IX und der Kirchenstaat,* Tubinga, 1969, págs. 594 a 595.
34. P. J. Jones, *The Malatesta of Rimini and the Papal State,* Cambridge, 1974, pág. 120.
35. *Ibídem*, págs. 121-122.
36. Theodoricus de Niem, *Historia de vita Johannis XXIII Pontificis Romani,* Frankfurt, 1626, págs. 1-2; Partner, *Papal State under Martin V,* págs. 20 a 22 y 30, defiende a Cossa. Bajo «Giovanni XXIII» véase también Uginet en *Dizionario biografico degli italiani,* vol. 55, Roma, 2000, págs. 621 a 627.
37. Partner, *Papal State under Martin V,* págs. 22 a 26.
38. *Ibídem*, págs. 29 a 31.
39. H. Finke, *Ada Concilii Constanciensis,* vol. II, Münster, 1923, págs. 672-673; vol. IV, Münster, 1928, págs. 561 y 582 *(capitula agendorum);* Partner, *Lands of St Peter,* pág. 394.
40. Partner, *Lands of St Peter,* págs. 25, 29 y 39.
41. Véase por ejemplo. R. R. Betts, Essays *in Czech History,* Londres, 1969, sobre todo las págs. 176 a 194.
42. Especialmente P. Prodi, *Il sovrano pontifice,* Bolonia, 1982; reimpresión. 1999.
43. Prodi, *The Papal Prince,* págs. 80 a 85.
44. A. Black, *Monarchy and Community. Political Ideas in the later conciliar Controversy 1430-1450,* Cambridge, 1970, págs. 87-88 y 102 a 104; A. de Vincentiis, *Battaglie di Memoria: gruppi, intellettuali, testi e la discontinuità del potere papale,* Roma, 2002, sobre todo las págs. 107 a 119; Prodi, *The Papal Prince,* págs. 15-16.
45. Prodi, *The Papal Prince,* págs. 38 a 51 en defensa del argumento de Delumeau.
46. *Ibídem*, págs. 9-10 y 65.
47. N. Housley, *The Later Crusades 1274-1580: From Lyons to Alcazar,* Oxford, 1992, págs. 405 a 407 y 434-435.
48. *Partner, Lands of St Peter,* págs. 26 y 71.
49. Partner, *Papal State under Martin V,* págs. 67, 70, 73, 78 y 89.
50. *Ibídem,* págs. 78-79.
51. D. Girgensohn en *Dizionario biografico degli italiani,* vol. 22, Roma, 1979, págs. 69 a 74.
52. G. Holmes, «Cardinal Beaufort and the Crusade against the Hussites», en *English Historical Review,* 88, 1973, págs. 721 a 750.
53. Joannis de Segovia, *Historia Gestorum Generalis Synodi Basiliensis, in Monumenta Conciliorum Generalium,* ed. E. Birk, vol. II, Viena, 1873, págs. 27-28; A. A. Strnad and K. Walsh, en *Dizionario biografico degli italiani,* vol. 24, Roma, 1980, págs. 188 a 195 (en pág. 192).
54. R. Aubert en *Dictionnaire d'Historie et de Géographie Ecclésiastiques,* vol. 27, París, 2000, págs. 621-622. Sobre las teorías conciliares de Segovia véase Black, *Monarchy and Community* (*passim*).
55. Theiner, *Codex Diplomaticus,* vol. III, Roma, 1862, n. CCLXIV, pág. 315; una comisión de redacción similar de 1431 consta en Prodi, *The Papal Prince,* pág. 51, n. 58.
56. M. Miglio, «Un problema storiografico», en *I Vitelleschi: fonti. realtà e mito,* G. Mencarelli, ed., Tarquinia, 1998, págs. 11, 14 y 16.
57. A. da Mosto, «Ordinamenti militari delle soldatesche dello stato romano dal 1430 al 1470», en *Quellen und Forschungen aus italienischen Archiven und Bibliotheken,* vol. V, 1903, págs. 11 a 34 (en pág. 28).
58. Miglio, como arriba, véase también J. E. Law, «Profile of a Renaissance Cardinal», *Ibídem*, págs. 69 a 83 (sobre todo págs. 70 a 74); *ídem*, «Giovanni Vitelleschi, "prelato guerriero"», *Renaissance Studies,* 12, 1998, págs. 40 a 66 (sobre todo págs. 64-65).
59. Miglio, «Un problema», pág. 13, donde cita la *Mesticanza* de Paolo di Lello Petrone.

60. A. Esch, «Il progetto di una statua equestre per il Campidoglio del 1436: il problema della tradizione», *I Vitelleschi,* págs. 21-22.
61. Retrato sedente reproducido como cubierta en los informes recopilados (*I Vitelleschi,* ed. Mencarelli, como arriba) del coloquio mantenido en 1996; retrato ecuestre en blanco, *ibíd*., PI. XV, y véase G. Tiziani, «Un ritratto di Giovanni Vitelleschi committente e guerriero ed alcune emergenze vitelleschiane», íbid., págs. 149 a 174 (sobre todo pág. 149).
62. Citado por G. Lombardi en *I Vitelleschi,* pág. 31.
63. Miglio, «Un problema», pág. 12; Law, «Profile», págs. 73-74.
64. Agradezco a John Law el detalle.
65. P. Paschini, *Lodovico Cardinal Camerlengo,* Roma, 1939, págs. 41-42; Law, «Profile», págs. 74 a 76.
66. Paschini, *Lodovico Cardinal Camerlengo,* págs. 48 a 51.
67. G. Hill, *A Corpus of Italian Medals before Cellini,* Londres, 1930, nº. 756, págs. 197-198.
68. Ver más adelante, nº. 87.
69. Paschini, *Lodovico Cardinal Camerlengo,* págs. 56 a 58.
70. *Ibídem*, págs. 65 a 67.
71. Niccolò della Tuccia in I. Ciampi, *Cronache e statuti della citta di Viterbo,* Florencia, 1872, pág. 207; Vespasiano de' Bisticci, *Le Vite,* vol. I, ed. A. Greco, Florencia, 1970, pág. 56.
72. G. Manetti, *Vita Nicholai Quinti,* en L. Muratori, *Rerum Italicarum Scriptores,* vol. III, (2), Milán, 1724, col. 921-22; trad. y ed. por A. Modigliani, *Vita di Nicolò V,* Roma, 1999, págs. 109 a 112.
73. B. Platina, *De vita Christi ac omnium Pontiftcum,* en *Rerum Italicarum Scriptores,* vol. HI (1), nuevas series, ed. G. Carducci y V. Fiorini, Citta di Castello, 1914, pág. 339.
74. Manetti, *Vita Nicholai Quinti,* cols. 914 y 916; *Vita di Nicolò V,* ed. Modigliani, págs. 95 y 99-100.
75. Planteado por D. S. Chambers, «Tommaso Parentucelli vice-camerlengo: problemi attorno la Camera Apostolica e il governatorato di Roma», en *Papato, stati regionali e Lunigiana nell'età di Nicolò V,* actas de las jornadas de estudio, mayo de 2000, ed. E. M. Vecchi, La Spezia, 2004, págs. 59 a 71.
76. Manetti, *Vita Nicholai Quinti,* cols. 929-930; ed. Modigliani, págs. 128 a 132.
77. Manetti, *Vita Nicholai Quinti,* col. 944; *Vita di Nicolò V,* ed. Modigliani, *págs.* 164 a 168; Pastor, ed. Antrobus, vol. 11, págs. 288 a 299 (en pág. 293).
78. A. S. Piccolomini a Filippo Maria Visconti, 13 de diciembre de 1444, citado por K. M. Setton, *The Papacy and the Levant,* vol.11, Filadelfia, 1978, pág. 91.
79. Pius II, *Commentarii,* ed. A. van Heck, 2 vols., Ciudad del Vaticano, 1984, lib. XII, pág. 744; *The Commentaries of Pius II,* Smith College Studies in History, Northampton, Mass., 1937 a 1957, págs. 797-798.
80. Pastor, ed. Antrobus, vol. II, Londres, 1899, pág. 387, n.
81. Pastor, ed. Antrobus, vol. II, págs. 390 a 398; L. Gómez-Canedo, *Un español al servicio de la Santa Sede: Don Juan de Carvajal, Cardenal de Sant'Angelo, legado en Alemania y Hungría (1392-1469),* Madrid, 1947, sobre todo págs. 153 a 185.
82. Paschini, *Lodovico Camerlengo,* pág. 182.
83. *Ibídem*, págs. 184 a 188; Setton, *Papacy and the Levant,* vol. II, págs. 185 a 189.
84. R. Lightbown, *Mantegna,* Oxford, 1986, cat. n. 11, pág. 410; R. Signorini, «Alloggi di sedici cardinali presenti alla Dieta», en *Il sogno di Pio II e il viaggio da Roma a Mantova,* ed. A. Calzona *et al*., Florencia, 2003, págs. 315 a 389 (en pág. 340).
85. Pastor, ed. Antrobus, vol. II, pág. 258; J. Gill, *Personalities at the Council of Florence and other Essays,* Oxford, 1964, págs. 65 a 78; Setton, *Papacy and the Levant,* vol. II, pág. 147; la historia básica está en Pío II, *Commentarii,* lib. XI, pág. 690; *Commentaries,* págs. 746-747.
86. Housley, *Later Crusades,* págs. 384-385; J. Hankins, «Renaissance Crusaders: Humanist Crusade Literature in the Age of Mehmed II», Dumbarton Oaks Papers (29), 1995, págs. 111 a 201.
87. F. Flamini, «Leonardo di Pietro Dati: poeta Latina del secolo xv», en *Giornale storico della letteratura italiana,* 16, 1890, págs. 1 a 107 (sobre todo págs. 49 a 56 y 101 a 104, extracto del texto no publicado, Florencia, Biblioteca Riccardiana, MS 1207).

88. Paschini, *Lodovico Cardinal Camerlengo,* pág. 51.
89. *Historiarum ab inclinatione Romani imperii decades III, libri XXXI,* ed. B. Nogara, *Scritti inediti e rari di Biondo Flavio,* I, Roma, 1927, págs. lv a lvii.
90. P. E. Sigmund, *Nicholas of Cusa and Medieval Political Thought,* New Haven, Connecticut, 1963, págs. 196-197.
91. Poggio Bracciolini, *Facetiae,* n. XIX, *Opera Omnia,* vol. 1 (facsímil reimpreso en 1538, Basel ed., Turín, 1964, pág. 427.
92. *Ídem, De varietàte fortunae,* lib. 3, en *Opera Omnia* (como arriba), vol. II, Turín, 1966, págs. 110 a 114; G. Lombardi, «Giovanni Vitelleschi nei giudizi di alcuni contemporanei», *I Vitelleschi,* ed. Mencarelli, págs. 23 a 36 (en págs. 27-28), citas de la edición crítica de O. Merisalo, Helsinki, 1993.
93. M. Miglio, «Valla e l'ideologia municipale romana nel *de falso credita et emendita Constantini donatione*», en *Italia e Germania: Liber Amicorum Arnold Esch,* Tubinga, 2001, págs. 226 a 233.
94. M. Mallett, *Mercenaries and their Masters: Warfare in Renaissance Italy,* Londres, 1974, pág. 156.
95. L. B. Alberti, trad. de J. Leoni, *Ten Books on Architecture,* Londres, 1955, lib. X (prefacio), citado por J. R. Hale, «The Early Development of the Bastion», en *Europe in the Later Middle Ages,* ed. J. R. Hale *et al.*, pág. 472.

Capítulo 3

1. *Tractatus,* en *Opera Inedita,* ed. G. Cugnoni, Roma, 1883, pág. 581, citado por Prodi, *The Papal Prince,* pág. 1.
2. A. S. Piccolomini, *De viris illustribus,* ed. A. van Heck, Ciudad del Vaticano, 1991, pág. 82.
3. B. Platina, *Vita Pii II, Rerum Italicarum Scriptorum,* ed. G. C. Zimolo, vol. III (3), Citta di Castello, 1964, pág. 118.
4. *Ibídem,* pág. 159.
5. Pío II, *Commentarii,* lib. 1, pág. 97; lib. V, pág. 310.
6. *Ibídem,* lib.V, pág. 313.
7. *Ibídem,* lib. IV, pág. 294.
8. Giacomo d'Arezzo a Barbara di Brandenburgo, Roma, 23 de octubre de 1463 Archivio di Stato de Mantua, Archivio Gonzaga b.842 c. 114r).
9. Pío II, *Commentarii,* lib. XII, pág. 770.
10. *Ibídem,* pág. 774. Véase arriba.
11. *Ibídem,* lib. XI, pág. 691.
12. *Ibídem,* lib. V, pág. 343 («*quid pulchrius castrorum acie ordinata?*»).
13. Carlo Franzoni a Barbara di Brandenburgo, Tívoli, 17 de agosto de 1461 Archivio di Stato de Mantua, Archivio Gonzaga b.841 c. 405).
14. Pío II, *Commentarii,* lib. XIII, pág. 793.
15. *Ibídem,* lib.III, págs. 198-199.
16. *Ibídem,* lib. IV, págs. 271-273.
17. *Ibídem,* lib. XII, págs. 766 a 769; citado por Housley, *Later Crusades,* pág. 261.
18. P. Pagliucchi, *I Castellani di Castel Sant'Angelo,* Roma, 1906 a 1909; reimpresión 1973, vol. I, págs. 126 a 133.
19. A. Ratti, «Quarantatre lettere originali di Pio II relative alla guerra per la successione nel reame di Napoli 1460-1463», *Archivio storico lombardo,* serie 3, vol. XIX, 1903, págs. 263 a 293 (sobre todo nº II a III, págs. 270-271, nº. IX, págs. 274-275, nº. XIII, págs. 277-278).
20. Pío II, *Commentarii,* lib. III, págs. 203-204 (*coactis subito copiis*).
21. Theiner, *Corpus,* vol. III, n. CCCLXIII, pág. 417.

22. G. Soranzo, *Pio II e la politica italiana nella lotta contro I Malatesta 1457-1463,* Padua, 1911, págs. 248-249; Pío II, *Commentarii,* lib. V, págs. 354-355. Véase también más adelante.
23. Pío II, *Commentarii,* lib.IV, pág. 256, lib. V, pág. 315.
24. El cardenal F. Gonzaga al marqués L. Gonzaga, Sant'Anna in Campareno (cerca de Pienza), 23 de septiembre de 1462 (Archivio di Stato de Mantua, Archivio Gonzaga, b.841, c.475), citado por Soranzo, *Pio II e la politica,* pág. 318.
25. *Ídem* a Barbara de Brandenburgo, Roma, 28 de abril de 1462 Archivio di Stato de Mantua, Archivio Gonzaga b.841 c.441r). Según Bartolomeo Marasca, el mayordomo del cardenal, en una carta a Barbara del 27 de abril, se quemó una tercera efigie en el Capitolio Archivio di Stato de Mantua, Archivio Gonzaga, b.841, c.688r).
26. *Ídem*, Pienza, 18 agosto de 1462 (ASMn, AG, b.861, c.461r); Soranzo, *Pio II e la politica,* pág. 303 n. 2.
27. Soranzo, *Pio II e la politica,* pág. 308; G. Beani, *Niccolo Forteguerri cardinale di Teano: notizie storiche,* Pistoia, 1891, pág. 25 (carta fechada en Siena el 6 de agosto de 1460); también sobre la carrera de Forteguerri: A. Esposito, *Dizionario biografico degli italiani,* vol. 49, Roma, 1997, págs. 156 a 159.
28. Beani, *Forteguerri,* págs. 25 a 27; veinte cartas de Pío a Forteguerri en octubre y noviembre de 1460, básicamente sobre operaciones militares en curso, se encuentran en el apéndice (págs. 139 a 157), transcritas de Florencia, Bib. Laurenziana Cod, 138, Plut. 90 sup.
29. *Ibídem*, págs. 145 a 147 y 152 a 157.
30. Del cardenal Forteguerri a Francesco Sforza, S. Vittorino (Aquila), 3 de agosto de 1461; *ídem* Avezzano, 5 de agosto de 1461, Archivio di Stato, Milán, Fondo Sforzesco, Potenze Estere, Nápoles, cartella 207.
31. *Ídem*, «*ex castris apud oppidum Albi*», 1 de septiembre de 1461 (*ibídem*).
32. *Ídem*, Castellucio, 25 de octubre, 2 de noviembre de 1461 (*ibídem*).
33. Amy A. Bernardy, «Il cardinale Teano e la Repubblica di San Marino», *Bulletino storico pistoiese,* IV, 1902, págs. 112 a 120.
34. J. Petersohn, *Bin diplomat des Quattrocento: Angela Geraldini (1422-1486),* Tubinga, 1985, págs. 88, 92-93 y 96.
35. Archivio di Stato, Milán, Fondo Sforzesco, Potenze Estere (Romaña), cartella 162 c.28 (fechada en Sant' Arcangelo, 22 de noviembre de 1462).
36. G. Zaccagnini, «Il cardinale di Teano nelle Marche secondo i biografi di Federico d'Urbino», *Bulletino storico pistoiese,* IV, 1902, págs. 49 a 60.
37. Beani, *Forteguerri,* págs. 35 a 37.
38. Platina, *Vita Pii II,* ed. Zimolo, pág. 113.
39. «Io. Antonius Campanus. *De Machina appelata Victoria*», Biblioteca Apostolica Vaticana (MS Chigi I. VII. 260, fol. 155v).
40. E. Müntz, *Les arts a la cour des papes pendant le 15e et le 16e siecle,* París, 1878, vol.1, págs. 232 y 246-247.
41. Bonatti al marqués L. Gonzaga, Roma, 20 de abril de 1461, Archivio di Stato, Mantua, Archivio Gonzaga (b. 841 c. 54r).
42. *Ídem*, Roma, 28 de abril de 1461, Archivio di Stato, Mantua, Archivio Gonzaga (b.841 c.59r).
43 *Ídem*, Roma, 1 de mayo de 1461, Archivio di Stato, Mantua, Archivio Gonzaga (b.841 c.62r).
44. Bonatti a Barbara de Brandenburgo y L. Gonzaga, Roma, 20 de mayo de 1461 (*ibídem*, cc. 74r, 75r).
45. Bonatti a L. Gonzaga, Roma, 21de mayo de 1461 (*ibídem*, c. 76r).
46. *Ídem,* Roma, 24 de mayo de 1461 (*ibídem*, c. 79r).
47. Carlo Franzoni a Barbara de Brandenburgo, Roma, 27 de mayo de 1461 (*ibídem*, c. 401).
48. B. Bonatti a Barbara de Brandenburgo, Roma, 3 de junio de 1461 (*ibídem*, c.96r).
49. C. Franzoni a Barbara de Brandenburgo, Roma, 10 de junio de 1461 (*ibídem*, c.402r).
50. Pío II, *Commentarii,* lib.V, pág. 338; *Commentaries,* pág. 388.
51. Otto de Carretto a Francesco Sforza, Roma, 11 de julio de 1461, citado en Beani, *Forteguerri,* págs. 28 a 29; Carlo Franzoni a Barbara de Brandenburgo, Roma, 1 de julio de 1461, Archivio di Stato, Mantua, Archivio Gonzaga (b.841 c.403r).

52. C. Franzoni a *ídem*, Roma, 13 de julio de 1461, Archivio di Stato, Mantua, Archivio Gonzaga (b.841 c.404r).
53. *Ibídem*, lib. X, pág. 609.
54. Johannes Advocatus a Francesco Sforza, Montefiore, 7 al 18 de octubre de 1462, Archivio di Stato, Milán, Fondo Sforzesco, Potenze Estere (Romaña), cartella 162, cc.204, 231r.
55. Pío II, *Commentarii,* lib. II, pág. 135.
56. *Ibídem*, lib.V, pág. 349.
57. Véase más adelante, n. 65.
58. Pío II, *Commentarii,* lib.V, pág. 351.
59. Archivio di Stato, Milán, Fondo Sforzesco, Potenze Estere (Romaña), cartella 162 c. 215r.; Soranzo, *Pio II e la politica,* pág. 287 (n.).
60. Pío II, *Commentarii,* lib. V, pág. 355; Soranzo, *Pio II e la politica,* págs. 248-249.
61. Johannes Advocatus a Francesco Sforza, Mondavio, 2 de octubre de 1462, Archivio di Stato, Milán, Fondo Sforzesco, Potenze Estere (Romaña), cartella 162 c.200r.
62. Pío II, *Commentarii,* lib. X, pág. 608.
63. *Ídem*, 7 de octubre.
64. *Ídem* en el campamento cerca de Verucchio, 1 de noviembre de 1462, Archivio di Stato, Milán, Fondo Sforzesco, Potenze Estere (Romaña), cartella 162 c. 5r; también Federico di Montefeltro a Francesco Sforza, Verucchio, 28 de octubre de 1462 (*ibídem* c.248r); Soranzo, *Pio II e la politica,* págs. 336 a 409 y *passim.*
65. Pío II, *Commentarii,* lib. XII, págs. 730 y 767.
66. *Ibídem*, lib. XII, págs. 719 a 729.
67. El cardenal Forteguerri al duque Francesco Sforza, *ex felicibus castris apud Fanum*, 16 de junio de 1463, Archivio di Stato, Milán, Fondo Sforzesco, Potenze Estere (Marche), cartella 146.
68. Soranzo, *Pio II e la politica,* pág. 424, cita de B. Pusterla a F. Sforza, 11 de septiembre de 1463.
69. Pío, *Commentarii,* lib. XII págs. 730-731.
70. Bartolomeo da Pusterla a E Sforza, Pesaro, 17 septiembre de 1463, en Soranzo, *Pio II e la politica,* doc. 41, págs. 503 a 536.
71. El cardenal Forteguerri a Pío II, Fano, 25 de septiembre 1463, en Soranzo, *Pío II e la politica,* doc. 42, pág. 580.
72 Setton, *Papacy and the Levant,* vol. 11, págs. 24-25. Pío se refiere brevemente a ello en *Commentarii,* lib. IV, pág. 270.
73. Cornides, *Rose und Schwert,* págs. 94 a 96; también Pío II, *Commentarii,* lib. XIII, págs. 795 y 805-806.
74. Citado por G. B. Picotti, *La Dieta di Mantova e la politica de' veneziani,* Venecia, 1912, pág. 105; M. Pellegrini, «Pio II, il Collegio cardinalizio e la Dieta di Mantova», in *Il sogno di Pio II e il viaggio da Roma a Mantova,* ed. A. Calzona *et al*., Citta di Castello, 2003, pág. 65.
75. Archivio di Stato, Mantua, Fondo Portioli, b. 13, «Libro giornale, 1459», cc.61v, 66r, 83r, 88r (*cf.* D. S. Chambers, «Spese del soggiorno di papa Pio II a Mantova», *Il sogno di Pio II*, págs. 391 a 402 (sobre todo 394-395).
76. El cardenal Isidore al marqués L. Gonzaga, Ancona, 31 de mayo de 1460 (Archivio di Stato, Mantua, Archivio Gonzaga, b.840 c.410r); el 1 de mayo de 1461, Bonatto informó a éste que Isidore se encontraba gravemente enfermo «*muto e senza intelletto*» (Archivio di Stato, Mantua, Archivio Gonzaga, b. 841 c. 62r). Se comunicó su muerte al cardenal Francesco Gonzaga el 27 de abril de 1463 (Archivio di Stato, Mantua, Archivio Gonzaga, b.842 c.3r). Sobre su carrera, véase Setton, *Papacy and the Levant,* vol. 11, págs. 3-4, n. 5.
77. A. Esch, «Importe in das Rom der Friihrenaissance», *Studi in memoria di Federigo Melis,* vol. III, Nápoles, 1978, pág. 413. Sobre Próspero, véase F. Petrucci in *Dizionario biografico degli italiani,* vol. 27, Roma, 1982, págs. 416 a 418.
78. Beani, *Forteguerri,* págs. 37 a 39; Giacomo d'Arezzo a Ludovico Gonzaga, Roma, 4 de julio de 1464, Archivio di Stato, Mantua, Archivio Gonzaga (b.842 c.372v).
79. Carta de G. P. Arrivabene, Nemi, 29 de octubre de 1463, Archivio di Stato, Mantua, Archivio Gonzaga (b. 842 c. 156r), citada en D. S. Chambers, «Virtù militare del cardinale Francesco Gonzaga», *Guerre, Stati e città: Mantova e l'Italia Padana,* ed. C. M. Belfanti *et al.,* Mantua, 1988, págs. 215 a 229 (en pág. 216); reimpresión en *ídem*, *Renaissance Cardinals and their Worldly Problems,* Aldershot, 1997.

80. Chambers, *A Renaissance Cardinal,* págs. 93-94.
81. Chambers, «Virtù militare», pág. 217.
82. L. d'Ascia, *Il Corano e la tiara: L'Epistola a Maometto II di Enea Silvio Piccolomini (papa Pio II),* Bolonia, 2001.
83. Jacobus Trottus a Borso d'Este, Roma 6 de septiembre de 1469 (postdata incluida en la carta del 5 de septiembre, Archivio di Stato, Modena, Estense, Ambasciatori, Roma, b. 1, citada por Pastor, ed. Antrobus, vol. IV, pág. 148.
84. I. Robertson, «Pietro Barbo-Paul II: *Zentilhomo de Venecia e Pontifico*», en *War, Culture and Society in Renaissance Venice: Essays in Honour of John Hale,* ed. D. S. Chambers, C. H. Clough, M. E. Mallett, Londres, 1993, págs. 147 a 172 (sobre todo págs. 165 a 171); *ídem, Tyranny under the Mantle of St Peter: Pope Paul II and Bologna,* Turnhout, 2002, sobre todo págs. 6 a 9 y 207 a 213.
85. Beani, *Forteguerri,* págs. 41 a 44.
86. Informes contemporáneos en *Le vite di Paolo II di Gaspare da Verona e Michele Canensi,* ed. G. Zippel, *Rerum Italicarum Scriptorum,* vol. III, XVI, Città di Castello, 1904, págs. 41 y 124 a 126.
87. De Vincentiis, *Battaglie di Memoria,* pág. 92.
88. Iacopo Ammannati, ed. P. Cherubini, *Lettere (1444-1479),* vol. II, Roma, 1997, nº. 161, pág. 741) a Goro Lolli, Roma, 28 de julio de 1465; nº 169 (en pág. 765), al cardenal F. Piccolomini, Campagnano, tercera semana de agosto de 1465.
89. R. Bianchi, ed., *L'Eversana Deiectio di lac. Ammannati Piccolomini,* Roma, 1984, impresión del texto de Biblioteca Apostolica Vaticana, MS. Vat. Lat. 4063, que muestra diferencias respecto a Ammannati *Commentarii,* lib. 2.
90. Ammannati, ed. Cherubini, *Lettere,* vol. II, nº. 363, pág. 1.197; vol. III, nº. 696, págs. 1766 a 1773.
91. Pastor, ed. Antrobus, vol. IV, pág. 159.
92. I. Robertson, «The Return of Cesena to the Direct Dominion of the Church after the Death of Malatesta Novello», *Studi Romagnoli,* 16, 1965, págs. 123 a 161.
93. Jones, *Malatesta,* págs. 245 a 248; Robertson, «Pietro Barbo-Paul II», págs. 160 a 171.
94. Mallett, *Mercenaries and their Masters,* pág. 157.
95. G. Zorzi, «Un vicentino alla corte di Paolo II», *Nuovo Archivio Veneto,* 30, 1915, págs. 369 a 434, que incluye «Il trattatello della milizia di Chiereghino Chiericati» (en la pág. 425).
96. Véase R. Trame, *Rodrigo Sánchez de Arévalo (1404-1470): Spanish Diplomat and Champion of the Papacy,* Washington, DC, 1958.
97. W. Benziger, *Zur Theorie von Krieg und Frieden in der italiensichen Renaissance. Die «Disputatio de pace et bello» zwischen Bartolomeo Platina und Rodrigo Sánchez de Arévalo und andere anldsslich der Pax Paolina (Rom 1468) entstandene Schriften,* Frankfurt, etc., 1996, sobre todo págs. 32 a 40 (edición de textos en latín y traducción alemana al final; n. págs. 41 a 43).
98. G. Valentini, «La sospensione della crociata nei primi anni di Paolo II (1464-68)», *Archivium Historiae Pontificiae,* XIV, 1976, págs. 71 a 101.
99. Setton, *Papacy and the Levant,* vol. II, págs. 304-305.

Capítulo 4

1. Sigismondo de' Conti, *Libri historiarum sui temporis* (texto en latín y traducción al italiano), ed. F. Racioppi, Roma, 1883, vol. I, págs. 3 y 22. En cuanto a la carrera de Sigismondo, vease R. Ricciardi en *Dizionario biografico degli italiani,* vol. 28, Roma, 1983, págs. 470 a 475.
2. *Ibídem*, vol. I, págs. 5 y 211.
3. *Ibídem*, vol. II, pág. 53.
4. Mantua, Biblioteca Comunale, MS 1019, fol. 30v, citado por R. Signorini en *Il Sogno di Pio II,* ed. Calzona, págs. 334-335.

5. J. W. O'Malley, *Giles of Viterbo on Church Reform: A Study in Renaissance Thought,* Leiden, 1968, págs. 110 a 112.
6. S. Infessura, *Diario della città di Roma,* ed. O. Tommasini, Roma, 1890, pág. 76. Sobre Carafa, P. Petrucci, *Dizionario biografico degli italiani,* vol. 19, Roma, 1976, págs. 588 a 596.
7. Setton, *Papacy and the Levant,* vol. II, págs. 316 a 318.
8. Biblioteca Apostolica Vaticana, MS Ottob. Lat. 1938 cc. l-6v (poema del veneciano Pietro Orseolo «*Oliverii Cardinalis Neapolis Itinerarium*»).
9. P. Paschini, *Il carteggio fra Marco Barbo e Giovanni Lorenzi,* Ciudad del Vaticano, 1969, págs. 215 a 218; *cf.* J. A. F. Thomson, *Popes and Princes 1417-1517,* Londres, 1980, pág. 241 (n. 25).
10. Hill, *Corpus,* nº 751, 752.
11. Pastor, ed. Antrobus, vol. IV, págs. 343 a 347; Setton, *Papacy and the Levant,* vol. II, págs. 371-372; sobre Fregoso, M. Cavanna Ciappina in *Dizionario biografico degli italiani,* vol. 50, Roma, 1998, págs. 427 a 432.
12. P. Farenga, «*Monumenta Memoriae:* Pietro Riario fra mito e storia», en *Un pontificato ed una città: Sisto IV,* ed. M. Miglio *et al.*, Ciudad del Vaticano, 1986, págs. 179 a 216.
13. Pastor, ed. Antrobus, vol. IV, págs. 231 y 270; C. Shaw, *Julius II: The Warrior Pope,* Oxford, 1993, págs. 16 a 18 y *passim.*
14. Pastor, ed. Antrobus, vol. IV, págs. 262 a 269; Sigismondo de' Conti, *Libri historiarum,* vol. I, pág. 9; Shaw, *Julius II,* págs. 20 a 24.
15. El cardenal F. Gonzaga al marqués L. Gonzaga, 9 de julio de 1474, Archivio di Stato di Mantua, Archivio Gonzaga (b. 845 c. 231r).
16. *Ídem.*, 30 de julio de 1474 (*ibídem* c. 236r).
17. *Ídem,* 19 de agosto de 1474 (*ibídem* c.237r).
18. La confesión, editada por G. Capponi en *Storia della Repubblica di Firenze,* Florencia, 1930, vol. 2, apéndice III, págs. 509 a 523 se expone ampliamente en L. Martines, *April Blood: Florence and the Plot against the Medici,* Londres, 2003, capítulo 9.
19. V. Rees, «Ficino's Advice to Princes», en *Marsilio Ficino: his Theology, his Philosophy, his Legacy,* ed. M. J. B. Alien, V. Rees con M. Davies, Leiden etc., 2001, págs. 339 a 357 (en págs. 353-354).
20. M. Simonetta, *Carteggio degli oratori mantovani alla Corte Sforzesca (1450-1500),* vol. XI *(1478-1479),* Roma, 2001, pág. 28 nº. 65: a partir del *trattatello* «Del modo de regere et regnare» de Antonio Cornazzano, Nueva York, Pierpont Morgan Library MS 731, anotado y citado por Simonetta, págs. 22-23, notas 46-47.
21. El cardenal F. Gonzaga al marqués Federico Gonzaga, Bolonia, 24 de julio, 13 de agosto de 1478, Archivio di Stato di Mantua, Archivio Gonzaga (b. 1141 cc. 524r, 539r).
22. *Ídem* en Zaccaria Saggi, Bolonia, 3 de septiembre de 1478 (*ibídem*, c.549r).
23. *Ídem* a Alfonso, duque de Calabria, Archivio di Stato di Mantua, Archivio Gonzaga (b. 2896 lib. 96 cc. 7r-7v).
24. Pastor, ed. Antrobus, IV, págs. 350 a 352; E. Piva, *La guerra di Ferrara del 1482: Periodo Secondo,* Padua, 1894; Infessura, *Diario,* pág. 89; *Lorenzo de'Medici: Lettere,* M. Mallett, ed., vol. VI (1481-82), Florencia, 1990, págs. 345 a 361: «Excursus: le origini della guerra di Ferrara»; *ídem*, «Venice and the War of Ferrara», en *War, Culture and Society in Renaissance Venice,* ed. D. S. Chambers *et al.*, Londres, 1993, págs. 57 a 72.
25. Infessura, *Diario,* págs. 100-101.
26. *Ibídem*, pág. 102.
27. D. Toni, ed., *Il Diario Romano di Gaspare Pontani,* en *Rerum Italicarum Scriptores,* vol. III (2), Città di Castello, 1907-1908, pág. 21.
28. Pastor, ed. Antrobus, vol. IV, págs. 366 a 369.
29. F. Caglioti y T. Montanari, «The tombs in St Peter's», en *The Basilica of St Peter in the Vatican,* ed. A. Pinelli, *Mirabilia Italiae,* vol. 10, Módena, 2000, págs. 359 a 365 (en pág. 362).

30. Chambers, «Virtù militare», pág. 218.
31. *Ibídem*, pág. 219; carta a la marquesa Margarita Gonzaga, Bolonia, 11 de agosto de 1479, Archivio di Stato di Mantua, Archivio Gonzaga (b.1142).
32. Archivio di Stato di Mantua, Archivio Gonzaga (b. 2900 lib. 114).
33. Archivio di Stato di Mantua, Archivio Gonzaga (b. 1231 c.5r).
34. Chambers, *A Renaissance Cardinal,* pág. 85, fig. 5.
35. *Ibídem*, pág. 157, nº. 443.
36. El cardenal F. Gonzaga a F. Maffei, Ferrara, 10 de enero de 1483, Archivio di Stato di Mantua, Archivio Gonzaga (b.2900 lib. 114 cc.21v-3v: en c.22r).
37. *Ídem,* a G. Riario, Ferrara, 13 de enero de 1483 (*ibídem*, cc.32r-33r).
38. *Ídem* a G. G. Trivulzio y al oficial al mando de los *guastatori,* Ferrara, 13 de enero de 1483 (*ibídem* cc.35r-6r).
39. *Ídem* a F. Maffei, Ferrara, 14 al 16 de enero de 1483, y a Sixto IV, 16 de enero (*ibídem*, cc.37r-7v, 39r-40v).
40. *Ídem* a G. Riario, Ferrara, 18 de enero de 1483 (*ibídem*, c.43r).
41. *Ídem* a F. Maffei, 27 de enero de 1483 (*ibídem*, cc. 74r-75v).
42. *Ídem* a F. Maffei, Ferrara, 2 de febrero de 1483 (*ibídem*, c.86r).
43. *Ídem* a G. Riario, 4 de febrero de 1483 (*ibídem*, cc.92r-v).
44. *Ídem* a Sixto IV, Ferrara, 1 de enero de 1483 (*ibídem*, cc. 45v-6v), y a F. Maffei, 10 de febrero de 1483 (*ibídem*, cc. 113v-14v).
45. C. Bonatti, «La Dieta di Cremona», *Archivio storico lombardo,* XXXV, 1908, págs. 258 a 267.
46. R. Cessi, «Il convegno di Cesena del 1484», *Archivio della società romana di storia patria,* LXVIII, 1908, págs. 75 a 95; D. S. Chambers, «What made a Renaissance cardinal respectable? The case of Cardinal Costa», *Renaissance Studies,* 12, 1998, págs. 87 a 108 (en págs. 92-93).
47. Piva, *La guerra,* pág. 44 (citando al Archivio Storico Vaticano, Secr. Sen. XXXI, 10 de junio de 1483).
48. El cardenal F. Gonzaga al marqués F. Gonzaga, Ferrara, 18 de narzo de 1483, Archivio di Stato di Mantua, Archivio Gonzaga (b.2900 lib. 114 cc. 154v-55r; original en b. 1231 c.27r).
49. *Ídem,* Ferrara, 12 de abril, 15 de mayo de 1483 (b. 1231 cc.32-3, 49).
50. Bartolomeo Erba al marqués Federico Gonzaga, Mantua, 16 de septiembre de 1483, Archivio di Stato di Mantua, Archivio Gonzaga (b. 2430 c. 535).
51. Sigismondo de' Conti, *Libri historiarum,* vol. I, pág. 204; M. Mallett, ed., *Lorenzo de' Medici: Lettere,* vol. VII (1482-1484), Florencia, 1998, págs. 505 a 515.
52. Infessura, *Diario,* pág. 134.
53. *Ibídem*, pág. 142.
54. *Ibídem*, pág. 148.
55. *Ibídem*, págs. 147-148.
56. *Ibídem,* pág. 165.
57. Infessura, *Diario,* págs. 107 a 119 y 139 a 142; P. Cherubini, «Tra violenza e crimine di stato: la morte di Lorenzo Colonna», en *Un pontificate ed una citta,* Miglio, ed., pág. 360.
58. F. Isoldi, ed., *Il «Memoriale» di Paolo dello Mastro,* en *Rerum Italicarum Scriptores,* vol. XXIV (2), Città di Castello, 1912, pág. 100.
59. N. Machiavelli, *El Príncipe,* Madrid, 1998, capítulo XI, pág. 249.
60. M. Pellegrini, *Ascanio Maria Sforza: la parabola politica di un cardinale-principe del Rinascimento,* 2 vols., Roma, 2002, vol. I, págs. 169 a 171.
61. J. P. Arrivabene al marqués F. Gonzaga, Roma, 18 de julio de 1485; citado por Pastor, ed. Antrobus vol. 5, pág. 252 n., probablemente Archivio di Stato di Mantua, Archivio Gonzaga (b. 847 c. 318), aunque en esta carta consta que Inocencio ordenó el desarme de los barones rebeldes.
62. Shaw, *Julius II,* págs. 63-64.
63. G. P. Arrivabene al marqués F. Gonzaga, Roma, 30 de agosto de 1485, Archivio di Stato di Mantua, Archivio Gonzaga (b. 847 cc. 337-38).

64. *Ibídem*, págs. 177-180.
65. G. Vespucci a los Dieci, 8 de septiembre de 1485, en E. Pontieri, «La guerra dei baroni in dispacci diplomatici fiorentini», *Archivio storico per le provincie napoletane,* 88, 1970, págs. 95 a 347 (n. 37 en pág. 263).
66. G. P. Arrivabene al marqués F. Gonzaga, Roma, 25 de octubre de 1485, Archivio di Stato di Mantua, Archivio Gonzaga (b. 847 c. 382).
67. Pastor, ed. Antrobus, vol. V, págs. 256 a 258; Pellegrini, *Ascanio Sforza,* vol. I, págs. 184 a 186 y 198 a 203.
68. Biblioteca Marziana de Venecia, MS Lat. X, 175 (3622) fols. 79r-80v; citado por Petersohn, *Geraldini,* págs. 240 a 242.
69. Instrucciones papales del 2 de enero 1486, citadas en *Geraldini,* pág. 245, n. 65.
70. MS citado anteriormente, fol. 80v.
71. J. Burckardus, *Liber Notarum,* ed. E. Celani, en *Rerum Italicarum Scriptores,* vol. XXXII (1), Città di Castello, 1907-1910, vol. I, pág. 155; Petersohn, *Geraldini,* pág. 264, n. 62.
72. Pellegrini, *Ascanio Sforza,* vol. I, pág. 202.
73. Pastor, ed. Antrobus, vol. V, págs. 264-265.
74. Cartas en la Biblioteca Marziana de Venecia, MS lat. Cl. X, 175 (3622); microfilm pos. 222. Algunas citadas por Shaw, *Julius II,* págs. 71 a 75.
75. MS citado, c. 30r ; Shaw, *Julius II,* pág. 75; Sigismondo de' Conti, *Libri historiarum,* vol. I, pág. 255; Branda Castiglione al duque de Milán, Roma, 16 de mayo de 1487, Archivio di Stato, Milán, Fondo Sforzesco (PE, Roma, cartella 100).
76. M. Pellegrini, *Congiure di Romagna: Lorenzo de' Medici e il duplice tirannicidio a Forlì e a Faenza nel 1488,* Florencia, 1999, págs. 33, 42-43 y 47 a 50.
77. M. Mallett, *The Borgias,* Londres, 1969, pág. 129.
78. Sigismondo de' Conti, *Liber historiarum,* vol. II, pág. 201.
79. Mallett, *The Borgias,* págs. 129-130.
80. Shaw, *Julius II,* págs. 89 a 93.
81. Pellegrini, *Ascanio Sforza,* vol. II, págs. 518 a 525.
82. Burckardus, *Liber Notarum,* ed. Celani, vol. I, pág. 531; W. H. Woodward, *Cesare Borgia,* Londres, 1913, pág. 63.
83. Burckardus, *Liber Notarum,* ed. Celani, vol. I, págs. 564 a 565; Pastor, ed. Antrobus, vol. V, págs. 450 a 461
84. Woodward, *Cesare Borgia,* págs. 78 a 80.
85. *Ibídem*, págs. 83 a 86;
86. Shaw, *Julius II,* pág. 100.
87. Pellegrini, *Ascanio Sforza,* vol. II, pág. 573.
88. Woodward, *Cesare Borgia,* pág. 101.
89. Shaw, *Julius II,* págs. 101 a 113.
90. Sigismondo de' Conti, *Libri historiarum,* vol. II, pág. 166; Pellegrini, *Ascanio Sforza,* vol. II, pág. 611.
91. Sigismondo de' Conti, *Liber historiarum,* vol. II, págs. 171-172; Woodward, *Cesare Borgia,* págs. 98 a 100. Mallett mantiene que no fue una derrota total *(The Borgias,* págs. 145 a 150).
92. G. Ouy, «Le papa Alexandre VI a-t-il employe les armes chimiques?», *Recueil de travaux offerts a C. Brunei,* vol. II, París, 1955, págs. 321 a 334 (en págs. 327-328), citado, aunque sin completar la historia, por Mallett, *The Borgias,* pág. 150.
93. Mallett, *The Borgias,* pág. 171.
94. *Ibídem*, pág. 180.
95. P. Villari, ed., *Dispacci di Antonio Giustinian,* Florencia, 1876, vol. I, n. 53, pág. 69 (24 de julio de 1502); n. 56, pág. 72 (27 de julio de 1502); n. 57, pág. 76 (28 de julio de 1502); n. 58, pág. 76 (29 de julio de 1502).

96. *Ibídem*, vol. I, n. 210, págs. 283-284 (23 de diciembre de 1502).
97. *Ibídem*, vol. I, n. 219, págs. 296-297 (31 de diciembre de 1502).
98. A. Gottlob, *Aus der Camera Apostolica,* Innsbruck, 1889, págs. 228-229.
99. Mallett, *The Borgias,* pág. 192.
100. *Ídem*, págs. 180 y 236-327.
101. Giustinian, *Dispacci,* vol. I, n. 146, pág. 170 (24 de octubre de 1502).
102. Mallett, *The Borgias,* págs. 207-208 (fuente incierta).
103. Setton, *Papacy and the Levant,* vol. II, págs. 520 a 534.
104. Catálogo exposición con bibliografía de «C. C.» en *Titian,* National Gallery, Londres, 2003, págs. 78-79.
105. Mallett, *Mercenaries and their Masters,* pág. 141; consultar más adelante, en capítulo 7 n. 30.
106. G. Barbieri, *Industria e politica mineraria nello Stato Pontificio dal '400 al '600,* Roma, 1940, sobre todo en págs. 35 a 41.
107. Hale, «The Early Development of the Bastion», págs. 481-482.
108. Gianlucido Cataneo al marqués Francesco Gonzaga, Roma, 17 de noviembre de 1489, Archivio di Stato, Mantua, Archivio Gonzaga (b.848 c.93); citado por Shaw, *Julius II,* pág. 79.
109. Chambers, «What made a Renaissance Cardinal respectable?, pág. 96, n. 70 y 98.
110. Hale, «Early Development of the Bastion», págs. 480 a 483 y *passim.*
111. G. Satzinger, *Antonio da Sangallo die Altere,* Tubinga, 1999, págs. 125 a 129.
112. M. Tosi, *Il Torneo di Belvedere in Vaticano e i Tomei in Italia nel Cinquecento,* Roma, 1946, págs. 46 a 48.
113. Burckardus, *Liber Notarum,* ed. Celani, vol. I, págs. 401-402, n. 3, texto de Valori; Pellegrini, *Ascanio Sforza,* vol. I, pág. 419.
114. Expuesto por D. S. Chambers, «Postscript on the worldly affairs of Cardinal Francesco Gonzaga and other worldly cardinals», en *ídem*, *Renaissance Cardinals* (sobre todo en págs. 11 a 18); Pellegrini, *Ascanio Sforza,* pág. 47 y *passim.*
115. Pellegrini, *Ascanio Sforza,* vol. I, págs. 98-99.
116. *Ibídem*, vol. I, pág. 284.
117. *Ibídem*, vol. II, págs. 520 a 524.
118. *Ibídem*, vol. II, pág. 560. Cita de carta de Benedetto Capilupi, 12 de febrero de 1495, Archivio di Stato de Mantua, Archivio Gonzaga (b. 1630 c. 464).
119. *Ibídem*, vol. II, págs. 609 a 611.
120. *Ibídem*, vol. II, págs. 757 a 763 y 768 a 771.
121. Carta de agosto de 1499 citada por C. M. Ady, *Milan under the Sforza,* Londres, 1907, pág. 172, a partir de L. G. Pelissier, *Louis XII et Lodovic Sforza 1498-1500,* París, 1896, vol. I, pág. 196.
122. G. Bologna, «Un fratello del Moro letterato e bibliofilo: Ascanio Maria Sforza», en diferentes autores, *Milano nell'età di Ludovico il Moro,* Milán, 1983, págs. 293 a 332 (en pág. 297); ilustrado en *Enciclopedia Italiana,* vol. IV, Milán, 1929, pág. 489, en la entrada «armi». Las informaciones solicitadas a la Armeria Reale de Turín no recibieron respuesta.
123. G. B. Picotti, *La giovinezza di Leone X,* Milán, 1928; reimpresión Roma, 1981, págs. 200 a 204 y *passim.*
124. Pellegrini, *Ascanio Sforza,* vol. I, pág. 356.
125. *Ibídem*, vol. I, págs. 320 a 364.
126. Picotti, *La giovinezza,* pág. 298, n. 11 (pág. 342). Se refiere a este pasaje a partir de la carta de Alamani, actualmente en Archivio di Stato de Florencia, Medici avanti (legajo LII c. 145bis); con resumen más amplio (aunque también sin el vocabulario preciso), M. Pellegrini, «II profilo politico-istituzionale del cardinalato», en *Roma di fronte ad Europa al tempo di Alessandro VI,* ed. M. Chiabo, Roma, 2001, vol. I, pág. 179, n. 7.
127. British Library (MS Add. 8443 fol. 190v).
128. Pellegrini, *Ascanio Sforza,* vol. I, pág. 379.
129. P. Partner, *The Pope's Men,* Oxford, 1990, pág. 205.
130. M. Pellegrini, «Da lacopo Ammannati Piccolomini a Paolo Cortesi: lineamenti dell'Ethos cardinalizio in Età rinascimentale», *Roma nel Rinascimento,* 1998, págs. 23 a 44. La carta de 1468 se encuentra en en P.

Cherubini, ed., Iacopo Ammannati Piccolomini, *Lettere,* 3 vols., Roma, 1997, vol. II, pág. 1.195, vol. HI, págs. 1874-1875.

131. Ammannati, *Lettere,* ed. Cherubini, vol. III, n. 755, págs. 1874-1875.

132. Pellegrini, «Da Iacopo Ammannati», págs. 34-35 (Ammannati, *Lettere,* ed. Cherubini, vol. III), n. 696, págs. 1.767 a 1.773.

133. P. Cortesi, *De Cardinalatu,* Castro Cortesio, i.e., San Gimignano, 1510, *passim.* Sobre el objetivo de la obra, ver también M. Ferraù, «Politica e cardinalato in un età di transizione: il *De Cardinalatu* di Paolo Cortesi», en *Roma Capitale (1447-1527),* ed. S. Gensini, Roma, 1994, págs. 519 a 540.

134. Cortesi, *De Cardinalatu,* lib. II («Oeconomicus»), cap. 2 («De Domo»), trad. de *The Renaissance Cardinal's Ideal Palace: A Chapter from Paolo Cortesi's De Cardinalatu,* (Roma, 1989), págs. 45-123.

135. Aldobrandino Guidoni a Ercole d'Este, Florencia, 25 de abril de 1488, Archivio di Stato, Modena, Archivio Estense, Cancelleria, Ambasciatori, Firenze (b. 5); citado en Pastor, ed. Antrobus, vol. V, pág. 273; Pellegrini, *Congiure di Romagna,* págs. 48-49, n. 74, presenta parte del texto de esta importante carta.

136. Machiavelli, *El Príncipe,* capítulo XI.

137. F. Guicciardini, *Storie Fiorentine,* ed. R. Palmarocchi, Bari, 1931, capítulo XXIV, pág. 265; citado por Prodi, *Il sovrano pontefice,* pág. 105; *cf.* Prodi, *The Papal Prince,* pág. 203, n. 45, donde la traducción difiere ligeramente.

Capítulo 5

1. Machiavelli, *El Príncipe,* XI.
2. F. Guicciardini, *Storia d'Italia,* ed. S. Menchi, Lib. XI, Turín, 1971, pág. 1.115.
3. *Diarii di Marin Sanudo,* ed. F. Stefani , R. Fulin *et al.*, Venecia, 1879-1902, vol. IX, cols. 567 a 570 (568).
4. *Dispacci di Antonio Giustinian,* P. Villari, ed., vol. II, notas 614, 630, págs. 279 y 292-293 (1, 13 de noviembre de 1503; 31 de enero de 1504).
5. Shaw, *Julius II,* pág. 149.
6. Antonio Magistrellus al marqués Francesco Gonzaga, Roma, 1 de agosto de 1506 y Federico Cribello al mismo, Roma, 14 de septiembre de 1506, Archivio di Stato de Mantua Archivio Gonzaga (b.857 cc. 131v, 196r); Shaw, *Julius II,* pág. 151.
7. N. Machiavelli, *Legazioni e Commissarie,* ed. S. Bertelli, vol. II, Milán, 1968, págs. 955 a 992 y *passim.*
8. Paris de Grassis (maestro de ceremonias papal), *Le Due Spedizioni militari di Giulio II tratte dal Diario di Paride de' Grassi Bolognese,* ed. L. Frati, Bolonia, 1886, págs. 40 a 48 (entrada en Perugia), 63 (Forlí).
9. Pastor, ed. Antrobus, vol. VI, Londres, 1923, págs. 279-280; Frati, *Spedizioni militari,* págs. 79-80.
10. Erasmus a Servatius Rogerus, Florencia, 4 de noviembre; Bolonia, 16 de noviembre de 1506, en *Opus Epistolarum Des Erasmi,* vol. I, ed. P. S. Alien, Oxford, 1906, n. 200, pág. 431 y 203, pág. 433; *Collected Works of Erasmus,* vol. I. Erasmus a Nicholas Varius, Basilea, 20 de septiembre de 1526, en *Opus Epistolarum,* ed. Alien, vol. VI, Oxford, 1926, n. 1.756, pág. 418; *Collected Works,* vol. 12, Toronto y Buffalo, 2003, págs. 369-70.
11. A. Condivi, *Vita di Michelangelo Buonarroti,* ed. G. Nencioni, Florencia, 1998, pág. 29; G. Vasari, *Opere,* ed. G. Milanesi, vol. VII Florencia, 1876, págs. 170 a 172 (véanse notas a pie de página); documentación en B. Podestà, «Intorno alle due statue erettte in Bologna a Giulio II distrutte nei tumulti del 1511», en *Atti e Memorie della R. deputazione di storia patria per le province di Romagna,* vol. VII, 1868, págs. 107 a 130.
12. S. A. Setchfield, *Civitavecchia and its fortifications 1431-1549: a study of the political and economic role of a papal port,* M. Phil, tesis, Universidad de Londres, 1989, sobre todo en págs. 146 a 175.
13. Sobre su carrera véase C. H. Clough, «Clement VII and Francesco Maria della Rovere, Duke of Urbino», en *The Pontificate of Clement VII: History, Politics, Culture,* ed. K. Gouwens y S. E. Reiss, Aldershot y Burlington, Vt, 2005, págs. 75 a 108.

14. G. Gozzadini, «Di alcuni avvenimenti in Bologna e nell' Emilia dal 1506 al 1511 e dei Cardinali Legati A. Ferrerio e F. Alidosi», vol. I, *Atti e Memorie della R. deputazione di storia patria per le province di Romagna,* 3ª ser., vol. IV, 1886, págs. 67 a 176 (sobre todo en págs. 106 a 138); G. de Caro en *Dizionario biografico degli italiani,* vol. 2, Roma, 1960, págs. 373 a 376.
15. Gozzadini, «Alcuni avvenimenti» (1), pág. 128; Sigismondo de' Conti, *Liber historiarum,* II, pág. 392.
16. Gozzadini, «Alcuni avvenimenti» (1), págs. 128 a 131; C. Ghirardacci, «Historia di Bologna», *Rerum Italicarum Scriptores,* vol. XXXIII (1), Città di Castello, 1915 a 1929, págs. 394 a 396.
17. Gozzadini, «Alcuni avvenimenti», doc. XXX, pág. 170.
18. *Ibídem*, pág. 131; doc. XXXII, pág. 170.
19. *Ibídem*, págs. 136-137; Hill, *Corpus,* n. 610, pág. 156.
20. Sigismondo de' Conti, *Liber historiarum,* vol. II, pág. 392.
21. Alessandro Cardinalis a Isabella d'Este, Urbino, 29 de marzo de 1509, Archivio di Stato de Mantua, Archivio Gonzaga (b. 1077 c. 245r), citado en D. S. Chambers, «The Enigmatic Eminence of Cardinal Sigismondo Gonzaga», *Renaissance Studies,* 16, 2002, págs. 330 a 354 (en pág. 340, n. 70).
22. Instrucciones papales del 5 de mayo de 1509 al cardenal S. Gonzaga, Archivio Diocesano de Mantua, Archivio Mensa Vescovile, pergamino nº. 71; cardenal S. Gonzaga al marqués F. Gonzaga, Ancona, 18, 25 de mayo de 1509, Archivio di Stato de Mantua, Archivio Gonzaga (b.858 cc.265r, 271r).
23. Cardenal S. Gonzaga a Isabella d'Este, 25 de mayo; *ídem* al marqués F. Gonzaga, Ancona, 31 de mayo de 1509, Archivio di Stato de Mantua, Archivio Gonzaga (b.858 cc. 269-270 y 273 a 275); Chambers, «Enigmatic Eminence», pág. 341.
24. L. Byatt in *Dizionario biografico degli italiani,* vol. 43, Roma, 1993, págs. 361 a 367.
25. R. Finlay, «Venice, the Po Expedition and the End of the League of Cambrai», en *Studies in Modem European History and Culture* (2), 1976, págs. 37 a 72.
26. Duque A. d'Este a Isabella d'Este, «*ex castris*», 22 de diciembre de 1509, Archivio di Stato de Mantua, Archivio Gonzaga (b. 1892, sin numerar).
27. Cardenal I. d'Este a Isabella d'Este, «*ex castris*», 22 de diciembre de 1509, Archivio di Stato de Mantua, Archivio Gonzaga (b. 1892,); citado por A. Luzio en «La Reggenza d'lsabella d'Este durante la prigionia del marito (1509-1510)», *Archivio Storico Lombardo,* ser. 4, XIV, 1910, págs. 5 a 104 (en pág. 35).
28. G. F. Di Bagno a Isabella d'Este, «*ex castris*», 22 de diciembre de 1509, Archivio di Stato de Mantua, Archivio Gonzaga (b. 1892, *cf.* Luzio, «La Reggenza», pág. 35).
29. *Ídem,* «*ex castris*», 23 de diciembre de 1509, Archivio di Stato de Mantua, Archivio Gonzaga (b. 1892, *cf.* Luzio, «La Reggenza», págs. 35-36).
30. L. Ariosto, *Tutte le Opere,* ed. C. Segre, vol. III, Milán, 1984, pág. 138.
31. L. Ariosto, *Orlando Furioso,* vol. XV.
32. Luzio, «La Reggenza», pág. 36; Finlay, «Venice, the Po Expedition», pág. 55.
33. Tommaso da Gallarate al Cardinal I. d'Este, Milán, 2 de noviembre de 1510, Archivio di Stato de Modena, Archivio Estense, Cancelleria ducale, Ambasciatori (b. 19).
34. Frati, *Spedizioni militari,* pág. 230.
35. Gozzadini, «Alcuni avvenimenti» (2), pág. 166.
36. Cadenal F. Alidosi al marqués Francesco Gonzaga, Cento, 27 al 31 de agosto de 1510, Archivio di Stato de Mantua, Archivio Gonzaga (b. 1242 cc. 866 a 868).
37. Frati, *Spedizioni militari,* págs. 193 a 195 y 199 a 201.
38. L. A. Rebello da Silva ed., *Corpo Diplomatico Portuguez,* vol. I, Lisboa, 1862, pág. 133.
39. *Diarii de Marin Sanudo*, ed. F. Stefani y R. Fulin, Venecia, 1879 a 1902, vol. XI, col. 367.
40. Frati, *Spedizioni militari,* págs. 202-203; *Diarii de Marin Sanudo,* vol. XI, col. 552; Gozzadini, «Alcuni avvenimenti» (2), pág. 175.
41. *Diarii de Marin Sanudo*, XI, cols. 596, 600 a 602, 626 y 644. Sobre Corner, véase G. Gullino in *Dizionario biografico degli italiani,* vol. 29, Roma, 1983, págs. 255 a 257.
42. *Ibídem*, col. 670.

43. Frati, *Spedizioni militari,* pág. 211; Gozzadini, «Alcuni avvenimenti» (2), pág. 183.
44. Marco Vigerio al marqués F. Gonzaga, Roma, 3 de marzo de 1505, b. 856 c. 580).
45. Frati, *Spedizioni militari,* pág. 184.
46. Stazio Gadio al marqués F. Gonzaga, Bolonia, 29 de diciembre de 1510, Archivio di Stato de Mantua, Archivio Gonzaga (b.859 c.163).
47. Frati, *Spedizioni militari,* pág. 226.
48. Archivio di Stato de Mantua, Archivio Gonzaga (b.3351 c.167).
49. Chambers, «Enigmatic Eminence», págs. 343-344.
50. Stazio Gadio a Isabella d'Este, Bolonia, 31 de diciembre de 1510, Archivio di Stato de Mantua, Archivio Gonzaga (b.859 c.165v); Chambers, «Enigmatic Eminence», pág. 353.
51. Floriano degli Uberti, *Cronaca*, Biblioteca Universitaria de Bolonia, MS 430 fol. 871v.
52. *Diarii de Marin Sanudo*, XI, col. 721; Frati, *Spedizioni militari,* págs. 225-226; N. Perotus (comisario papal) al marqués F. Gonzaga, campamento veneciano en Concordia, 2 de enero de 1511, Archivio di Stato de Mantua, Archivio Gonzaga (b.1340 c.228r).
53. Antonio da Gatego al marqués F. Gonzaga, Dosso, 5 de enero de 1511, Archivio di Stato de Mantua, Archivio Gonzaga (b. 1340 c. 189); citado por A. Luzio, «Federico Gonzaga ostaggio alla corte di Giulio II», *Archivio della società romana di storia patria,* 9, 1886, págs. 509 a 582 (en pág. 569).
54. *Diarii de Marin Sanudo*, XI, col. 721.
55. *Ibídem*, cols. 722-723.
56. Augustus Hare, *The Years with Mother: Being an Abridgement of the first three volumes of the Story of My Life,* ed. M. Barnes (2ª ed. Londres, 1984), pág. 238.
57. Pastor, ed. Antrobus, vol. VI, pág. 340, n.; *cf.* Pastor, ed. Mercati, vol. III, Roma, 1959, pág. 768, n. 1.
58. Carlo De Vita, «Il Museo Storico Vaticano», en *Il Palazzo Apostolico Lateranense,* C. Pietrangeli, ed., Roma, 1991, págs. 305 a 314 (en pág. 306).
59. Stazio Gadio, al marqués F. Gonzaga, Bolonia, 1 de enero de 1511, Archivio di Stato de Mantua, Archivio Gonzaga (b. 1147); citado por A. Luzio, «Isabella d'Este di fronte a Giulio II negli ultimi tre anni del suo pontificato» (1), *Archivio storico lombardo*, ser. 4, XVII, 1912, págs. 245 a 334 (en pág. 281, n. l).
60. Joannes Gazius al marqués Francesco Gonzaga, campamento veneciano de Concordia, 13 de enero de 1511, Archivio di Stato de Mantua, Archivio Gonzaga (b.1340 c.253), citado por Luzio, igual que el anterior, pág. 285, n. 3.
61. *Ibídem*; *Diarii di Marin Sanudo,* XI, cols. 738 y 747.
62 *Diarii di Marin Sanudo,* XI, col. 195.
63. *Ibídem*, cols. 755 y 766.
64. *Ibídem*, col. 755.
65. *Ibídem*, col. 766; Biblioteca Universitaria de Bolonia, Ms 430 fol. 871v.
66. *Diarii di Marin Sanudo,* XI, col. 745.
67. Marqués Francesco Gonzaga a A. Gabbioneta y L. Brognolo, Mantua, 21 de enero de 1511, Archivio di Stato de Mantua, Archivio Gonzaga (b.2918, lib.215 fol. 6v).
68. J. F. Pico al marqués F. Gonzaga, Mirandola, 21 de enero de 1511, Archivio di Stato de Mantua, Archivio Gonzaga (b.1332, c.253).
69. Antonio da Gatego al marqués F. Gonzaga, Dosso, 26 de enero de 1511, Archivio di Stato de Mantua, Archivio Gonzaga (b.1340 c.218); anotado en Luzio, «Isabella d'Este di fronte a Giulio II», I, pág. 286, n. l.
70. Chambers, «Enigmatic Eminence», págs. 343-344.
71. *Diarii di Marin Sanudo,* XI, col. 800; cartas de Ludovico da Camposampiero a Isabella d'Este, Bolonia, 4 y 11 de febrero de 1511, Archivio di Stato de Mantua, Archivio Gonzaga (b. 1147), anotado en Luzio, «Isabella d'Este di fronte a Giulio II», I, pág. 287, aunque ahora no está localizable.
72. *Diarii di Marin Sanudo,* XI, col. 776.
73. Frati, *Spedizioni militari,* pág. 232; *Diarii di Marin Sanudo,* XI, col. 800; G. Gullario en *Dizionario biografico degli italiani,* vol. 29, Roma, 1983, págs. 255 a 257.

74. *Diarii de Marin Sanudo*, XII, cols. 11 a 14.
75. *Diarii de Marin Sanudo*, XI, cols. 837-838 y 843; Frati, *Spedizioni militari,* págs. 234-235; Gozzadini, «Alcuni avvenimenti» (2), *Atti e Memorie... per le province di Romagna,* vol. VII, 1889, págs. 204-205.
76. Frati, *Spedizioni militari,* pág. 240; *Diarii de Marin Sanudo*, XII, cols. 12-13 y 24.
77. D. S. Chambers, *Cardinal Bainbridge in the Court of Rome,* Oxford, 1965) págs. 82 a 86.
78. Chambers, *Cardinal Bainbridge,* pág. 86.
79. Ludovico da Camposampiero al marqués F. Gonzaga, Bolonia, 4 de mayo de 1511, Archivio di Stato de Mantua, Archivio Gonzaga (b. 1147 c. 463r); Americhus al mismo, Bolonia, 5 de mayo de 1511 (*ibídem*, c. 393r); Chambers, *Cardinal Bainbridge,* pág. 87.
80. Chambers, *Cardinal Bainbridge,* págs. 87 a 92.
81. Ercole Sabbadini a Isabella d'Este, Bolonia, 8 de abril de1511, Archivio di Stato de Mantua, Archivio Gonzaga (b. 1147 c. 428); Frati, *Spedizioni militari,* págs. 261-262.
82. Sabbadino degli Arienti a Isabella d'Este, Bolonia, 23 de mayo de 1511, Archivio di Stato de Mantua, Archivio Gonzaga (b.1147 c.435).
83. G. Vasari, *Opere,* ed. G. Milanesi, vol. VII, Florencia, 1906; reimpr. 1998, pág. 172, n.; Floriano degli Ubaldi, *Cronaca,* Biblioteca Universitaria de Bolonia, MS. 430 fols. 907v-8r, citado en Podestà, «Intorno alle due statue», pág. 123. La fuente dudosa es A. Frizzi, *Memorie per servire alla storia di Ferrara,* vol. IV, Ferrara, 1791, págs. 240-241.
84. Podesta, «Intorno alle due statue», págs. 114 a 117.
85. Véase Machiavelli, *Discorsi,* lib. III, cap. ix.
86. *Diarii de Marin Sanudo*, XII, cols. 197 a 200; Frati, *Spedizioni militari,* págs. 275 a 280; Gozzadini, «Alcuni avvenimenti» (2), págs. 214 a 225; Pastor, ed. Antrobus, vol. VI, págs. 348 a 351.
87. Frati, *Spedizioni militari,* págs. 310 a 312.
88. *Ibídem*, pág. 311.
89. *Ibídem*, págs. 310 a 312.
90. A. Büchi, *Korrespondenzen und Akten zur Geschichte des Kardinals Matthdeus Schiner,* vol. I, Basilea, 1920, n. 160, págs. 126-127; *ídem, Kardinal Mattäeus Schiner als Staatsmann und Kirchenfürst,* Zurich, 1923, pág. 279; Frati, *Spedizioni militari,* págs. 312-313.
91. *Diarii de Marin Sanudo*, XIV, cols. 230-231 y 279-280; Büchi, *Mattäeus Schiner,* págs. 280-281.
92. Julio II al cardenal Schiner, 18 de abril de 1512, Büchi, *Korrespondenzen und Akten,* vol. I, n. 173, págs. 138-139); *Diarii de Marin Sanudo*, XIV, cols. 260 a 264, 295 y 297.
93. Büchi, *Korrespondenzen und Akten,* vol. I, n. 352, pág. 287.
94. Frati, *Spedizioni militari,* pág. 321; Büchi, *Mattäeus Schiner,* págs. 290 a 298.
95. Presentación del papa al cardenal Sigismondo Gonzaga, 29 de abril de 1512, citado en A. Luzio, «Isabella d'Este di fronte a Giulio II negli ultimi tre anni del suo pontificato» (2), *Archivio storico lombardo,* ser. 4, XVIII, 1912, págs. 55 a 144 y 393 a 456 (en pág. 82).
96. Paris de Grassis, *Diarium,* British Library, MS Add. 8443 fol. 190v.; P. Giovio, *Vite di Leon Decimo etc.,* Venecia, 1549, págs. 163 a 174.
97. J. D'Atri al Marquis F. Gonzaga, Bles (Blois?), 19 de abril de 1512, Archivio di Stato de Mantua, Archivio Gonzaga (b. 633), citado sin indicar origen en Luzio, «Isabella d'Este di fronte a Giulio II» (2), en págs. 80-81.
98. Frati, *Spedizioni militari,* págs. 314 a 316; Chambers, «Enigmatic Eminence», pág. 349.
99. Frati, *Spedizioni militari,* págs. 327 a 330.
100. Pastor, ed. Antrobus, vol. VI, págs. 420 a 422; sobre los derechos de Matildine véase en Shaw, *Julius II,* pág. 306, citas en C. Santoro, *Gli Sforza,* Milan, 1968, pág. 350, pero Santoro no proporciona referencias. La cita en cuanto a que los derechos legales de la Iglesia no se cuestionan pertenece a la carta de Folenghino del 15 agosto de 1512 que se incluye a continuación.
101. Folenghino al marqués F. Gonzaga, Roma, 15, 19 y 28 de agosto de 1512, Archivio di Stato de Mantua, Archivio Gonzaga (b.860 cc.281v, 283r, 291r). Véase también Luzio, «Isabella d'Este di fronte a Giulio II» (2), págs. 135 a 137; *Diarii de Marin Sanudo*, XIV, col. 454.

102.Condivi, *Vita di Michelagnolo,* ed. Nencioni, págs. 22 a 25 y 47; *cf.* Vasari, *Opere,* ed. Milanesi, vol. VII, págs. 164-165.

103.R. Jones and N. Penny, *Raphael,* New Haven, Conn y London, 1980, págs. 113 a 117, 131 a 133 y 137; J. Shearman, «The Expulsion of Heliodorus», *Rafaello a Roma,* Roma, 1986, págs. 75 a 88. Pero véase el análisis, en cuanto al rechazo de las alusiones a acontecimientos específicos, en C. Hope, «Aspects of criticism in art and literature in sixteenth-century Italy», *Word and Image Conference Proceedings,* IV (1), 1988, págs. 1 a 9 (sobre todo en págs. 6-7).

104.J. Shearman, *Raphael in Early Modern Sources, 1483-1692,* New Haven, Conn. y Londres, 2003, págs. 159-160.

105.Stazio Gadio a Isabella d'Este, 15 de agosto de 1512, Archivio di Stato de Mantua, Archivio Gonzaga (b.860 cc.116r-116v); extracto en Luzio, «Isabella d'Este di fronte a Giulio II» (2), pág. 123.

106. Il Grossino a Isabella d'Este, 26 de septiembre de 1512, Archivio di Stato de Mantua, Archivio Gonzaga (b.860 c.222r); extracto en Luzio, «Isabella d'Este di fronte a Giulio II» (2), pág. 123, n.

107.Stazio Gadio a Isabella d'Este, 4 de febrero de 1513, Archivio di Stato de Mantua, Archivio Gonzaga (b. 861 cc.39v-40v).

108.Pandolfo Pico al marqués F. Gonzaga, Ancona, 16 de junio de 1509, Archivio di Stato de Mantua, Archivio Gonzaga (b. 858 c.298r).

109.Cardenal S. Gonzaga al marqués F. Gonzaga e Isabella d'Este, Ancona, 10 de junio de 1509, Archivio di Stato de Mantua, Archivio Gonzaga (b.858, cc.278v, 280r); citado en Luzio, «La Reggenza d'Isabella d'Este», pág. 41.

110.Luzio, «Isabella d'Este di fronte a Giulio II», I, pág. 291.

111.Gómez, *De rebus gestis,* citado por W. H. Prescort, *History of the Reign of Ferdinand and Isabella,* Londres, 1886, pág. 709, y por H. Kamen, «Clerical violence in a Catholic Society: the Hispanic World 1450-1720», en Sheils, ed., *The Church and War,* págs. 201 a 216 (en pág. 203).

112.Cortesi, *De Cardinalatu,* lib. I, cap. 1 («*de vario bellorum genere suscipiendo*»), págs. VIr a VIIv.

113. Catherine Mary Curtis, *Richard Pace on pedagogy, counsel and satire* (tesis, Universidad de Cambridge, 1997).

114.*Ibídem*, pág. 193 y *passim.*

115.Chambers, *Cardinal Bainbridge,* pág. 119; también Apéndice II, notas 4, 7 y 8.

116.*Ibídem*, pág. 119.

117.Setton, *Papacy and the Levant,* vol. III, pág. 1.367.

118.M. A. Di Cesare, *Vida's Christiad and Vergilian Epic,* Nueva York, 1964, pág. 3.

119.R. Bellarmine, *Tractatus de potestatate S. Pontificis in rebus temporalibus,* lib. V, cap. xi, citado por Prodi, *The Papal Prince,* pág. 28.

Capítulo 6

1. *Diarii de Marin Sanudo,* XVI, cols. 163 y 684-685; Pastor, ed. R. F. Kerr, Londres, vol. VII, págs. 35 a 43.
2. *Carmina apposita ad Pasquillum,* British Library (pressmark 11426 c. 104); Versos italianos (*ibídem*, c. 71); J. Shearman, *Raphael's Cartoons in the Collection of HM the Queen and the Tapestries for the Sistine Chapel,* Londres, 1972, págs. 18-19 y 77-78 donde diserta sobre el tema de «Christus Medicus» y el nombre «Leo».
3. E. G. Guicciardini, *Storie Florentine,* ed. Palmarocchi, capítulo IX.
4. Erasmo al cardenal Rafaelle Riario, mayo de 1515; *Opus Epistolarum,* ed. P. S. Alien, vol. II, Oxford, 1910, sobre todo 335, pág. 69; *Collected Works,* vol. III, pág. 86; M. Reeves, *The Influence of Prophecy in the Later Middle Ages,* Oxford, 1969, págs. 268 a 270.
5. Antonio De Beatis a Isabella d'Este, Roma, 11 de mayo de 1518, Archivio di Stato de Mantua, Archivio Gonzaga (b.863, cc.629r-v); Pastor, ed. Mercati, vol. IV (2), Roma, 1956, pág. 680.
6. Ludovico Guerrieri al marqués F. Gonzaga, Roma, 13 de marzo de 1513, Archivio di Stato de Mantua, Archivio Gonzaga (b.861 c.384r).

7. Cardenal S. Gonzaga a Isabella d'Este, Roma, 11 de abril del 1513 (*ibídem*, c.236r).
8. Gabbioneta al marqués F. Gonzaga, Roma, 10 de junio de 1513, Archivio di Stato de Mantua, Archivio Gonzaga (b.861, c.156); Bainbridge a Enrique VIII, 6 de junio de 1513, citado en Chambers, *Cardinal Bainbridge,* pág. 45; Pastor, ed. Kerr, vol. VII, págs. 49 a 53.
9. Chambers, *Cardinal Bainbridge,* págs. 46-47.
10. F. Vettori a N. Machiavelli, Roma, 12 de julio de 1513, en N. Machiavelli, *Lettere,* ed. F. Gaeta, Milán, 1961, n. 132, págs. 267-268.
11. Machiavelli a Vettori, 20 de diciembre de 1514 y 31 de enero de 1515, en Machiavelli, *Lettere,* notas 159 y 162; págs. 364-365 y 374-375.
12. Jones and Penny, *Raphael,* págs. 117, 121, 133 y 152; también 131 a 133, 157 y 159; Hope, «Aspects of Criticism», págs. 6-7.
13. El cardenal Giulio a Lorenzo de' Medici, Bolonia, 27 y 29 de agosto de 1515, en G. Canestrini y A. Desjardins, *Negotiations diplomatiques de la France avec la Toscane,* vol. II, París, 1861, notas xii, xxiii, págs. 725 y 728.
14. Paris de Grassis, *Diarium,* British Library (MS Add. 8443 fols. 166r-v).
15. Pastor, ed. Kerr, vol. VII, pág. 126.
16. *Diarii de Marin Sanudo*, XXIV, col. 94.
17. Cardenal I. d'Este al marqués F. Gonzaga, Eger, 21 de febrero, 4 de marzo de 1518; 20 de diciembre de 1519, Archivio di Stato de Mantua, Archivio Gonzaga (b.533).
18. P. Giovio, *Le vite di Leone Decimo e d'Adriano Sesto Sommi Pontifici e del Cardinale Pompeo Colonna,* Florencia, 1549; F. Petrucci in *Dizionario biografico degli italiani,* vol. 27, Roma, 1987, págs. 407 a 412.
19. Sobre estos acontecimientos véase Clough, «Clement VII and Francesco Maria della Rovere», págs. 85 a 92.
20. A. Da Mosto, «Ordinamenti militari delle soldatesche dello stato romano nel secolo XVI», *Quellen und Forschungen aus italienischen Archiven und Bibliotheken,* vol. VI, 1904, págs. 72 a 133 (en págs. 98 a 100).
21. P. Balan, *Roberto Boschetti e li avvenimenti italiani dei suoi tempi (1494-1529),* Modena, 1877, págs. 111 a 117. Clough, como más arriba, págs. 85 a 92.
22. F. Vettori, *Sommario della Storia d'Italia,* ed. E. Niccolini, Bari, 1972, pág. 181.
23. *Diarii de Marin Sanudo*, XXIV, cols. 149 a 247.
24. G. L. Moncallero, *Il Cardinale Bernardo Dovizi da Bibbiena,* Florencia, 1953, págs. 441 a 459 (en pág. 446); *ídem* en *Epistolario di Bernardo Dovizi da Bibbiena,* Florencia, 1955, vol. II, págs. 101 a 103 (carta del 18 de abril de 1517).
25. G. Gheri a Francesco Guicciardini, Reggio, 27 y 29 de julio de 1517, *Carteggi di Francesco Guicciardini,* R. Palmarocchi, ed., vol. II, Bolonia, 1939, n. 192, págs. 163-164.
26. J. Dennistoun, *Memoirs of the Dukes of Urbino,* Londres, 1851, vol. II, pág. 382; Moncallero, *Il Cardinale B. Dovizi,* pág. 458.
27. R. Devonshire-Jones, «Lorenzo de' Medici, Duca d'Urbino», en *Studies on Machiavelli,* ed. M. P. Gilmore, Florencia, 1972, págs. 299 a 315.
28. Pastor, ed. Kerr, vol. VII, pág. 215.
29. Ardinghelli en nombre del cardenal Giulio de' Medici a Antonio Pucci, 17 de noviembre de 1517, Setton, *Papacy and the Levant,* vol. III, pág. 174, de E. Guasti, ed., «I Manoscritti Torrigiani donati allo R. Archivio Centrale di Stato di Firenze», *Archivio storico italiano,* 3º, XXI, 1875, pág. 194.
30. F. Guicciardini a G. Gheri, Reggio, 18 de noviembre de 1517, *Carteggi,* Palmarocchi, ed., vol. II, n. 260, pág. 217.
31. Pastor, ed. Kerr, vol. VII, págs. 230 a 235; Setton, *Papacy and the Levant,* vol. III, págs. 172 a 180.
32. Guicciardini, *Storia d'Italia,* lib. 16, capítulo III.
33. *Ibídem*, citado por Ridolfi, *The Life of Francesco Guicciardini,* Londres, 1967, págs. 86 y 90.
34. R. Zapped en *Dizionario biografico degli italiani,* vol. XI, Roma, 1965, págs. 492 a 495.
35. Pastor, ed. Kerr, vol. VIII, págs. 5 a 8; Angelo Germanello al marqués F. Gonzaga, Roma, 17 y 24 de marzo de 1520, Archivio di Stato de Mantua, Archivio Gonzaga (b.864 c.610v, c.616r).
36. B. Castiglione al marqués Federico Gonzaga, Roma, 10 de julio, 12 de agosto de 1521, Archivio di Stato de Mantua, Archivio Gonzaga (b.865 cc.206v, 245r).

37. Del mismo al mismo, Roma, 19 de agosto de 1521 (*ibídem*, c.250r).
38. Del mismo al mismo, Roma, 23 de agosto de 1521 (*ibídem*, c.256r).
39. Del mismo al mismo, Roma, 24 de agosto de 1521 (*ibídem*, c.259r).
40. Del mismo al mismo, 28 de agosto, 14 de septiembre, 19 de septiembre de 1521 (*ibídem*, c.261r, 273v, 278r).
41. Del mismo al mismo, Roma, 2 de octubre de 1521 (*ibídem*, c.290).
42. Del mismo al mismo, Roma, 7 de octubre de 1521 (*ibídem*, c.297r).
43. Del mismo al mismo, 30 de octubre de 1521 (*ibídem*, c.324r).
44. *Diarii de Marin Sanudo*, XXXII, col. 162.
45. Pastor, ed. Kerr, vol. VIII, pág. 55 (n.).
46. Guicciardini, *Storia d'Italia,* vol. XI, pág. 8.
47. B. Castiglione al marqués Federico Gonzaga, Roma, 27 de noviembre de 1521, Archivio di Stato de Mantua, Archivio Gonzaga (b.865 c.355r).
48. Pastor, ed. Kerr, vol. IX, pág. 63.
49. *Ibídem*, pág. 57.
50. *Ibídem*, págs. 160-161; Jones, *Malatesta,* pág. 337.
51. *Ibídem*, págs. 206 a 208; Setton, *Papacy and the Levant,* vol. III, págs. 206 a 214.
52. *Ibídem*, págs. 211 a 214.
53. Guicciardini, *Storia d'Italia,* lib. II, capítulo XI.
54. *State Papers,* vol. VI, Royal Commission, Londres, 1844, pág. 89.
55. N. Machiavelli, *Lettere,* ed. F. Gaeta, Milán, 1961, págs. 413-414. Sobre el cardenal Salviati véase P. Hurtubise, *Une famille temoin: les Salviati,* Ciudad del Vaticano, 1985, sobre todo págs. 152 a 160 y 240 a 248.
56. Pastor, ed. Kerr, vol. IX, págs. 265 a 268.
57. Gianmatteo Giberti al cardenal Giovanni Salviati, legado de campo, Roma, 26 de febrero de 1526, Canestrini y Desjardins, *Negotiations,* vol. II, págs. 832-833. Sobre Giberti, véase A. Turchini en *Dizionario biografico degli italiani,* vol. 54, Roma, 2000, págs. 623 a 629.
58. P. Guicciardini, ed., *Scritti inediti di Francesco Guicciardini sopra la politica di Clemente VII dopo la battaglia di Pavia,* Florencia, 1940, págs. 105 a 113 (sobre todo págs. 111 a 113); Ridolfi, *Francesco Guicciardini,* pág. 147.
59. Pastor, ed. Kerr, vol. IX, pág. 317.
60. *Ibídem*, págs. 317 a 324.
61. Sobre sus acciones y motivaciones véase Clough, «Clement VII and Francesco Maria della Rovere», sobre todo págs. 101 y ss.
62. Pastor, ed. Kerr, vol. IX, págs. 313 a 316 y 351 a 353.
63. Giovio, *Vite di Leone X etc.,* págs. 560 a 597 y 630-631.
64. Pastor, ed. Kerr, vol. IX, apéndice 45.
65. *Diarii de Marin Sanudo*, XLII, Venecia, 1895, col. 681; J. Hook, *The Sack of Rome, 1527*, Londres, 1972, pág. 103.
66. J. R. Hale, *Artists and Warfare in the Renaissance,* New Haven, Conn., y Londres, 1990, capítulo 2, «The German Image of the Soldier», y *passim.*
67. Hook, *Sack of Rome,* pág. 186.
68. C. Milanesi, ed., *Il Sacco di Roma del MDXXVII: narrazioni di contemporani,* Florencia, 1867, págs. 474 y 477; Hook, *Sack of Rome,* págs. 168 a 170.
69. Hook, *Sack of Rome,* págs. 228 a 234 y 236-237.
70. J. E. Longhurst, ed., *Alfonso de Valdés and the Sack of Rome: Dialogue of Lactancio and an Archdeacon,* Albuquerque, N. Mex., 1952, pág. 34.
71. Costantini, *Il cardinale di Ravenna al governo di Ancona*, Pesaro, 1891, págs. 24 a 45 y 64 a 85.
72. *Ibídem*, pág. 414.
73. L. Fiumi, «La legazione del Cardinale Ippolito de' Medici nell'Umbria», *Bollettino della regia deputazione di storia patria per l'Umbria,* 5, 1899, págs. 481 a 587.

74. *Diarii de Marin Sanudo*, LVI, col. 817; Pastor, ed. Mercati, vol. IV (2), pág. 429 (cita carta de Peregrini, 21 de junio de 1532).
75. *Diarii de Marin Sanudo*, LVI, cols. 927 y 960.
76. Vasari, *Opere,* ed. Milanesi, VII, en págs. 441-442: «... [Tiziano] ritrasse ancora... il detto cardinale Ippolito de Medici con abito all'ungherese, ed in un'altro quadro più piccolo, il medesimo tutto armato».
77. *Diarii de Marin Sanudo*, LVI, col. 968; Pastor, ed. Mercati, vol. IV, pág. 437.
78. F. Peregrino al duque Federico Gonzaga, Roma, 25 de octubre de 1532, Archivio di Stato de Mantua, Archivio Gonzaga (b.881); *Diarii de Marin Sanudo*, LVII, cols. 46, 97, 133 y 197.
79. Del mismo al mismo, 17 de octubre de 1534, Archivio di Stato de Mantua, Archivio Gonzaga (b. 883 cc. 798r-v.)
80. Frati, *Spedizioni militari,* págs. 43, 123, 222 y 254 a 256.
81. A. Antonovics, «Counter-Reformation Cardinals 1534-1590», *European Studies Review,* 2, 1972, págs. 301 a 328.
82. F. Peregrino al duque Federico Gonzaga, 2 de febrero de 1537, Archivio di Stato de Mantua, Archivio Gonzaga (b. 887).
83. Del mismo al mismo, 9 de febrero de 1537, Archivio di Stato de Mantua, Archivio Gonzaga (b. 887 c. 16r).
84. Fiumi, «La legazione del Cardinale Ippolito de' Medici», págs. 568-569; Pastor, ed. Mercati, vol. V, Roma, 1959, págs. 196-197.
85. Peregrino al duque Federico Gonzaga, Roma, 21 de agosto de 1535, Archivio di Stato de Mantua, Archivio Gonzaga (b.885, c.478r); P. Pellini, ed. L. Faina, *Della Historia di Perugia,* vol. III, Perusa, 1970, págs. 572 a 576; Pastor, ed. Mercati, vol. V, págs. 216 a 221 y 726-727.
86. Peregrino al duque Federico Gonzaga, Roma, 18 de abril y 18 de mayo de 1540, Archivio di Stato de Mantua, Archivio Gonzaga (b. 888 cc. 25r, 32r). Sobre la experiencia militar de Gambara, G. Brunelli in *Dizionario biografico degli italiani,* vol. 52, Roma, 1999, págs. 63 a 68.
87. Pellini, *Historia di Perugia,* vol. III, págs. 626 a 633; *cf.* C. F. Black, «Perugia and Papal Absolutism», *English Historical Review,* 96, 1981, págs. 626 a 633; G. Bacile di Castiglione, «La Rocca Paolina di Perugia», *L'Arte,* VI, 1903, págs. 347 a 367.
88. Peregrino al duque Federico Gonzaga, Roma, 11 de agosto de 1536, Archivio di Stato de Mantua, Archivio Gonzaga (b. 886 c.89r); Pastor, ed. Mercati, vol. V, págs. 201 a 204 y 211 a 213. Sobre el cardenal Filonardi véase R. Becker en *Dizionario biografico degli italiani,* vol. 47, Roma, 1997, págs. 819 a 825.
89. C. Capasso, *Il papa Paolo III, 1534-1549*, Messina, 1924, vol. II, pág. 438.
90. Peregrino al duque Federico Gonzaga, Roma, 14 de enero de 1535, Archivio di Stato de Mantua, Archivio Gonzaga (b. 885 c.356r).
91. Peregrino al duque Federico Gonzaga, Roma, 13 de agosto de 1535, Archivio di Stato de Mantua, Archivio Gonzaga (b.885 c.471).
92. Del mismo al mismo, Roma, 11 de agosto 1536, Archivio di Stato de Mantua, Archivio Gonzaga (b.886 c.89r); Pastor, ed. Mercati, vol. V, págs. 201 a 204.
93. Del mismo al mismo, Roma, 12 de junio de 1537, Archivio di Stato de Mantua, Archivio Gonzaga (b.887 c.56r).
94. Del mismo al mismo, 25 de junio y 3 de julio de 1537, Archivio di Stato de Mantua, Archivio Gonzaga (b. 887 c. 71r).
95. Del mismo al mismo, Roma, 6 y 16 de agosto de 1537, Archivio di Stato de Mantua, Archivio Gonzaga (b.887 cc.80r, 84r).
96. Setton, *Papacy and the Levant,* vol. III, pág. 447 (donde se cita Archivio di Stato de Venecia (Senate Secreta, fol. 59 16r).
97. Peregrino al duque Federico Gonzaga, Roma, 11 de enero de 1538 (b.887 c. 525r).
98. P. Paschini, «La flotta papale alla Prevesa 1538», *Rivista di storia della Chiesa in Italia,* vol. V, 1951, págs. 55 a 74.
99. Capasso, *Paolo III,* vol. II, págs. 512 a 517 y 522-523; Pastor, ed. Mercati, vol. V, pág. 538; C. Robertson en *Dizionario biografico degli italiani,* vol. 45, pág. 57.

100. Véase fig. 1 arriba. Estaba reproducida en R. H. Bainton, *Erasmus of Christendom,* Fontana ed., Londres, 1972, pág. 133, y como fig. 22 en L. Partridge y R. Stern, *A Renaissance Likeness. Art and Culture in Raphael's Julius II,* Berkeley, Los Ángeles y Londres, 2003. Estoy muy agradecido a Liz McGrath y Opher Mansour por estas referencias.
101. A. Chastel, *El Saco de Roma,* Madrid 1989, *passim*; algunos de los *Passional* grabados están reproducidos aquí.
102. R. B. Scribner, *For the Sake of Simple Folk. Popular Propaganda for the German Reformation,* Cambridge, 1981, págs. 148 a 157.
103. Warburg Institute Photographic Collection (sátira religiosa).
104. *Luther's Works,* ed. R. C. Schultz, Filadelfia, 1967, vol. 46, págs. 168-169, de *Martin Luthers Werke,* 30 (2), Weimar, 1909, pág. 115. Agradezco al profesor Norman Housley por la referencia, parte de la cual él cita en *The Later Crusades,* pág. 380.
105. Pastor, ed. Mercati, vol. V, págs. 222 a 227.
106. C. Robertson, *Il gran cardinale: Alessandro Farnese, Patron of the Arts,* New Haven, Conn., y Londres, 1992, págs. 65 a 67.
107. R. Harpath, *Papst Paul III als Alexander der Grosse,* Berlín y Nueva York, 1978, págs. 27 a 35.
108. Annibal Caro, *Lettere familiari,* ed. A. Greco, Florencia, 1957-1961, vol. II, pág. 372, citado por Robertson, *Il gran cardinale,* pág. 67.
109. Varios autores, *Le Palais Farnese,* Roma, 1980, págs. 254 a 259; pls. 210a, 213b.
110. L. W. Partridge, «Divinity and Dynasty at Caprarola: Perfect History in the Room of Farnese Deeds», *Art Bulletin,* LX, 1978, págs. 494 a 530 (en págs. 518-519).
111. Scribner, *For the Sake of Simple Folk,* págs. 158-159, fig. 129.
112. Pastor, ed. Mercati, vol. VI, Roma, 1963, págs. 90 a 98; P. Balan, *Gli assedii della Mirandola di papa Giulio II nel 1511 e di papa Giulio III nel 1551 e 1552,* Mirandola, 1876, sobre todo págs. 44-45.
113. Pastor, ed. Mercati, vol. VI, págs. 380 y 392.
114. E. Gibbon, *Historia de la decadencia y caída del Imperio Romano,* Barcelona 2001.
115. Pastor, ed. Mercati, vol. VI, págs. 397 a 402.
116. *Ibídem*, pág. 403. Sobre Carlo, ver A. Prosperi, *Dizionario biografico degli italiani,* vol. 19, Roma, 1976, págs. 497 a 509.
117. Francesco Tonina al duque Guglielmo Gonzaga, 22 y 29 de julio de 1564, Archivio di Stato de Mantua, Archivio Gonzaga (b. 894 cc. 161r, 166r); Pastor, ed. Mercati, vol. VII, doc. 72, pág. 632, proporciona datos incorrectos.
118. Pastor, ed. Mercati, vol. VII, Roma, 1950, págs. 62 a 64, 395 a 397 y 528; Setton, *Papacy and the Levant,* vol. IV, Philadelphia, 1984, págs. 852 a 865.
119. Tosi, *Il Torneo di Belvedere,* págs. 54 y 71 a 112 (texto contemporáneo, págs. 126 a 164).

Capítulo 7

1. G. Lutz, «Das päpstliche Heer im Jahre 1667: apostolische Kammer und Nepotismus, romisches Militarbudget in der frühen Neuzeit», *Archivium Historiae Pontificiae,* 14, 1976, págs. 163 a 217 (págs. 175, n.12; 205-206 y 212).
2. J. Delumeau, *Vie économique et sociale de Rome dans la seconde moitiè du XVIe siècle,* vol. II, París, 1959, págs. 756 a 760.
3. Lutz, «Das papstliche Heer», págs. 170 a 175 y 182 a 192.
4. Pastor, ed. Mercati, vol. VIII, Roma, 1964, págs. 325 a 334.
5. C. Hirschaeur, *La politique de St Pie V en France (1566-1572),* París, 1922, págs. 21 a 25 y 30 a 49.
6. A. Herz, «The Sixtine and Pauline Tombs: Documents of the Counter Reformation», *Storia dell'Arte,* 41, 1981, págs. 241 a 262 (en págs. 257-258 y 261); E. Borsellino, «II monumento di Pio V in Santa Maria Maggiore», en M. Fagiolo y M. L. Madonna, *Sisto V,* vol. I, Roma, 1992, págs. 837 a 850, fig. 6; C. Pietrangeli, *La Basilica romana di Santa Maria Maggiore,* Florencia, 1987, pág. 234.

7. Setton, *The Papacy and the Levant,* vol. IV, pág. 904.
8. *Ibídem*, págs. 1.015-1.016; Pastor, ed. Mercati, vol. VIII, pág. 549.
9. Pastor, ed. Mercati, vol. VIII, págs. 530-531.
10. Castagna al cardenal Alessandrino, Madrid, 27 de enero de 1571 en L. Serrano, *Correspondencia diplomática entre España y la Santa Sede durante el pontificado de Pío V,* Madrid, 1914, vol. IV, págs. 170-171.
11. Pastor, ed. Mercati, vol. VIII, págs. 574 a 576.
12. N. M. Sutherland, *The Massacre of St Bartholomew and the European Conflict 1559-1572,* Londres, 1973, *passim*; pero *cf.* A. Lynn Martin, «Papal Policy and the European Conflict 1559-72», *Sixteenth Century Journal,* II, 1980, págs. 35 a 48.
13. P. Hurtubise, «Comment Rome apprit la nouvelle du massacre de la Saint-Barthelemy», *Archivium Historiae Pontificiae,* X, 1972, págs. 187 a 209 (en pág. 193); Pastor, ed. Cenci, vol. IX, Roma, 1955, págs. 354 a 366.
14. P. Fehl, «Vasari's Extirpation of the Huguenots: the Challenge of Pity and Fear», *Gazette des Beaux Arts,* 84 (2), 1974, págs. 257 a 283 (el subtítulo de Fehl, artículo más corto en alemán, «Gedanken über das Schreckliche in der Kunst», *Mitteilungen der Technischen Universität Carolo-Wilhelmina zu Braunschschweig,* IX, heft III/IV, 1974, págs. 71 a 85, parece más centrado en el tema).
15. *Ibídem*, pág. 264, fig. 7; Sutherland, *The Massacre,* pág. 55.
16. P. Renold, ed., *Letters of William Alien and Richard Barret 1572-78,* Londres, 1967, págs. 285-286.
17. Herz, «The Sixtine and Pauline Tombs», págs. 256 y 261, fig. 20; Pietrangeli, *La Basilica,* pág. 234.
18 Pastor, ed. Cenci, vol. X, Roma, 1955, págs. 390 a 395.
19. *Ibídem*, págs. 549-350.
20. P. Bartl, «Marcione verso Constantinopoli: zur Turkenpolitik Klemens VIII», *Saeculum,* XX, 1969, págs. 44 a 66.
21. B. Barbiche, «La politique de Clement VIII a l'egard de Ferrare et 1'excommunication de Cesar d'Este», *Melanges d'Archeologie et d'Histoire,* LXXIV, 1962, págs. 290 a 328; L. von Ranke, *History of the Popes,* Bohn ed., Londres, 1880, vol. II, págs. 69 a 76.
22. Pastor, ed. Cenci, vol. IX, pág. 607.
23. Gibbon, *Historia de la decadencia y caída del Imperio Romano,* Barcelona 2001.
24. Herz, «The Sixtine and Pauline Tombs», págs. 256 a 262, figs. 11-14, 19; Pietrangeli, *La Basilica,* págs. *264* y 266-267.
25. T. Campanella, *Monarchia Messiae: con due Discorsi della libertà e della felice suggezione allo stato ecclesiastico,* 1633, facsímil ed. L. Firpo, Turín, 1973, sobre todo capítulo X.
26. Giovanni Magno al duque Vincenzo I Gonzaga, Roma, 26 de agosto de 1606, Archivio di Stato de Mantua, Archivio Gonzag (ab.981 c.328r).
27. W. J. Bouwsma, *Venice and the Defense of Republican Liberty,* Berkeley Cal., y Londres, 1984, págs. 374 a 377 y 390-391.
28. G. Botero, *Della... repubblica veneta e Discorso intorno allo stato della Chiesa,* Venecia, 1605, págs. 110 a 122.
29. Von Ranke, *History of the Popes,* vol. III, apéndice 23, págs. 326-327.
30. Barbieri, *Industria e Politica Mineraria,* en pág. 51 carta del 23 de junio de 1629, Biblioteca Apostolica Vaticana (MS Vat. Urb. 1099 fols. 369v-70r).
31. Pastor, ed. Cenci, vol. XIII, Roma, 1961, págs. 865 a 867; sobre el cardenal Barberini, A. Merola en *Dizionario biografico degli italiani,* vol. 7, Roma, 1964, págs. 156 a 160.
32. L. Gambi y A. Pinella, ed., *La Galleria delle Carte Geografiche in Vaticano,* Mirabilia Italiae I, Módena, 1994, págs. 398 y 400 a 403.
33. Pastor, ed. Cenci, vol. XIII, pág. 304.
34. *Ibídem*, págs. 271 a 273; Giacinto Gigli, ed. G. Riccioti, *Diario romano 1608-70,* Roma, 1958, pág. 121; Dennistoun, *Memoirs of the Dukes of Urbino,* vol. III, Londres, 1851, págs. 203 a 210 y 232-233.
35. Gigli, *Diario,* págs. 200-201.

36. Pastor, ed. Cenci, vol. XIII, págs. 883 a 895; Gigli, *Diario,* págs. 212 a 220 y 243.
37. Biblioteca Apostolica Vaticana (MS Barberini, lat. 6157, fols. 20r-36v, con notas de Pastor, ed. Cenci, vol. XIII, pág. 898). Agradezco a Letizia Panizza por la información sobre Ferrante Pallavicino.
38. Lutz, «Das päpstliche Heer», págs. 182 a 192.
39. Prodi, *The Papal Prince,* págs. 158 y 179; O. Chadwick, *The Popes and European Revolution,* Oxford, 1981, págs. 254-255.
40. Pastor, ed. Cenci, vol. XV, págs. 27 a 54; Chadwick, *The Popes and European Revolution,* pág. 276.
41. I. Raulich, «Il cardinale Alberoni e la repubblica di San Marino», *Archivio storico italiano,* XXXIX, 1907, págs. 352 a 395 (sobre todo págs. 370 a 381).
42. G. Filippone, *Le relazioni tra lo Stato Pontificio e la Francia rivoluzionaria: Storia Diplomatica del Trattato di Tolentino,* vol. I, Milán, 1961, págs. 22 a 30 (carta a Catalina la Grande, nota 12, pág. 25); *cf.* Lutz, «Das päpstliche Heer», pág. 211.
43. Pastor, ed. Cenci, vol. XVI (3), Roma, 1955, págs. 548-549.
44. Filippone, *Le Relazioni,* vol. II, Milán, 1967, apéndice 15, pág. 679.
45. *Ibídem*, págs. 582 a 586, 608 a 616 y 628.
46. *Ibídem*, págs. 629 a 633.
47. *Ibídem*, apéndice 24, págs. 689-690.
48. Pastor, ed. Cenci, vol. XVI (3), Roma, 1955, págs. 633-634; G. Gendry, *Pie VI: Sa Vie. Son Pontificat,* París, 1906, págs. 308 a 310; sobre Consalvi, A. Roveri in *Dizionario biografico degli italiani,* vol. 28, Roma, 1983, págs. 33 a 43.
49. D. Sachinelli, *Memorie storiche sulla vita del cardinale Fabrizio Ruffo: tutte le contestazioni dell'abate Sanfedista,* Nápoles, 1833; reimp. 1999, págs. 127-128.
50. B. Croce, ed., *Lettere del cardinale Ruffo: la riconquista del Regno di Napoli nel 1799,* Bari, 1943; reimp. Nápoles, 1999, págs. 16, 29, 53 y 70.
51. Sachinelli, *Memorie storiche,* págs. 196-197.
52. *Ibídem*, págs. 191-192.
53. A. Latreille, *Napoleon et le Saint Siege (1801-1808): L'Ambassade du Cardinal Fesch a Rome,* París, 1935, *passim*.
54. *Ibídem*, págs. 433 a 583.
55. Sobre las carreras de Bernetti y Benvenuti, G. Pignatelli in *Dizionario biografico degli italiani,* vol. 9, Roma, 1967, págs. 338 a 343; *ídem* en *Dizionario biografico degli italiani,* vol. 8, Roma, 1966, págs. 667 a 671.
56. O. Chadwick, *A History of the Popes 1830-1914,* Oxford, 1998, págs. 2-3.
57. L. Pasztor, «I cardinali Albani e Bernetti e l'intervento austriaco nel 1831», *Rivista di storia della Chiesa in Italia,* 8, 1954, págs. 95 a 115; *ídem*, «L'intervento austriaco nello Stato pontificio nel 1832 e i cardinali Albani e Bernetti», *Studi romagnoli,* VIII, 1957, págs. 529 a 595.
58. *Ibídem*, pág. 68.
59. P. Pirri, «L' Amnistia di Pio IX nei documenti ufficiali», *Rivista di storia della Chiesa in Italia,* 8, 1954, págs. 207 a 232.
60. Chadwick, *History of the Popes,* págs. 77 a 79.
61. *Ibídem*, págs. 80 a 83.
62. G. M. Trevelyan, *Garibaldi's Defence of the Roman Republic,* Londres, 1907; library edn, 1921, págs. 92-93 y 189-190.
63. R. Aubert, *Dizionario biografico degli italiani,* vol. 3, Roma, 1961, págs. 484 a 493; Chadwick, *History of the Popes,* págs. 92 a 94 y *passim*.
64. N. Blakiston, ed., *The Roman Question: Extracts from the Despatches of Odo Russell from Rome, 1858-70,* Londres, 1962, n. 11, pág. 11.
65. Odo Russell a Earl de Malmesbury (secretario de Asuntos Exteriores), Roma, 24 de junio de 1859; *ídem* a Lord John Russell, 7 de julio de 1859, (*ibídem*, nos 28, 31, págs. 28 y 32-33).
66. *Ídem* a lord John Russell, Roma, 16 de septiembre de 1859 (*ibídem*, n. 46, págs. 49-50).

67. F. Althaus, ed., *The Roman Journals of Ferdinand Gregorovius 1852-74,* Londres, 1907, pág. 59.
68. E. G. Odo Russell a lord John Russell, Roma, 22 de julio de 1859 (Blakiston, *The Roman Question,* n. 36, pág. 40).
69. Del mismo al mismo, Roma, 3, 7, 17 y 18 de abril de 1860 (*ibídem*, núms. 93 a 97, págs. 96 a 100). Sobre Lamoriciere véase también Chadwick, *History of the Popes,* págs. 149-150.
70. Del mismo al mismo, Roma, 3 y 12 de julio de 1860 (*ibídem*, núms. 118 y 121, págs. 115 y 118-119).
71. Del mismo al mismo, Roma, 25 de septiembre de 1860 (*ibídem*, n. 134, pág. 131).
72. Del mismo a Earl Russell, Roma, 26 de julio de 1862 (*ibídem*, n. 240, pág. 236).
73. Del mismo al conde de Clarendon, Roma, 10 de noviembre de 1865 (*ibídem*, n. 330, pág. 318); Chadwick, *History of the Popes,* págs. 166-167.
74. Del mismo a lord Stanley, Roma, 26 de marzo de 1868 (*ibídem*, n. 383, pág. 351).
75. Tosi, *Il Torneo,* pág. 67.
76. Chadwick, *History of the Popes,* págs. 218, 280 y 345-346.

Epílogo

1. Tratado por Marina Warner, «Who's sorry now? What apology means in the modem world», *Times Literary Supplement,* 1 de agosto de 2003, págs. 10 a 13.
2. Erasmo, *Querela Pacis,* ed. A. H. T. Levi, en *Collected Works of Erasmus, Literary and Educational Writings,* vol. 5, Toronto etc., 1986, pág. 307.

Relación de abreviaturas

AHP	Archivium Historiae Pontificiae
ASDM, AMV	Archivo Diocesano, Mantua, Archivio Mensa Vescovile
ASF MAP	Archivio di Stato, Florencia, Medici avanti Principato
ASI	Archivio storico italiano
ASL	Archivio storico lombardo
ASMn, AG	Archivio di Stato, Mantua, Archivio Gonzaga
ASMil, Sforzesco, PE	Archivio di Stato, Milan, Fondo Sforzesco, Potenze Estere
ASMod, Estense	Archivo di Stato, Módena, Archivo Estense
ASRSP	Archivo della società romana di storia patria
ASV	Archivio di Stato, Venecia
AV	Archivio Veneto
b.	busta (carapeta)
BAV	Biblioteca Apostólica Vaticana
BL	British Library
BMV	Biblioteca Marciana, Venecia
BUB	Biblioteca Universitaria, Bolonia
c.	carta (página)
cart.	cartella (carpeta)
DBI	Dizionario biografico degli italiani
DHGE	Dictionnaire d'Histoire et de Géographie Ecclésiastiques
DMS	Diarii de Marin Sanudo (ed. F. Stefani, R. Fulin et al. 58 vols.,Venecia,1879-1902)
EHR	English Historical Review
esp.	especialmente
GSLI	Giornale storico della letteratura italiana
n. s.	nueva serie
anv. y rev.	anverso y reverso
	Migne, París, 1844-64
Pastor	L. Pastor, Geschichte der Päpste (varios volúmenes y ediciones); traducciones cita-

	das, History of the Popes o Storia dei Papi, con nombre del editor o del traductor y fecha de publicación.
PL	Patrologiae cursus completus, Series latina, ed. J-P.
QF	Quellen und Forschungen aus italianischen Arocchiven und Bibliotheken
repr.	Reimpresión
RIS	Rerum Italicarum Scriptores, et L. Muratori, revisado por editores posteriores
transl.	trad.

Bibliografía

Debido al largo espacio de tiempo que abarca este libro, y a los saltos de tiempo, la bibliografía se presenta en tres secciones cronológicas; la segunda y más larga de ellas es la referente al periodo entre medidos del siglo XV y principios del XVI, corresponde al cuerpo central y a la mayoría de las secciones específicas del libro (última parte del capítulo 2 al capítulo 6). Aunque no se cita aquí cada título de los que aparecen en las notas bibliográficas, la mayor parte de éstos se han citado más de una vez, y todos los que aparecen en más de un capítulo están marcados con un asterisco (*). Las fuentes inéditas se enumeran por separado al final de la bibliografía.

I. EDAD MEDIA

(capítulo 1, parte del capítulo 2, hasta *circa* 1430)

Broderick, J. F, «The Sacred College of Cardinals: Size and Geographical Composition».
AHP, 25, 1987, págs. 7 a 71 (*).

Ciaccio, L., *Il cardinale legato Bertrando del Poggetto in Bologna 1327-34,* Bolonia, 1902, Cornides, E., *Rose und Schwert im päpstlichem Zeremoniell von den Anfdngen bis zum.*

Pontifical Gregors XIII, Viena, 1967; Cowdrey, H. E. J., *Pope Gregory VII, 1073-85,* Oxford, 1998); Duchesne, L., ed., *Le Liber Pontificalis,* 3 vols., París, 1981, vol. 1; Dupre Theseider, E., *Santa Caterina da Siena: Epistolario I,* Roma, 1940, Erdmann, C., Marshall W. y Goffat, W., *The Origins of the Idea of Crusade,* Princeton, 1977.

Gushing, K., «Anselm and Coercion: A Legal Form of Persuasion», en *The Papacy and Law in the Gregorian Reformation: The Canon Law Works of Anselm of Lucca,* Oxford, 1998.

Filippini, F., *Il cardinale Egidio Albomoz,* Bolonia, 1937; Finke, H., *Acta Aragonensia,* Bd. 1, Berlin y Leipzig, 1908; Giovanni da Legnano, ed. Erskine Holland, T., *Tractatus de bello, de represaliis et de duello,* Oxford, 1917.

Gori, G., «L'eccidio di Cesena nel 1377», AS/, n.s., 8, II, 1858, págs. 3 a 37; Gregorovius, E, A., *A History of the City of Rome in the Middle Ages,* 6 vols. (edición revisada, Londres, 1905; reimpresión. Nueva York, 2000-2004) (*); Holmes, G., «Cardinal Beaufort and the Crusade against the Hussites», *EHR,* 88, 1973, págs. 721 a 750; Housley, N., *The Italian Crusades: The Papal-Angevin Alliance and the Crusades against the Lay Powers 1254-1343,* Oxford, 1982 (*).

Kantorowicz, E., *Frederick the Second,* Londres, 1931; Kuttner, S., «Cardinalis: the Growth of a Canonical Concept», *Traditio,* 3, 1945, págs. 129 a 214.

Marsilio de Padua, A., *Defensor Pads,* Nueva York, 1956; reimpresión. 1967; Mollat, G., *Les papes d'Avignon,* 9ª ed., París, 1949; *The Popes at Avignon,* Londres etc., 1963.

Moroni, G., *Dizionario di Erudizione storica ecclesiastica,* 103 vols., Venecia, 1845.
Partner, P., *The Papal State under Martin V,* Londres, 1958.
Ídem, The Lands of St Peter, Londres, 1972 (*).
Reh, F., *Kardinal Peter Capocci: ein Staatsmann und Feldherr des XIII. Jahrhunderts,* Berlín, 1933.
Soranzo, G., *La Guerra fra Venezia e la Santa Sede per il dominio di Ferrara 1308-13,* Città di Castello, 1905.
Stácul, P., *Il cardinale Pileo da Prata,* Roma, 1957; Swanson, R., «"The Way of Action": Pierre d'Ailly and the Military Solution to the Great Schism», en Shells, W. J., ed., *The Church and War,* Studies in Church History, 20, Oxford, 1963.
Theiner, A., *Codex Diplomaticus Dominii Temporalis Sanctae Sedis,* vols. 2-3, Roma, 1862 (*).
Throop, Palmer A., *Criticism of the Crusade,* Amsterdam, 1940.
Ullmann, W., *The Growth of Papal Government in the Middle Ages,* edición revisada, Londres, 1965.
Waley, D., «Papal armies in the thirteenth century», *EHR,* LXXI, 1957, págs. 1 a 30.
Ídem, The Papal State in the Thirteenth Century, Londres, 1961.
Westenholz, E. von, *Kardinal Rainer von Viterbo.* Heidelberg, 1912.
Wilks, M. J., *The Problem of Sovereignty in the Middle Ages,* Cambridge, 1963.

II. RENACIMIENTO

(final del capítulo 2 hasta el capítulo 6, *circa* 1430-1565)

Ammannati Piccolomini, Jacopo, *Lettere,* ed. Cherubini, P., 3 vols., Roma, 1997.
Antonovics, A., «Counter-Reformation Cardinals 1534-90», *European Studies Review,* 2, 1972, págs. 301 a 328 (*); Balan, P., *Roberta Boschetti e li avvenimenti italiani dei suoi tempi (1494-1529),* Modena, 1877.
Ídem, Gli assedii della Mirandola di papa Giulio II nel 1511 e di papa Giulio II nel 1551 e 1552, Mirandola, 1876.
Barbieri, G., *Industria e Politica Mineraria nello Stato Pontificio dal '400 al '600,* Roma, 1940.
Beani, G., *Niccolò Forteguerri cardinale di Teano: notizie storiche,* Pistoia, 1891.
Benziger, W., *Zur Theorie von Krieg und Frieden in der italienischen Renaissance: Die Disputatio de pace et bello zwischen Bartolomeo Platina und Rodrigo Sánchez de Arévalo und andere anldsslich der Pax Paolina (Rom 1968) entstandene Schriften,* Frankfurt, etc., 1996.
Bernardy, A. A., «Il cardinal Teano e la Repubblica di San Marino», *Bulletino storico pistoiese,* IV, 1902, págs. 112 a 120; Black, A., *Monarchy and Community: Political Ideas in the Later Conciliar Controversy 1430-50,* Cambridge, 1970.
Büchi, A., *Korrespondenzen und Akten zur Geschichte des Kardinals Mattäeus Schiner,* vol.1, Basilea, 1920.
Ídem, Kardinal Mattäeus Schiner als Staatsmann und Kirchenfurst, vol. 1, Zurich, 1923.
Burckhardus, J., *Liber Notarum, RIS,* vol. XXXII (1), ed. Celani, E., Città di Castello, 1907-1910.
Calzona, A., *et al.*, ed., *Il sogno di Pio II e il viaggio da Roma a Mantova,* Città di Castello, 2003.
Canestrini, G., y Desjardins, A., *Negotiations diplomatiques de la France avec la Toscane,* vol. 2, París, 1861.
Capasso, C., *Il papa Paolo III, 1534-49,* 2 vols., Messina, 1924.
Caravale, M., y Caracciolo, A., *Lo Stato Pontificio da Martino V a Pio X,* Turín, 1978.
Chambers, D. S., *Cardinal Bainbridge in the Court of Rome,* Oxford, 1965.
Ídem, «Virtù militare del cardinal Francesco Gonzaga», reimpreso en Chambers, D. S., *Renaissance Cardinals and their Worldly Problems,* Aldershot, 1997.
Ídem, A Renaissance Cardinal and his Worldly Goods: The Will and Inventory of Francesco Gonzaga (1444-83), Londres, 1992.
Ídem, «What made a Renaissance cardinal respectable? The case of Cardinal Costa», *Renaissance Studies,* 12, 1998, págs. 87 a 108.
Ídem, «The Enigmatic Eminence of Cardinal Sigismondo Gonzaga», *Renaissance Studies,* 16, 2002, págs. 330 a 354; *Ídem,* «Tommaso Parentucelli vice-camerlengo: problemi attorno la Camera Apostolica e il governatorato di Roma», en E. Vecchi, ed., *Papato, stati regionali e Lunigiana nell'età di Niccolò V,* actas de las jornadas de estudio, mayo de 2000, La Spezia, 2004, págs. 59 a 71.

Clough, C. H., «Clement VII and Francesco Maria della Rovere, Duke of Urbino», en Gouwens, K. y Reiss, S.E., eds., *The Pontificate of Clement VII: History, Politics, Culture,* Aldershot, 2005, págs. 75 a 108.

Condivi, A., ed. Nencioni, G., *Vita di Michelagnolo Buonarotti,* Florencia, 1998.

Cortesi, P., *De Cardinalatu,* Castro Cortese, 1510.

Costantini, E., *Il cardinale di Ravenna al governo di Ancona,* Pesaro, 1891.

Cranach., L., *Passional Christi und Antichristi,* Wittenberg, 1521.

Da Bisticci, Vespasiano da, *Le Vite,* ed. Greco, A., 2 vols., Florencia, 1970-1976.

Da Mosto, A., «Ordinamenti militari delle soldatesche dello stato romano dal 1430 al 1470», *QF,* vol. V, 1903, págs. 19 a 34.

Ídem, «Ordinamenti militari delle soldatesche dello stato romano nel secolo XVI», *QF,* vol. VI, 1904, págs. 72 a 133.

De' Conti, Sigismondo, *Libri historiarum sui temporis,* Roma, 1883.

De Grassis, Paris de, *Le Due Spedizioni militari di Giulio II tratte dal Diario di Paride de' Grassi Bolognese,* ed. Frati, L., Bolonia, 1886.

De Vincentiis, A., *Battaglie di Memoria: gruppi, intellectuali, testi e la discontinuità del potere papale,* Roma, 2002.

Della Tuccia, N., en Ciampi, I., ed., *Cronache e statuti della città di Viterbo,* Florencia, 1872.

Delumeau, J., *Vie economique et sociale de Rome dans la seconde moitie du XVIe siecle,* 2 vols., París, 1957-1959 (*).

Dennistoun, J., *Memoirs of the Dukes of Urbino,* 3 vols., Londres, 1851 (*).

Erasmus, Desiderius, *Collected Works in English: Letters,* vols. 1, 3 y 12, ed. Mynors, R. A. B., Toronto y Buffalo, 1974-2003; ed., Levi, A. H. T, *Collected Works in English: Literary and Educational Writings,* vol. 27, Toronto, Buffalo y Londres, 1986; «Julius Excluded from Heaven: A Dialogue», M. J., págs. 155 a 197.

Esch, A., «Importe in Rom der Frührenaissance», *Studi in memoria di Federigo Melis,* vol. III, Nápoles, 1978; Finlay, R., «Venice, the Po Expedition and the End of the League of Cambrai», *Studies in Modern European History and Culture,* 2, 1976, págs. 37 a 72.

Fumi, L., «La legazione del Cardinal Ippolito de' Medici nell'Umbria», *Bollettino della regia deputazione di storia patria per I'Umbria,* 5, 1899, págs. 481 a 587.

Giovio, P., *Le vite di Leone Decimo e d'Adriano Sesto Sommi Pontefici et del Cardinal Pompeo Colonna,* Florence, 1549.

Giustinian, Antonio, P., *Dispacci,* 3 vols., ed. Villari, Florencia, 1876.

Gómez-Canedo, L., *Un Español al Servicio de la Santa Sede: Don Juan de Carvajal, Cardenal de Sant'Angelo legado en Alemania y Hungría (1392-1469),* Madrid, 1947.

Gottlob., A., *Aus der Camera Apostolica,* Innsbruck, 1889.

Gozzadini, G., «Di alcuni avvenimenti in Bologna e nell'Emilia dal 1506 al 1511 e dei Cardinali Legati A. Ferrerio e F. Alidosi», *Atti e Memorie della R. deputazione di storia patria per le province di Romagna,* 3ª ser., IV, 1886, págs. 67 a 176 (part. 1); VII, 1889, págs. 161 a 267 (part. 2).

Guasti, E., «I Manoscrittti Torrigiani donati allo R. Archivio Centrale di Stato di Firenze», *ASI,* 3ª ser., XXI, 1875.

Guicciardini, R, *Carteggi,* ed. Palmarocchi, R., vol. 2, Bolonia, 1939.

Ídem, ed. Menchi, S., *Storia d'Italia,* Turín, 1971.

Ídem, ed. Guicciardini, P., *Scritti inediti di Franceso Guicciardini sopra la politica di Clemente VII dopo la battaglia di Pavia,* Florencia, 1940.

Hale, J. R., «The Early Development of the Bastion», en Hale, J. R., *et al.*, eds., *Europe in the Later Middle Ages,* Oxford, 1965.

Hankins, J., «Renaissance crusaders: humanist crusade literature in the age of Mehmed II», Dumbarton Oaks Papers, 29, 1955, págs. 111 a 201.

Hill, G., *A Corpus of Italian Medals before Cellini,* Londres, 1930.

Infessura, S., *Diario della città di Roma,* ed. Tommasini, O., Roma, 1890.

Jones, P. J., *The Malatesta of Rimini and the Papal State,* Cambridge, 1974.

Law, J. E., «Giovanni Vitelleschi: "prelato guerriero"», *Renaissance Studies,* 12, 1998, págs. 40 a 66.

Luzio, A., «La Reggenza d'Isabella d'Este durante la prigionia del marito (1509-10)», *ASL,* ser. 4, XIV, 1910, págs. 5 a 104.

Ídem, 'Federigo Gonzaga ostaggio alia corte di Giulio II', *ASRSP,* 9 (1886), págs. 509-82

Ídem, 'Isabella d'Este di fronte a Giulio II negli ultimi tre anni del suo pontificato', (1) ,451, ser. 4, XVII (1912), págs. 245-334; (2) XVIII (1912) págs. 55-144, pp.392-456

Machiavelli, N., ed. Burd, A., *El príncipe* (Madrid 1998) Ídem, ed. Bertelli, S., *Legazioni e Commissarie,* 3 vols (Milán, 1968) Ídem, ed. Gaeta, E, *Lettere* (Milán, 1961)

Mallett, M., *Mercenaries and their Masters: Warfare in Renaissance Italy* (Londres, 1974)

Ídem, *The Borgias* (Londres, 1969)

Manetti, G., ed. Muratori, L., *Vita Nicholai Quinti, RIS,* vol. Ill, 2 (Milán, 1724); Modigliano, A., transl. y ed., *Vita di Nicold V* (Roma, 1999)

Mencarelli, G., ed., *I Vitelleschi: fonti, realta e mito* (Tarquinia, 1998) Miglio, M., ed., *Un pontificato ed una citta: Sisto IV* (Ciudad del Vaticano, 1986)

Ídem, 'Valla e l'ideologia municipale romana nel De falso credita et emendita Constantini donatione', in *Italia e Germania: Liber Amicorum Arnold Esch*(Tubinga, 2001), págs. 226-33.

Moncallero, G.L., *// Cardinale Bernardo Dovizi da Bibbiena* (Florence, 1953)

Ídem, *Epistolario di Bernardo Dovizi da Bibbiena,* 2 vols (Florencia, 1955)

Müntz, E., *Les arts a la cour des papes pendant le 15e et le 16e siecle,* vol. I (Paris, 1878)

Pagliucchi, P., *I Castellani di Castel Sant'Angelo* (Rome, 1906-9; repr. 1973)

Partner, P., *The Pope's Men* (Oxford, 1990)

Partridge, L., and Starn, R., *A Renaissance Likeness: Art and Culture in Raphael's Julius II* (Berkeley, Los Angeles, Londres, 1980)

Paschini, P., *Lodovico Cardinal Camerlengo* (Rome, 1939)

Ídem, 'La flotta papale alia Prevesa', *Rivista di storia della Chiesa in Italia,* 5 (1951), pp.55-74

Ídem, *Il carteggio fra Marco Barbo e Giovanni Lorenzi* (Ciudad del Vaticano, 1969)

Pastor, L., *Geschichte derPapste seit der Ausgang des Mittelalters* (1st German edn, vol. 1, 1884); traduc. y ed. (from 6th German ed.) por Antrobus, R, vols I-VI, vols.

VII-VIII, por R.F. Kerr (Londres, 1923); versión italiana revisada, vols I-VIII, ed. Mercati, A., *Storia dei Papi* (diversas fechas, Roma, 1950-64); vols. IX-XVI, trad.

y ed. P. Cenci (Roma, 1955-58)

Pellegrini, M., *Congiure di Romagna: Lorenzo de' Medici e il duplice tirannicidio a Forli e a Faenza nel 1488* (Florencia, 1999)

Ídem, 'II profile politico-istituzionale del cardinalato', in Chiabo, M., ed., *Roma di fronte ad Europa al tempo di Alessandro VI* (Rome, 2001)

Ídem, *Ascanio Maria Sforza la parabola politico di un cardinale-principe del R inascimento, 2* vols. (Roma, 2002)

Petersohn, J., *Ein diplomat des Quattrocento: Angela Geraldini* (1422-86) (Tubinga, 1985)

Piccolomini, Aeneas Silvius, see Pius II

Picotti, G.B., *La Dieta di Mantova e la politica de' veneziani* (Venecia, 1912)

Ídem, *La giovinezza di Leone X* (Milán, 1928; reimpr. Roma, 1981)

Pietrangeli, C., ed., *II Palazzo Apostolico Lateranense* (Roma, 1991) Pius II, ed. van Heck, A., *Commentarii, 2* vols (Ciudad del Vaticano, 1984); ed.Gragg, F.A.,y Gabel, L.G., *The Commentaries of Pius II,* Smith College Studies in History, Northampton, Mass., 1937-57.

Piva, *La guerra di Ferrara del 1482: Periodo Secondo* (Padua, 1894)

Platina, B., ed. Zimolo, G.C., *Vita Pii II, RIS,* vol. Ill (3) (Citta di Castello, 1964)

Prodi, P., *Il sovrano pontefice* (Bolonia, 1982; reimpr. 1999); S., *ThePapal Prince: One Body and Two Souls: the Papal Monarchy in Early Modern Europe*

(Cambridge, 1987)

Ratti, A., 'Quarantatre lettere originali di Pio II relative alia Guerra per la successione nel reame di Napoli 1460-63', *ASL,* ser. 3, XIX (1903), págs. 263-93

Rees, V., 'Ficino's advice to Princes', in Alien, M.J.B., et al., eds, *Marsilio Ficino: his Theology, his Philosophy, his Legacy* (Leiden, 2001) pp.339-57

Robertson, C., *Il gran cardinale. Alessandro Farnese, Patron of the Arts* (New Haven, Conn., y Londres, 1992) Robertson, L, 'Pietro Barbo - Paul II: *Zentilhomo de Venecia e Pontifico',* in Chambers, D.S., et al., eds, *War, Culture and Society in Renaissance Venice* (Londres, 1993)

Ídem, *Tyranny under the Mantle ofSt Peter: Pope Paul II and Bologna* (Turnhout, 2002)

Sanudo, Marin, ed. Fulin, R. et al., / *Diarii,* 57 vols. (Venice, 1879-1903; repr.Bolonia, 1969-70)
Scribner, R., *For the Sake of Simple Folk. Popular Propaganda for the German Reformation* (Cambridge, 1981)
Setton, K., *The Papacy and the Levant,* 4 vols.(Philadelphia, 1978-84)
Shaw, C., *Julius II: The Warrior Pope* (Oxford, 1993) Sigmund, P.E., *Nicholas of Cusa and Medieval Political Thought* (New Haven, Conn.,1963)
Soranzo, G., *Pio II e la politica italiana nella lotta contra i Malatesta 1457-63* (Padua,1911)
Tosi, M., *Il Tomeo di Belvedere in Vaticano e I Tomei in Italia nel Cinquecento* (Roma, 1946)
Valentini, G., 'La sospensione della crociata nei primi anni di Paolo II (1464-68):Chiereghino Chiericati e il suo trattatello della Milizia', *AHP,* XIV, 1976, págs. 71-101.
Vasari, G., ed. Milanesi, G., *Opere,* vol. VII (Florencia, 1876; repr. 1906, 1998)*
Woodward, W.H., *Cesare Borgia* (Londres, 1913)
Zorzi, G., 'Un vicentino alia corte di Paolo II', *Nuovo Archivio Veneto,* 30 (1915), págs. 369-434.

III. MÁS TARDE (HASTA 1870)

Barbiche, B., 'La politique de Clement VIII a l'egard de Ferrare et l'excommunication de Cesar d'Este', *Melanges d'Archeologie et d'Histoire, 74* (1962), págs. 290-328 Blakiston, N., *The Roman Question: Extracts from the Despatches ofOdo Russell from Rome 1858-70* (Londres, 1962)
Botero, G., *Delia...republica veneta e Discorso intorno allo stato della Chiesa* (Venecia, 1605)
Campanella, T., *Monarchia Messiae: con due Discorsi della libertd e della felice suggezione allo stato ecclesiastico,* 1633 (facsímil ed. Firpo, L., Turín, 1973) Chadwick, O., *The Popes and European Revolution* (Oxford, 1981)
Ídem, *A History of the Popes 1830-1914* (Oxford, 1998) Croce, B., ed., *Lettere del cardinale Ruffo: la riconquista del Regno di Napoli nel 1799* (Bari, 1943; reimpr. Naples, 1999)
Delumeau, J., *Vie economique et sociale de Rome dans la seconde moitie du XVIe siecle, 2* vols. (París, 1957-59)* Fehl, P., 'Vasari's «Extirpation of the Huguenots»: the Challenge of Pity and Fear', *Gazette des Beaux Arts,* 84 (2) (1974), págs. 257-83
Filippone, G., *Le relazioni tra lo Stato pontiftcio e la Francia rivoluzionaria: Storia Diplomatica del Trattato di Tolentino, 2* vols (Milán, 1961, 1967)
Gambi, L., and Pinella, A., eds, *La Galleria delle Carte Geograftche in Vaticano,* Mirabilia Italiae, I (Modena, 1994)
Gigli, G., ed., Riciotti, G., *Diario romano 1608-70* (Roma, 1958)
Latreille, A., *Napoleon et le Saint Siege (1801-08): l'Ambassade du Cardinal Fesch a Rome* (París, 1935) Pastor, L., como arriba, *Storia del papi,* Mercati, A., ed., vol. VIII (Roma, 1964); Cenci, P., ed., vols. IX-X (Roma, 1955), XIII (Roma, 1961), XVI, 3 (Roma, 1955)
Pasztor, L., 'I cardinal! Albani e Bernetti e l'intervento austriaco nel 1831', *Rivista di storia della Chiesa in Italia,* 8 (1954), págs. 95-115
Ídem, 'L'intervento austriaco nello Stato pontificio nel 1832 e i cardinal! Albani e Bernetti', *Studi romagnoli,* 8 (1957), págs. 529-95
Pietrangeli, C., *La Basilica romana di Santa Maria Maggiore* (Florencia, 1887)
Ranke, L. von, E., *History of the Popes,* 3 vols. (Bonn edn, Londres, 1880)*
Raulich, L, 'II cardinal Alberoni e la repubblica di san Marino', ,457,39 (1907), págs. 352-95
Sachinelli, D., *Memorie storiche sulla vita del cardinale Fabrizio Ruffo: tutte le contestazioni dell'abate Sanfedista* (Nápoles, 1833; repr., 1999)

FUENTES NO PUBLICADAS

London, British Library
Additional MS 8443

Mantua, Archivio di Stato Archivio Gonzaga
Busta 533 (Corrispondenza Extranjera: Hungrñia)
Busta 663 (Francia)
Buste 840-981 (Roma): 840 c.410; 841 cc.54, 59, 62, 74-6, 79, 96, 401-5, 410, 441, 475, 688; 842 cc.3, 156, 372; 845 cc.231, 236-37; 848 c.93; 856 c.5; 857
cc.131, 196; 858 cc.265, 269, 270-75, 278, 280, 298; 859 cc.163, 165; 860 cc. 116, 222; 861 cc.39-40, 156, 236, 384; 863 c.629; 864 cc.610, *616;* 865 cc.206, 245, 250, 256, 259, 261, 273, 278, 290, 297, 324, 355; 883 c.798; 885 cc. 47, 356, 471; 886 c. 89; 887 cc. 16, 71, 80, 84, 525; 888 cc. 25, 32; 894 cc. 161, 166; 981 c. 328
Busta 1077 (Urbino)
Busta 1141 (Bolonia) cc.524, 539, 549; 1142 c.464; 1147 cc.428, 435
Busta 1231 (Ferrara) cc.27, 32-33, 49; 1242 cc. 866-68
Busta 1332 (Mirandola) cc.253; 1340 cc. 189, 218, 228, 253
Busta 1630 (Milán)
Busta 1892 (Correspondencia con la Marquesa Isabella d'Este)
Busta 2430 (Cartas da Mantova) c.535
Busta 2896, lib. 96 (Copialettere) fol. 7
Busta 2900, lib. 114 (Copias de cartas) fob 21-3, 32-40, 3, 51, 74-75, 86, 92, 113-14, 154-55; 2918, lib. 215, fol. 6
3351 (Brevia etc.)
Fondo Portioli:
Busta 13
Mantua, Archivo Diocesano Archivo Mensa Vescovile Pergamene no. 71
Milán, Archivo del Estado
Archivio Sforzesco: Potenze Estere
Carpeta 100 (Roma)
Carpeta 146 (Marche)
Carpeta 162 (Romaña) cc.5, 28, 200, 204, 215, 231
Carpeta 207 (Nápoles)
Modena, Archivo del Estado
Archivio Estense: Cancellería ducal, Ambasciatori
Roma *busta* 1
Florencia *busta* 5
Milán *busta* 19
Ciudad del Vaticano, Biblioteca Apostolica Vaticana
MS Chigi, I. VII. 260

Índice

Otros títulos de esta colección:

Misterios de América
Frank Joseph (editor)
Una visión nueva y heterodoxa que podría cambiar la historia del mundo.

Según la historia oficial, Cristóbal Colón descubrió América, pero algunos investigadores han descubierto que tenía en su poder cartas de navegación vikingas anteriores en cientos de años a su nacimiento. Más aún, antes que los marinos escandinavos por sus costas caminaron mercaderes egipcios, náufragos romanos, monjes irlandeses o exploradores chinos.
¿Por qué, entonces, se mantienen ocultos estos hechos? ¿Acaso se debe a la desidia de los historiadores académicos... o a algunos intereses particulares?

La conspiración sagrada. Las tres caras de Dios
Jorge Blaschke
Los lazos secretos entre cátaros, templarios y Opus Dei, y la lucha por el poder.

Este libro rastrea la huella los dos movimientos más heterodoxos que conoció Europa: el catarismo y la Orden del Temple. Ambos desarrollaron una comprensión opuesta de la palabra de Cristo que minó los pilares de la Iglesia Católica y que provocaron una violenta respuesta. *La conspiración sagrada* propone un recorrido por los aspectos menos conocidos del catarismo, la Orden del Temple y el Opus Dei intentando descubrir cuáles son las intenciones ocultas de uno de los grupos religiosos más poderosos del mundo.

El rescate de la historia
Ed Rayner y Ron Stapley
Mitos, leyendas, errores, equívocos y controversias que han tergiversado la realidad.

Con rigor y sagacidad, los autores rescatan cientos de hechos que quedaron impresionados en los papeles de la historia con más lirismo que fidelidad y más deseos de gloria que de honor a la verdad. Personajes controvertidos, viejos agravios, debates y revisiones históricas y políticas, enigmas y controversias que aún persisten, simples errores y equívocos, tergiversaciones históricas y problemas no resueltos... En definitiva, una lección de la «otra historia», imprescindible para entender la realidad actual.